# Ende eines Wirtschaftssystems?

Detlef Pietsch

# Ende eines Wirtschaftssystems?

Warum der Kapitalismus dennoch überleben wird

Detlef Pietsch
München, Deutschland

ISBN 978-3-658-46922-1      ISBN 978-3-658-46923-8 (eBook)
https://doi.org/10.1007/978-3-658-46923-8

Die Deutsche Nationalbibliothek verzeichnet diese Publikation in der Deutschen Nationalbibliografie; detaillierte bibliografische Daten sind im Internet über https://portal.dnb.de abrufbar.

© Der/die Herausgeber bzw. der/die Autor(en), exklusiv lizenziert an Springer Fachmedien Wiesbaden GmbH, ein Teil von Springer Nature 2025

Das Werk einschließlich aller seiner Teile ist urheberrechtlich geschützt. Jede Verwertung, die nicht ausdrücklich vom Urheberrechtsgesetz zugelassen ist, bedarf der vorherigen Zustimmung des Verlags. Das gilt insbesondere für Vervielfältigungen, Bearbeitungen, Übersetzungen, Mikroverfilmungen und die Einspeicherung und Verarbeitung in elektronischen Systemen.
Die Wiedergabe von allgemein beschreibenden Bezeichnungen, Marken, Unternehmensnamen etc. in diesem Werk bedeutet nicht, dass diese frei durch jede Person benutzt werden dürfen. Die Berechtigung zur Benutzung unterliegt, auch ohne gesonderten Hinweis hierzu, den Regeln des Markenrechts. Die Rechte des/der jeweiligen Zeicheninhaber*in sind zu beachten.
Der Verlag, die Autor*innen und die Herausgeber*innen gehen davon aus, dass die Angaben und Informationen in diesem Werk zum Zeitpunkt der Veröffentlichung vollständig und korrekt sind. Weder der Verlag noch die Autor*innen oder die Herausgeber*innen übernehmen, ausdrücklich oder implizit, Gewähr für den Inhalt des Werkes, etwaige Fehler oder Äußerungen. Der Verlag bleibt im Hinblick auf geografische Zuordnungen und Gebietsbezeichnungen in veröffentlichten Karten und Institutionsadressen neutral.

Einbandabbildung: © DenisMArt/Adobe.com (generiert mit KI)

Planung/Lektorat: Isabella Hanser
Springer ist ein Imprint der eingetragenen Gesellschaft Springer Fachmedien Wiesbaden GmbH und ist ein Teil von Springer Nature.
Die Anschrift der Gesellschaft ist: Abraham-Lincoln-Str. 46, 65189 Wiesbaden, Germany

Wenn Sie dieses Produkt entsorgen, geben Sie das Papier bitte zum Recycling.

*Meiner Mutter*

# Dank

Ich möchte mich wie immer zunächst bei dem großartigen Team des Springer Verlages, stellvertretend bei Frau Dr. Isabella Hanser, bedanken. Die Arbeit mit euch bereitet mir immer wieder eine sehr große Freude! Gleichzeitig geht mein Dank an viele Freunde und Bekannte, mit denen ich meine Gedanken hinsichtlich eines reformierten Kapitalismus diskutieren konnte. Es zeigt sich dabei immer wieder, dass unterschiedliche Blickwinkel auf ein und dasselbe Thema zu einem deutlich differenzierteren Gesamtbild führen. Das hat mein Buch bereichert und ich empfand die Diskussionen immer als konstruktiv und anregend. Ich danke euch allen dafür!

Der Kapitalismus wird weltweit kritisiert, obwohl er in der Vergangenheit dafür gesorgt hat, Millionen von Menschen aus der Armut zu holen und einen globalen Wohlstand zu schaffen. Doch an Wohlstand hapert es aktuell in Deutschland: Die Wirtschaft steckt in einer tiefen Rezession, die Ungleichheit in Einkommen und Vermögen wird immer größer und die ökologische Katastrophe naht.

Niemand, so scheint es, hat ein Patentrezept gegen diese Entwicklung in der Tasche. Stattdessen streitet man sich über die Schuldenbremse oder die Rentenreform. Die meisten Expert*innen sind sich immerhin einig, dass wir ein anderes oder zumindest ein optimiertes Wirtschaftssystem benötigen. Doch die in den letzten Jahren vorgeschlagenen Konzepte und vermeintlichen Alternativen überzeugen nicht. Es ist sehr wahrscheinlich, dass weder ein schrumpfender Kommunismus (Kohei Saito) noch eine Postwachstumsökonomie (Nico Paech) oder ein partizipativer Sozialismus (Thomas Piketty) den Wohlstand in Deutschland sichern können. Dies kann aus meiner festen Überzeugung nur ein *reformierter Kapitalismus*, der ökologisch verträglich, sozial ausgewogen und vor allem das Glück und die Zufriedenheit der Menschen im Auge hat. Wie ein solcher reformierter Kapitalismus konkret aussehen könnte und wie er umzusetzen wäre, zeige ich in meinem Buch.

Zum Schluss geht mein Dank wie immer an dieser Stelle an meine Familie, die mich in allen Lebenslagen unterstützt und mich täglich motiviert, weiter an meinen Ideen zu arbeiten und diese niederzuschreiben. Dieses Buch möchte ich meiner Mutter widmen, der ich in meinem Leben sehr viel zu verdanken habe und die meine Vorhaben bis heute vorbehaltlos unterstützt.

München im Oktober 2024                                    Detlef Pietsch

# Inhaltsverzeichnis

1 **Warum ein reformiertes Wirtschaftssystem dringend notwendig ist**   1

2 **Das heutige Wirtschaftssystem des Kapitalismus**   19
    2.1 Begriff und Elemente des Kapitalismus   19
    2.2 Arten und Ausgestaltungsformen des Kapitalismus   25
    2.3 Gescheiterte Alternativen: Sozialismus und Kommunismus   33

3 **Kapitalismuskritik als Ausgangspunkt**   41
    3.1 Ökologische Kritik am Kapitalismus   41
    3.2 Soziale, globale und feministische Kritik am Kapitalismus   45

4 **Innovative Konzepte mit und ohne den Kapitalismus**   53
    4.1 Ein schrumpfender Kapitalismus   53
    4.2 Ein Kapitalismus für alle   61

|  |  |  |
|---|---|---|
| 4.3 | De-Growth Kommunismus | 72 |
| 4.4 | Sozialistische Spielarten und Mischformen | 84 |
| 4.5 | Was taugen diese innovativen Konzepte? | 101 |

## 5 Alternative: Der reformierte Kapitalismus — 111

| | | |
|---|---|---|
| 5.1 | Die Vision einer idealen Welt und ihrer Ökonomie | 111 |
| 5.2 | Kernprinzipien eines reformierten Kapitalismus | 126 |
| 5.3 | Die Gemeinschaft im Mittelpunkt. Wir statt ich | 141 |
| 5.4 | Utopie oder Realität? | 156 |

## 6 Elemente der Umsetzung eines reformierten Kapitalismus — 165

| | | |
|---|---|---|
| 6.1 | Ökologisch verträglich. Freiwilliger Verzicht statt Verbote | 165 |
| 6.2 | Sozial ausgewogen. Das Lebenszyklusmodell | 188 |
| 6.3 | Die richtige Balance aus Markt und Staat. Mehr Gemeinwohl wagen | 224 |
| 6.4 | Glück und Zufriedenheit als Maßstab? Wohlstand neu definiert | 239 |

## 7 Auf dem Weg zum reformierten Kapitalismus — 251

**Literatur** — 267

# Über den Autor

**Dr. Detlef Pietsch** geboren 1964 in Trier, studierte Betriebswirtschaft an der Universität Mannheim mit den Schwerpunkten Marketing und Organisation. Anschließend promovierte er dort am Lehrstuhl für Internationales Management zu Fragen des internationalen Personalmanagements. Nach Stationen als Assistent des Sprechers der Geschäftsführung eines internationalen Logistikdienstleisters und als Unternehmensberater wechselte er zu einem internationalen Großkonzern. Dort durchlief er in mehr als 28 Jahren Managementstationen in den Bereichen Vertrieb und Finanzen. Aktuell ist er in einer Managementfunktion im Finanzressort tätig.

## Über den Autor

Dr. Detlef Pietsch beschäftigt sich in seiner Freizeit seit über dreißig Jahren mit den wesentlichen Ideen der Ökonomie, der Geistes- und Sozialwissenschaften. Seine jahrzehntelange Praxiserfahrung gepaart mit seinem theoretischen Hintergrund lässt ihn immer wieder zu den aktuellen Themen der Wirtschaft Stellung nehmen, seien sie wirtschaftsethischer, -politischer oder -historischer Natur. Zuletzt sind im Springer Verlag die Bücher *Das Ende des Wohlstands? Über ökologische und ökonomische Krisen* (2. Auflage, 2025) und *Die kapitalismuskritische Gesellschaft. Warum ein erfolgreiches Wirtschaftsmodell infrage gestellt wird* (2024) erschienen. Der Autor lebt mit seiner Familie in München.

# 1

# Warum ein reformiertes Wirtschaftssystem dringend notwendig ist

Der Kapitalismus scheint vor seiner Abschaffung zu stehen. Die Zahl der Kritiker*innen vor allem in der jungen Generation wächst unaufhörlich. Unvereinbar sei er mit dem Klimawandel, betreibe Raubbau an der Erde, sei sozial ungerecht und propagiere die falschen Werte. Egoismus, Gier und Profitdenken scheinen an der Tagesordnung zu sein. Aufstiegschancen existierten genauso wenig wie eine Bildungsgerechtigkeit. Wer am unteren Ende der Gesellschaft angelangt ist, der bleibe dort zumeist ein Leben lang. Den oberen Einkommens- und Vermögensschichten scheint es ähnlich zu gehen. Umfangreiche Erbschaften und Vermögenszuwächse manifestieren den aktuellen Stand. Abstiege aus der Oberschicht erscheinen ebenso unrealistisch wie Aufstiege von ganz unten nach ganz oben in der gesellschaftlichen Leiter. Frauen erhalten immer noch nicht den gleichen Lohn wie Männer und kritisieren die überproportionale Repräsentanz der Männer in den

Führungsetagen der deutschen Wirtschaft (vgl. dazu ausführlich Pietsch, 2024).

Daher sind viele Menschen auf der Suche nach einem Wirtschaftssystem, das diese Schwachstellen beseitigt. Ein System, das ökologisch und sozial ausgewogen auf Werten basiert, die wir alle teilen können. Werte wie etwa die Solidarität mit den Armen und Schwachen der Gesellschaft, mit den alleine gelassenen, den Ausgegrenzten. Ein Wirtschaftssystem, das weder zulässt, dass die Armen hungern müssen noch die Reichen so viel Vermögen anhäufen, dass sie kaum mehr wissen wohin mit dem ganzen Geld (auch wenn dieser Punkt in der Gesellschaft zurecht sehr stark umstritten ist). Ein System, das ermöglicht, Wirtschaft und Umwelt im Einklang zu bekommen mit einem Wachstum, das nicht auf Kosten der endlichen Rohstoffe geht. Andererseits haben wir schon viele Wirtschaftsmodelle in der Vergangenheit kommen und gehen sehen, von der freien Marktwirtschaft in den USA über die soziale in der Bundesrepublik über die zentrale Planwirtschaft in der früheren Deutschen Demokratischen Republik (DDR) und kommunistische Experimente der früheren Sowjetunion. Man denke auch an die vielen sozialistischen Varianten aller Art im ehemaligen, sogenannten „Ostblock" wie u. a. im früheren Jugoslawien. Viele dieser Experimente sind gescheitert, doch die Idee des Sozialismus, von den wirkmächtigen Ideen des Trierer Sozialphilosophen Karl Marx befeuert, lebt bis heute.

Die ehemalige Herausgeberin der Wochenzeitung „Die Zeit" und große Dame des deutschen Journalismus, Marion Dönhoff brachte dieses Gefühl, diese Stimmung auf den Punkt, als sie schrieb (Dönhoff, 1997b, S. 19):

„Gewiss, als wirtschaftliches System ist der Sozialismus im Wettstreit mit der Marktwirtschaft gescheitert. Aber als Utopie, als Summe uralter Menschheitsideale: soziale

## 1 Warum ein reformiertes Wirtschaftssystem …

Gerechtigkeit, Solidarität, Freiheit für die Unterdrückten, Hilfe für die Schwachen, ist er unvergänglich."

So wie der Kapitalismus als Wirtschaftssystem, bei uns in der Ausprägung der Sozialen Marktwirtschaft, von einem Großteil der Bevölkerung gesehen wird, kann er nicht überleben. In meinem letzten Buch, „Die kapitalismuskritische Gesellschaft. Warum ein erfolgreiches Wirtschaftsmodell infrage gestellt wird", habe ich die Gründe nachzuzeichnen versucht, warum über die Hälfte der Erwachsenen und etwa zwei Drittel der jungen Generation zwischen 18 und 25 in Deutschland den Kapitalismus in seiner jetzigen Form ablehnen (vgl. Pietsch, 2024). Die wesentlichen Gründe liegen vor allem in der mangelhaften Aussöhnung zwischen Ökonomie und Ökologie, einer zunehmenden Ungleichheit in Einkommen und Vermögen als wesentliches Resultat des Kapitalismus und in einer Verschiebung der Werte, vor allem bei der jungen Generation. Ich habe dies in meinem letzten Buch bereits herausgearbeitet, will hier jedoch in aller Kürze die wesentlichen Erkenntnisse zusammenfassen.

So wird kein Weg gesehen, wie ein unendliches Wirtschaftswachstum, das der Kapitalismus zum Überleben zwingend benötigt, mit einer Welt endlicher Ressourcen vereinbar wäre. Die Umwelt wird als gegeben gesehen, die nach Belieben für kapitalistische Zwecke genutzt werden kann, ohne einen fairen Preis dafür zu zahlen. Ökonomen haben hierfür einen Begriff: Es handelt sich um negative externe Effekte. Wir verbrauchen jetzt schon im globalen Schnitt mehr als eine Erde (1,7, vgl. die folgenden Zahlen Bocksch, 2023). Würden wir alle so leben und Energie verbrauchen wie die Menschen in Katar, würden wir sogar 8,7 Erden benötigen, in den USA wären es noch 4,9 und bei uns in Deutschland 3! Gleichzeitig lässt sich festhalten, dass das reichste ein Prozent auf der Welt überproportional zur

Klimaschädigung beiträgt. Gemäß der neuesten Studie von Oxfam, einer weltweit tätigen Organisation, die gegen globale Armut und Ungleichheit kämpft, hängt der klimaschädliche Ausstoß hauptsächlich vom Reichtum der Beteiligten ab (vgl. Oxfam, 2023, Pressebericht):

Das reichste Prozent auf der Welt, etwa 77 Mio. Personen, ist für 16 % der globalen Emissionen verantwortlich. Die reichsten zehn Prozent sogar für die Hälfte aller Emissionen. Besonders erschreckend: Die Kohlenstoffemission des reichsten ein Prozents ist um ein 22-faches höher als mit dem Pariser Klimaabkommen zur Erreichung des 1,5 Grad-Ziels verträglich wäre! Ferner hat der globale Norden, also die reichen Industrieländer inklusive Deutschlands, im Laufe der Industriegeschichte überproportional zum Klimawandel beigetragen, wie zuletzt auch der Bundespräsident anmerkte (vgl. Steinmeier, 2024, S. 128). So können wir also nicht mehr weiterwirtschaften, ist sich vor allem die Jugend mehrheitlich sicher. Gleichzeitig überzeugen die Ergebnisse der Vermögens- und Einkommensverteilung nicht.

Wie der französische Ökonom Thomas Piketty eindrucksvoll nachwies (vgl. Piketty, 2014), haben sich über die letzten Jahrhunderte die Einkommen aus Lohnarbeit und Kapital dramatisch auseinanderentwickelt. Gleiches gilt für die Schere von Einkommen und Vermögen, die sich ebenfalls weiter geöffnet hat. Wir alle kennen die Statistik, nach der das reichste Prozent der Weltbevölkerung fast die Hälfte des gesamten Weltvermögens (45,6 %) auf sich vereint, während die ärmere Hälfte auf magere 0,75 % kommt (vgl. Oxfam, 2023, S. 3). Bei den Einkommen hat sich die Ungleichheit ebenfalls gesteigert (vgl. ifo Institut 2023). Standen 1998 zehn Prozent der Steuerzahler mit dem höchsten Einkommen für 33,8 % des gesamten Einkommens, brachten es die zehn Prozent an der Einkommensspitze 2016 bereits auf 37,2 %. Zur gleichen Zeit

## 1 Warum ein reformiertes Wirtschaftssystem … 5

sank der Anteil der unteren 50 % der Steuerzahler von 19,3 auf 15,9 % des Gesamteinkommens. Dies ist vor allem für die jüngere Generation ein Warnzeichen dafür, dass der Kapitalismus so nicht mehr „weiterwursteln" darf und zusätzliche Ungerechtigkeiten schafft.

Schließlich kritisiert vor allem die jüngere Generation in Deutschland die Werte, für die der Kapitalismus ihrer Meinung nach steht (vgl. auch Pietsch, 2024, S. 149 ff.). Anstelle eines solidarischen Miteinanders schüre dieses Wirtschaftssystem lediglich den Egoismus, welches das Ich an erster Stelle setze anstelle eines solidarischen Wir. Gier und übermäßiger, zum Teil sinnloser (Status-)Konsum ersetzten die menschliche Wärme, das Gemeinschaftsgefühl und die gegenseitige Unterstützung. Der Mensch an sich bliebe auf der Strecke, ebenso wie die Solidarität und die Hilfsbereitschaft und das gedeihliche Miteinander aller. Frei nach Charles Darwin, dem Evolutionsbiologen und Herbert Spencer, dem englischen Philosophen, der diese Gesetzmäßigkeit auf die Gesellschaft übertrug (vgl. u. a. Precht, 2019, S. 235 ff.), überlebt nur noch der, der am besten an das Wirtschaftssystem angepasst ist (*„survival of the fittest"*). Der Kapitalismus zeigt seine unsympathische Fratze und lässt nur die Stärksten, Schnellsten und Rücksichtslosesten überleben. Natürlich sind dies alles Extremansichten und stereotype Beispiele, die aber deutlich zeigen, welche Werte mehrheitlich mit dem Wirtschaftsmodell des Kapitalismus verbunden werden. Wenn diese Negativfolie vor allem von der Jugend geteilt wird, verheißt das für die Zukunft des Kapitalismus nichts Gutes. Vor allem diese Sichtweise der nachwachsenden Generation bereitet mir als Vertreter der Baby-Boomer-Generation große Sorgen, zumal meine Alterskohorte in der Vergangenheit am meisten von den Wachstumsjahrzehnten profitiert hat.

Der britische Ökonom, John Maynard Keynes, einer der bedeutendsten Vertreter seiner Zunft im 20. Jahrhundert (wenn nicht sogar der einflussreichste!), hat dieses Prinzip des knallharten Wettbewerbs mit seinen Auswirkungen auf die Schwächsten der Gesellschaft metaphorisch umschrieben. In seinem kurzen Aufsatz „Das Ende des Laissez-faire" (vgl. Keynes, 1924/2020, S. 27 ff.) vergleicht Keynes den kapitalistischen Wettbewerb der Menschen untereinander mit Giraffen, die auf der Suche nach den süßesten Blättern miteinander um das (wirtschaftliche) Überleben kämpfen. Dabei sind die geschicktesten und vor allem diejenigen Giraffen mit den längsten Hälsen klar im Vorteil, da sie die am höchsten gelegene Blätter ergattern können, ganz zum Schaden derjenigen mit den kürzeren Hälsen. Diesen verbleibt nur der Kampf um die weniger attraktiven, aber auch härter umkämpften, niedriger positionierten Blättern. Auch hier gilt wieder das Prinzip des *„Survival of the fittest"* d. h. der am besten angepasste überlebt. Was aber passiert mit den im Kampf bzw. freien Wettbewerb unterlegenen Mitstreitern? Dazu hat Keynes eine klare Antwort (Keynes, 1924/2020, S. 31):

> „Sollte uns das Wohl der Giraffen am Herzen liegen, dürfen wir weder die Leiden der kürzeren Hälse, die ausgehungert werden, noch die süßen Blätter, die zu Boden fallen und in dem Kampf unter den Hufen zertrampelt werden, die Überfütterung der Langhalsigen, die Fratze der Angst oder ringenden Gier, welche die milden Gesichter der Herde überschattet, übersehen."

Im Klartext fordert Keynes, diejenigen, die am Ende der Nahrungskette stehen, die im Wettbewerb unterlegenen nicht zu vergessen und gerade für die Abgehängten einzutreten. Keynes wendet sich in diesem Essay gegen die reine Marktlehre des *Laissez-faire,* d. h. eines vom Staat unbehelligten Marktes, der schon von sich heraus seine Probleme lösen wird. Dies sah Keynes im Gegensatz zu seinen marktliberalen Gegenspielern wie etwa Milton Friedman (vgl. zu diesem Disput u. a. die Darstellungen von Keynes und Friedman in Pietsch, 2022a, S. 191 ff.) anders und plädierte für einen gezielten Markteingriff am verschiedenen Stellen, etwa um die Investitionen und Ersparnisse zu steuern (vgl. Keynes, 1924/2020, S. 42 ff.).

Es dürfte klar geworden sein, dass der Kapitalismus heutzutage vor allem bei der Jugend einen sehr schweren Stand hat. Doch gerade in den letzten Jahren war der Büchermarkt überfüllt mit Bestsellern, die aus verschiedenen Aspekten der Kapitalismuskritik kommend, mögliche Alternativen beschreiben. Nachdem sozialistische und kommunistische Modelle in der Vergangenheit krachend gescheitert sind (s. o.), verläuft die Suche nach Alternativen in verschiedene Richtungen. Manche wie der Siegener Ökonom Nico Paech wünschen sich eine Ökonomie, die nicht mehr wächst und stattdessen mit dem vorhandenen Niveau klarkommt (vgl. Paech, 2009a).

Anstelle eines sinnlosen und sich stetig steigernden Konsums von immer mehr setzt Paech auf freiwilligen Verzicht, eine höhere Wiederverwendungsrate der vorhandenen Güter, etwa Textilien, oder schlicht ein Weniger an Konsum. Dies alles würde nicht nur der Umwelt dienen, deren Rohstoffe entsprechend weniger verbraucht würden und gleichzeitig unnützen Konsum einbremsen. Das Heil dieser „Postwachstumsökonomie" liege dann weniger in der Gier der Menschen nach dem immer Mehr und Besser, sondern in der Nutzung von wenigen Gütern, die man idealerweise auch noch selbst herstellt. Dadurch solle das Wachstum der Wirtschaft, gemessen am Bruttoinlandsprodukt (BIP) auf null schrumpfen. Doch ohne die Bewertung hier bereits vorwegnehmen zu wollen – wir befassen uns ausführlich im Kapitel 4.1 mit diesem interessanten Gedankenexperiment – stellt dieses Konzept lediglich einen Appell an einen vernünftigen und eingeschränkten Konsum dar. Autos und

Flugzeuge spielen in dieser Verzichtslogik keine große Rolle mehr und Fleisch sollte möglichst auch keines mehr verzehrt werden. Verbraucht werden sollte im Idealfall nur das, was sich regional selbst herstellen lässt. Man wäre so autark. Die „Postwachstumsökonomie", so Paech, sei alternativlos (vgl. Paech, 2009a). Ob sich das allerdings in der realen Welt umsetzen lässt, vor allem ohne die Wahlfreiheit der Menschen einzuschränken, ihr Leben selbst nach eigenen Vorstellungen zu gestalten, sei mal dahingestellt. Eine Alternative zum herkömmlichen System des Kapitalismus sehe ich hier nicht.

Anderen Beobachter*innen des Marktgeschehens wie dem österreichischen Publizisten und Bestseller-Autor Christian Felber gefällt die gesamte Wertorientierung des Kapitalismus nicht. Anstelle einer egoistischen, rationalen und kühlen Ökonomie, bei der jeder gegen jeden kämpft und nur der Stärkere überlebt, solle es eine Ökonomie geben, die sich stärker an dem Gemeinwohl aller Menschen ausrichtet (vgl. Felber, 2010, Gemeinwohl-Ökonomie Deutschland, 2023 und Pietsch, 2021, S. 389 ff.):

Die Gemeinwohlökonomie. Dieses Konzept, von der Idee und der Zielsetzung wohlgemeint, bleibt nicht im esoterischen Gedankengut stehen, sondern hat die Elemente einer Gemeinwohlökonomie soweit operativ heruntergebrochen, dass viele Unternehmen bereits damit arbeiten können. So erstellen u. a. die Sparda-Bank und hundert weitere Unternehmen mehr bereits eine Gemeinwohlbilanz: Hier spielen nicht nur betriebswirtschaftliche Renditekennziffern wie Umsatz, Kosten, Ertrag, Gewinn etc. eine wesentliche Rolle, sondern auch die Auswirkungen des unternehmerischen Handelns auf die Mitarbeitenden, die Lieferanten etc. So stehen in diesem Konzept die menschenwürdigen und fairen Arbeitsbedingungen im Fokus der Bewertung wie etwa eine faire und leistungsgerechte Bezahlung, die Prüfung der Lieferkette hinsicht-

# 1 Warum ein reformiertes Wirtschaftssystem … 

lich möglicher Kinderarbeit oder widriger Arbeitsbedingungen etc. Wichtig ist vor allem der offene und wertschätzende Umgang der Kolleg*innen untereinander. Produkte und Geschäftsgebaren generell werden auf ihren Sinn und die gesellschaftlichen, aber auch ökologischen Wirkungen hin kritisch hinterfragt. Anhand eines detaillierten Gemeinwohlberichts mit externem, neutralem Testat lassen sich so objektivierende Erkenntnisse über das unternehmerische Handeln der Unternehmen in der Gemeinwohlökonomie gewinnen. Ein schlüssiges und umsetzbares Konzept würde man meinen. Doch gibt es auch zahlreiche kritische Stimmen, die einzelne Aspekte der Gemeinwohlökonomie kritisieren wie etwa die Abschottung des Außenhandels, der Trend zur Vergesellschaftung von Unternehmenseigentum, strenge Höchstgrenzen für Vermögensbesitz inklusive einer Vermögenssteuer etc. (vgl. Fürst, 2016).

In eine ähnliche Richtung gehen auch Varianten kapitalistischer Systeme, die einen Ego-Kapitalismus durch ein Wirtschaftsmodell ersetzen wollen, das den Prinzipien der christlichen Soziallehre gehorcht (vgl. Kaczmarczyk, 2023). Anstelle eines „Ego Kapitalismus", der das Ich und die persönliche Optimierung in den Vordergrund rückt, solle die Gesellschaft, das „Wir" stehen. Gemäß den Leitsätzen der christlichen Soziallehre sollte die Wirtschaft den fünf Prinzipien von Personalität, Solidarität, Subsidiarität, des Gemeinwohls und der Nachhaltigkeit folgen (vgl. Kaczmarczyk, 2023, S. 142). Personalität bezieht sich dabei auf Würde des einzelnen Menschen, seine Talente, Fähigkeiten und Begabungen (vgl. Kaczmarczyk, 2023, S. 143). Die Soziallehre wird dabei als Kontrapunkt zum vorherrschenden Neoliberalismus gesehen.

Sie soll im Gegensatz zum Neoliberalismus den Gemeinsinn fördern, Arbeit vorrangig vor das Kapital setzen, anstelle des übermäßig angehäuften Reichtums einiger Weniger sich lieber für die Beseitigung der globalen Armut einsetzen etc. Schließlich ginge es um eine Verantwortung der Menschen füreinander und ihre Verantwortung für die Umwelt (vgl. Kaczmarczyk, 2023, S. 183). So nachvollziehbar und richtig diese Wunschvorstellungen sind – wer würde schon gegen Gemeinsinn und die Bewahrung der Schöpfung argumentieren wollen –, was leitet sich daraus aber im Detail für das Wirtschaftsmodell oder gar die Wirtschaftspolitik ab? Konkret: Behalte ich oder erhöhe ich gar das Bürgergeld in Deutschland? Vergrößere ich den Abstand zum staatlichen Mindestlohn, sodass ein hart arbeitender Mindestlohnempfänger bzw. -empfängerin deutlich mehr netto mit nach Hause nimmt als jemand, der Bürgergeld erhält? In der Theorie richtig, in der konkreten praktischen Umsetzung interpretationsbedürftig. Ein solches Konzept bringt uns in der Summe nicht weiter, so richtig die Prinzipien im Kern sind, die es verfolgen will.

Auf der Suche nach einer Alternative zum Kapitalismus als vorherrschendem Wirtschaftsmodell vor allem des Westens sind der Kreativität keine Grenzen gesetzt. Der japanische Philosoph und Bestsellerautor Kohei Saito versucht sich an einem innovativen Modell, das sich dem Kommunismus verschreibt und ganz ausdrücklich schrumpfen möchte: Der „De-Growth-Kommunismus" (vgl. Saito, 2023, vor allem S. 200 ff.). Anstelle eines unendlich wachsenden Kapitalismus mit seinen Konsequenzen der extrem langen Arbeitszeiten und einem unbegrenzten Konsum zum Teil des Konsums willen, sollte ein schrumpfender Kommunismus stehen (vgl. Saito, 2023, S. 202 f.). Eine glückliche, freie, gerechte und nachhaltige Gesellschaft werde nur erreicht, wenn sich jeder Einzelne im Konsum selbstbeschränke. Man müsse sich zudem genau überlegen, welche Dinge nicht (mehr) gebraucht würden und die Mengen der Güter festlegen, die man schließlich noch produzieren wolle (vgl. Saito, 2023, S. 203 ff.).

## 1 Warum ein reformiertes Wirtschaftssystem …

Das Heil sieht der junge Philosoph in einer Gesellschaft, die sich selbst gegenseitig unter die Arme greift, ein Zurück zu den wesentlichen Elementen einer Genossenschaft bzw. Allmende und zu ausgewählten Strukturen des Kommunismus (vgl. Saito, 2023, S. 213 ff.). Ähnlich wie der französische Ökonom Piketty sieht Saito die Arbeiterselbstverwaltung im Bereich der Produktion als sinnvoll und nötig an.

Eine Produktion, etwa ein Werk, das nicht mehr dem einzelnen Unternehmer gehört, sondern dem Kollektiv der Arbeitenden (vgl. Saito, 2023, S. 216). Der Gebrauchswert einer Ware wird wichtiger als etwa Luxusartikel und Statuskonsum. Die Arbeitszeit solle im Gegenzug zu einer gesteigerten Lebensqualität verringert werden, die Arbeit kreativer und damit sinnstiftender und die Produktionsentscheidungen demokratischer werden (vgl. Saito, 2023, S. 224 ff.). Dieses Modell folgt aus meiner Sicht dem Versuch, möglichst viele kommunistische Elemente in ein überarbeitetes Wirtschaftsmodell einfließen zu lassen. Es erstaunt dabei nicht, dass Kohei Saito Mitherausgeber der Marx-Engels-Gesamtausgabe ist. Schon eher, dass er mit seinem Werk, für ein Wirtschaftssachbuch unüblich, allein in Japan 500.000 Exemplare verkauft hat (vgl. Weinheimer, 2023). In Deutschland traf es ebenfalls einen Nerv und kam auf die Spiegel-Bestsellerliste Sachbuch. Ein kluges und exzellent geschriebenes Buch. Doch taugt es zur Beschreibung eines realistischen, umsetzbaren Wirtschaftsmodells hier bei uns in Deutschland? Ich denke nicht. Wir werden uns die Argumente dafür und dagegen im Abschn. 4.3 dieses Buches ansehen.

Andere Konzepte wie das von Ulrike Herrmann beschwören die britische Kriegswirtschaft von 1939 als Wirtschaftsmodell der Zukunft (vgl. Herrmann, 2022, S. 229 ff.). Ebenfalls mit der Herausforderung konfrontiert, Wirtschaftswachstum und ökologische Auswirkungen zu entkoppeln, spricht sich die Historikerin und Bestsellerautorin Ulrike Herrmann ebenfalls für ein schrumpfendes Wirtschaftsmodell aus: In Form einer „privaten Planwirtschaft" definierte der Staat in der Kriegswirtschaft Großbritanniens, was produziert wurde. Im Unterschied zu dem planwirtschaftlichen Modell der Sowjetunion blieben die Unternehmen allerdings in privater Hand, d. h. in den Händen der Unternehmer*innen. Diese konnten folglich auch selbst entscheiden, wie sie die Produktionsziele erreichen wollten. Rohstoffe, Kredite und Arbeitskräfte wurden vom Staat an die einzelnen Betriebe zugeteilt. Lebensmittel wie Fleisch, Zucker, Käse, Wurst etc. waren so knapp, dass sie ebenfalls vom Staat rationiert werden mussten (vgl. Herrmann, 2022, S. 237 ff.). Gleiches galt für viele Güter des täglichen Lebens wie etwa Kleidung und Möbel. In der Summe führte die Rationierung großer Teile der Güter zu einer Verringerung des Konsums um ein Drittel. Dies wäre, so Herrmann, auch in Deutschland notwendig, wollte man das Klima retten. Am Ende stünde, übertrüge man dieses Modell der britischen Kriegswirtschaft auf Deutschland, die Halbierung des Wohlstands. Doch wären wir immer noch so reich wie im Jahr 1978 (vgl. Herrmann, 2022, S. 241). Und da war bekanntlich auch nicht alles schlecht.

Abgesehen davon, dass in dem Modell von Ulrike Herrmann so gut wie keine Autos mehr auf den Straßen führen, Flüge nicht mehr existierten, Immobilien und Fleisch limitiert bzw. rationiert werden müssten (vgl. Herrmann, 2022, S. 250), bietet dieses Wirtschaftsmodell keine wirkliche Alternative für Deutschland. Das Buch ist sehr anschaulich mit konkreten Zahlen, Daten und Fakten beschrieben und überzeugt durch ein theoretisch interessantes Modell. Doch umsetzbar dürfte es nicht sein, es sei denn, wann würde die Menschen in Deutschland zwingen, weitestgehend auf ihre Wahlfreiheit in Bezug auf Autos, Reisen, Immobilien,

# 1 Warum ein reformiertes Wirtschaftssystem …

Fleisch etc. zu verzichten. Ein schrumpfendes Wirtschaftsmodell stößt auf die gleichen Grenzen wie das oben bereits skizzierte Konzept einer „Postwachstumsökonomie" von Nico Paech.

Schließlich lässt sich auch das Konzept des französischen Starökonomen und Ungleichheitsforschers Thomas Piketty eines „partizipativen Sozialismus" (vgl. Piketty, 2020, S. 1185 ff.) so nicht ansatzweise in die Realität umsetzen. Elemente eines sogenannten partizipativen Sozialismus sind u. a. Eigentum auf Zeit anstelle eines permanenten Privateigentums, eine progressive Einkommens-, Erbschafts- und Vermögenssteuer: Je höher das Einkommen, die Erbschaft und das Vermögen, desto höher die Prozentsätze der Besteuerung. Die Einnahmen dieser Steuern könnten dann verwendet werden, um ein bedingungsloses Grundeinkommen zu schaffen und etwa jedem 25-Jährigen eine gewisse Kapitalausstattung zu gewährleisten (vgl. Piketty, 2020, S. 1204). Nimmt man Westeuropa, Japan und die USA als Maßstab, so könnte diesen 25-Jährigen eine „Erbschaft für alle" in Höhe von 60 % des Durchschnittsvermögens eines Erwachsenen in diesen Ländern zugesprochen werden (vgl. Piketty, 2020, S. 1207). Um dem Klimawandel zu begegnen, sollten progressive $CO_2$-Steuern eingeführt werden bis hin zu höherer Besteuerung von Business Class-Flügen im Vergleich zu den preiswerteren Economy-Class Tickets (vgl. Piketty, 2020, S. 1236 f.).

So interessant diese Ansätze von Piketty in der Theorie auch sein mögen (sie überzeugen vor allem wegen ihres umfangreichen statistischen Materials), so wenig umsetzbar dürfte auch dieses Wirtschaftsmodell in der Praxis sein. Denn es läuft, wie wir in Abschn. 4.4. sehen werden, auf eine teilweise Zwangsenteignung der Topverdiener und der Vermögenden hinaus. Für diese Vorgehensweise dürfte es keinen gesellschaftlichen Konsens in Deutschland geben, zumal der Wohlstand bis weit in die Mittelschicht auch vor der Umverteilung massiv bedroht ist (vgl. Pietsch, 2023). Fast alle oben skizzierten Wirtschaftsmodelle, deren Autor*innen nahezu alle mit ihren (internationalen) Werken Bestseller produziert haben, scheinen nicht umsetzbar zu sein. Welche realistische Alternative zu diesen Wirtschaftsmodellen gibt es denn tatsächlich? Eine, die sich auch in der Praxis umsetzen lässt und nicht nur theoretisch gut klingen und zum Teil spannend geschrieben sind? Dabei gilt es bereits als Fortschritt, wenn, wie die Berliner Sozialphilosophin Rahel Jaeggi in ihrem neuesten Buch zurecht schreibt (Jaeggi, 2023, S. 203),

> „… ein Schritt getan (wurde) in Richtung der Entfaltung der Potenziale einer gegebenen Situation …"

Wie sähe also in diesem Sinne ein Wirtschaftsmodell aus, das uns einen Schritt voranbringt? Auf der Leipziger Buchmesse 2024 wurde ich am Ende der Präsentation meines Buches „Die kapitalismuskritische Gesellschaft" (vgl. Pietsch, 2024) gefragt, wie ich mir konkret einen „reformierten Kapitalismus" vorstellen könnte? Es sei ja klar, dass der Kapitalismus wachsen müsse und sozialistische Wirtschaftssysteme in welcher Form auch immer keine Alternative darstellten. Gleichzeitig müsste man ja auf die berechtigte Kritik der Jugend gerade am vorherrschenden Modell des Kapitalismus eingehen und die Missstände beseitigen. Ich argumentierte natürlich mit dem Kerngedanken eines sozial und ökologisch vertretbaren Kapitalismus, der zudem noch Werte wie Solidarität hochhalten sollte. Mehr Gemeinsinn statt Ellenbogendenken und gnadenlosem Wettbewerb, weniger Gier, weniger Konsum- und Profitdenken aber doch wohlstandsfördernd. Doch konkreter in Worte zu fassen war dieses Modell, das ich im Kopf hatte, nur sehr schwer. Dies bewog mich in den letz-

## 1 Warum ein reformiertes Wirtschaftssystem …

ten Monaten, die Frage nach einem reformierten Kapitalismus tieferzulegen und Antworten auf die drängenden Fragen u. a. der Zuhörerin zu geben. Meine Antworten finden sich hier in diesem Buch.

Das Buch folgt folgendem roten Faden: Nachdem wir in diesem ersten Kapitel die Herausforderung und Unzulänglichkeiten von ausgewählten, innovativen Wirtschaftsmodellen skizziert haben, wollen wir uns im zweiten Kapitel mit dem Kapitalismus als solchem beschäftigen. Nach einer kurzen definitorischen Klärung, was eigentlich unter Kapitalismus zu verstehen ist, werden wir uns dessen verschiedene Varianten ansehen. Zwischen dem Kapitalismus US-amerikanischer Prägung und dem deutschen Modell der Sozialen Marktwirtschaft existieren deutliche Unterschiede. Gleiches gilt für die skandinavische Variante eines stärker sozial unterfütterten Kapitalismus. Wenn man gemeinhin vom Kapitalismus spricht, sollte man die unterschiedlichen Ausgestaltungsvarianten mitberücksichtigen. Ein Blick über Ländergrenzen hinweg schärft zudem den Blick auf Optimierungsmöglichkeiten des Kapitalismus als Wirtschaftsmodell. Schließlich werden uns wir uns auch die Alternativen zum Kapitalismus ansehen, die in der Vergangenheit gescheitert sind: Der Kommunismus und der Sozialismus. Gerade die Ursachen des Scheiterns im jeweiligen historischen und gesellschaftlichen Kontext wird uns Hinweise darüber liefern, was bei einer Optimierung des Wirtschaftsmodells zu beachten ist.

Im dritten Kapitel möchte ich kurz auf die wesentlichen Kritikpunkte am Kapitalismus eingehen, wie sie vor allem von der jüngeren Generation zuletzt massiv geäußert wurde. Ich habe das Thema in meinem letzten Buch ausführlich erläutert (vgl. Pietsch, 2024) und möchte an dieser Stelle nur kurz auf die Kernpunkte der Kapitalismuskritik eingehen. Im Anschluss daran werden wir uns im vierten Kapitel aus der Fülle an innovativen Ideen zur Neugestaltung des

Wirtschaftsmodells diejenigen herausgreifen, die gerade in jüngster Zeit für Furore gesorgt haben und in der Öffentlichkeit mehr oder minder intensiv diskutiert wurden. Dort werden u. a. die bereits skizzierten Ansätze einer Postwachstumsökonomie ebenso erörtert werden wie die der Gemeinwohlökonomie, des *De-Growth* Kommunismus und das Konzept eines partizipativen Sozialismus. Nur durch ein intensives Verständnis nicht nur der Konzepte als solchen, sondern vor allem auch der Stärken und Schwächen lassen sich Rückschlüsse auf ein realistischeres Wirtschaftsmodell ziehen. Um es allerdings vorwegzunehmen. Keines dieser facettenreichen und klug beschriebenen Konzepte wird meiner Meinung nach den Realitätscheck überstehen. So interessant manche Vorschläge zu einem alternativen Wirtschaftsmodell sein mögen, es muss auch in der Praxis umsetzbar sein und den Menschen und ihrem Wohl dienen können. Möglicherweise gelingt es, einzelne Elemente dieser Konzepte für einen reformierten Kapitalismus fruchtbar zu übernehmen. Am Ende dieses Kapitels steht folgerichtig eine Bewertung der mehr oder minder innovativen Konzepte.

Im fünften Kapitel beschreibe ich dagegen eine neue Form des Kapitalismus, der sich aus vielen Ideen speist und der sich vor allem den Elementen des Ökologischen, des Sozialen und des Wohls der Bevölkerung verschreibt. Ich nenne ihn den „reformierten Kapitalismus". Wie ein reformierter Kapitalismus konkret aussehen könnte, welche Elemente und Ausgestaltungsformen denkbar wären, wird Schwerpunktthema dieses Kapitels sein. Dabei wird besonderer Fokus daraufgelegt, ob ein solches Modell tatsächlich die Möglichkeit zur Umsetzung mit sich bringt oder ob es ein weiteres Luftschloss bleibt ohne Anspruch auf Praxistauglichkeit. Ich werde hier u. a. wesentliche Gedanken aufgreifen, die ich bereits in meiner Schrift zu den Grenzen des ökonomischen Denkens formulierte und das Fehlen des Menschen in der ökonomischen Gleichung anmahnte (vgl. Pietsch, 2017).

Im sechsten Kapitel versuche ich, die einzelnen Elemente des reformierten Kapitalismus so weit wie möglich operativ herunterzubrechen, um eine spätere Umsetzung zu erleichtern. Hier werden wir nicht nur die ökologische, sondern vor allem die soziale Komponente dieses neuen Wirtschaftsmodells näher beleuchten. Zudem werden wir der drängenden Frage nachgehen, in welchem Verhältnis Staat und Markt zueinanderstehen sollten. Wer der Meinung sein sollte, dass dies ein untergeordnetes Thema für ein Wirtschaftsmodell darstellt, sollte sich an die heftigen Diskussionen zur Schuldenbremse erinnern, die im Herbst 2023 losbrachen. Die schwarze Null des Staates ist nur bedingt mit dem Sparverhalten der vielgerühmten „schwäbischen Hausfrau" vergleichbar. Je nach Art der Investition des Staates können Arbeitsplätze geschaffen werden, die über ihren Multiplikatoreffekt wieder neue Staatseinnahmen generieren können, die die Ausgaben überkompensieren. Keynes lässt grüßen (vgl. auch die interessanten Einlassungen des früheren Finanzministers Wolfgang Schäuble zu diesem Thema in seinen Erinnerungen, vgl. Schäuble, 2024, S. 476 f.).

Ferner müssen wir uns ernsthaft mit der Frage auseinandersetzen, ob sich der Wohlstand einer Nation nur am Bruttoinlandprodukt (BIP) d. h. der inländischen Wertschöpfung bemisst, oder auch andere Faktoren eine Rolle spielen. Stichworte sind hierbei Glück, persönliche Zufriedenheit, Gesundheit, Bildung, Frieden auf der Welt aber auch sozialer Frieden etc. Das Land Bhutan hat hier bereits große Erfolge mit einem Glücksbarometer („Happiness-Index", vgl. GNH Centre, Bhutan, 2024) erzielt, der solche „weichen" Faktoren misst wie etwa die ökologische Dimension, Bildung, Gesundheit, persönliche Zufriedenheit etc. Schließlich wollen wir uns im siebten und letzten Kapitel ansehen, wie ein Neustart mit einem reformierten Kapitalismus gelingen kann und welche Voraussetzungen hierzu nötig sein werden. Hier wird es insbesondere darum gehen, eine Aufbruchsstimmung zu erzeugen und die ersten Schritte in die Richtung eines reformierten Kapitalismus zu gehen. Ob uns dieser Schritt gelingt, wird davon abhängen, inwieweit es möglich ist, weite Teile der Bevölkerung von diesem neuen Modell zu überzeugen und mitzunehmen. Aber alles der Reihe nach. Zunächst wollen wir uns im nächsten Kapitel mit dem Begriff des Kapitalismus selbst, seinen Elementen und ausgewählten Varianten beschäftigen.

# 2 Das heutige Wirtschaftssystem des Kapitalismus

## 2.1 Begriff und Elemente des Kapitalismus

Der Begriff des Kapitalismus ist schwer zu definieren, hinterlässt aber bewusst wie unbewusst bei den meisten Menschen einen negativen Beigeschmack. Er steht vielfach für ein unbarmherziges Wirtschaftssystem, das die Menschen mehrheitlich ausbeutet, sie von ihrer Arbeit entfremdet und das vor allem auf Egoismus, Gier und unnötigen Konsum setzt. Noch dazu zerstört dieses System die Umwelt (vgl. u. a. Pietsch, 2024, S. 57 ff.). Vielfach wird der Kapitalismus mit allen denkbaren Übeln dieser Welt gleichgesetzt. Dabei stand der Begriff ursprünglich für den Viehbestand: Im spätmittelalterlichen Latein des 16. Jahrhunderts wurden schlicht die Tiere in einer Herde anhand der Anzahl ihrer Köpfe gezählt, die zum Bestand eines Bauern oder Schafzüchters gehörten. Dabei stand der lateinische Begriff *caput* für den Kopf und *capitalis* als Attribut, d. h. zum Kopf gehörend (vgl. Tanner, 2012). Der Begriff des Kapitalismus bedeutete also einst wertneutral das Vermögen eines Herdenbesitzers. Im Laufe der Jahre kippte dieser positiv besetzte Begriff vor dem Hintergrund der Industriellen Revolution und der prekären Arbeits- und Lebenssituation der Arbeiter*innen in sein Gegenteil und stand von da an für eine Negativfolie der Wirtschaft. Der Kapitalismus war in den Augen der Öffentlichkeit gleichbedeutend mit einem Wirtschaftsmodell, das nur die Kapitaleigner reich werden und die abhängigen Beschäftigten ins Elend absinken ließ. So die vielfach geteilte berühmte Diagnose von Karl Marx und seinem Mitstreiter Friedrich Engels.

Max Weber, der berühmteste deutsche Soziologe des 19. und beginnenden 20. Jahrhunderts konnte auch plausibel nachweisen, dass die protestantische Ethik mit ihrer Rationalität und dem Streben nach Auserwähltheit vor Gott, so vor allem der Kerngedanke der Calvinisten, dem kapitalistischen Wirtschaftssystem in die Hände spielten. Die Tüchtigkeit des Einzelnen sollte durch den ökonomischen Erfolg untermauert werden und dem Willen Gottes entsprechen (zum Kerngedanken der protestantischen Ethik vgl. Weber, 1920/2013). Die Rationalität sah auch der Soziologe und Volkswirt Werner Sombart beim Kapitalismus am Werk. Darüber hinaus bestimmte er den Kapitalismus als ein Wirtschaftssystem, das vor allem durch die Aufteilung in Inhaber der Produktionsmittel und besitzlose Arbeiter*innen gekennzeichnet ist. Alle Wirtschaftssubjekte sind durch einen freien Markt nach dem Erwerbsprinzip und dem ökonomischen Rationalismus miteinander verbunden (vgl. Sombart, 1916, S. 319).

Der Sozialhistoriker und Kapitalismusforscher Jürgen Kocka hat in seiner eingängigen und konzisen Einführung in den Kapitalismus vor allem drei Elemente ausgemacht, die dieses Wirtschaftssystem charakterisieren (vgl. Kocka, 2017, S. 20 f.):

## 2 Das heutige Wirtschaftssystem des Kapitalismus

1. Das Eigentum an den Produktionsmitteln und Rechten bei dezentralen Marktentscheidungen mit entsprechenden unternehmensindividuellen Gewinnen und Verlusten. 2. Die Koordination der Wirtschaftssubjekte erfolgt im Rahmen freier Märkte über den Preis, der sich über Angebot und Nachfrage ergibt. Der Preis gilt dabei als Knappheitsindikator von Gütern und Dienstleistungen und zeigt die Begehrlichkeit des Produktes auf, im Positiven wie im Negativen. Auf freien Güter-, Arbeits- und Geldmärkten werden Angebot und Nachfrage jeweils in einen Ausgleich gebracht und die Ware mit Geld virtuell wie physisch beglichen. 3. Wesentlich für den Kapitalismus und Namensgeber ist natürlich das Kapital, das dem Unternehmer, der Unternehmerin die Möglichkeit bietet, zu investieren und im Sinne der Profitmaximierung das meiste aus dem eingesetzten Kapital herauszuholen.

Die wesentlichen Elemente des Kapitalismus sind folglich vor allem Unternehmen, die mehrheitlich in privater Hand sind und von freien Unternehmer*innen oder stellvertretend durch das Management gesteuert werden. Unternehmen werden häufig von ihren Gründer*innen mit einem bestimmten Zweck ins Leben gerufen. Mal schaffen sie Problemlösungen wie etwa Pharmaunternehmen mit ihren Medikamenten, denken wir etwa an die vielen hilfreichen Impfstoffe der Vergangenheit. Ein anderes Mal wollen sie die Mobilität auf neue Beine stellen, wie der Beginn der Automobil-, der Schifffahrts- oder der Luftfahrtindustrie zeigt. Wieder andere schließlich bieten Güter des täglichen Lebens an wie Lebensmittel- und Textilunternehmen oder verfolgen einen Menschheitstraum und investieren in die Raumfahrt. Alle Unternehmen streben danach, das eingesetzte Kapital zu vermehren und so die Gehälter der Mitarbeitenden bezahlen zu können. Dabei sind sie frei in der Ausgestaltung ihrer Ziele und Strategien, definiert durch das Management des Unternehmens, solange sie sich an Recht und Gesetz halten. Wesentliches Prinzip des Kapitalismus, bei uns in Deutschland in der Form der Sozialen Marktwirtschaft, ist der Wettbewerb. Nur im Ringen um die bestmögliche Lösung für den Kunden, die Kundin, bei gleichzeitig bestmöglichem Preis kann ein optimales Güterangebot geschaffen werden. Es wird nur das produziert, was auch am Markt nachgefragt wird. Je größer die Nachfrage, desto mehr und umgekehrt.

Der Wettbewerb sorgt dafür, dass nur die rentabelsten und produktivsten Unternehmen mit den besten am Markt verkäuflichen Produkten überleben. Leistungsschwächere Unternehmen, die auf mangelnde Kundenresonanz stoßen, zu teuer produzieren oder die Zeichen der Zeit nicht rechtzeitig erkannt haben, verschwinden wieder vom Markt und gehen in Konkurs. Was für viele eine notwendige Bereinigung des Marktes darstellt, stellt sich in den Augen anderer als unbarmherziges und gnadenloses System dar. Ausbaden müssen die falschen Entscheidungen des Managements häufig viele Mitarbeitende, die im Zuge des Konkurses ihre Jobs verlieren. Gleichzeitig sind Unternehmen unweigerlich zum Wachstum verdammt: Aufgrund der jährlichen Produktivitätssteigerung können sie ihre Produktion entsprechend steigern und würden bei gleicher Ausbringungsmenge wie im Vorjahr alternativ weniger Mitarbeitende benötigen. Auch die Verknappung der Arbeitszeit im Sinne einer Vier-Tage-Woche wäre nur eine temporäre Lösung, da auch hier wieder die permanente Produktivitätssteigerung zu einer weiteren Reduzierung der Beschäftigtenzahl führen würde. Zudem bringt der technische Fortschritt im Sinne neuer, optimierter Maschinen, der Einsatz von Künstlicher Intelligenz etc. eine weitere Steigerung der Produktivität mit sich, die wiederum negativ auf die Beschäftigtenzahl wirkt.

Die Suche nach dem maximalen Profit, anhand dessen zumeist das Top Management vergütet wird, sorgt unwei-

## 2 Das heutige Wirtschaftssystem des Kapitalismus

gerlich dafür, dass Kosten minimiert und Erträge maximiert werden. Platt ausgedrückt. Jeder ausgegebene Euro ist ein Euro zu viel, wenn er nicht gleichzeitig mehr Ertrag einbringt als er kostet. Wachstum und Profitmaximierung sind für das kapitalistische System inhärent, d. h. zwingend eingeschrieben. Das hat in der Vergangenheit auch bedeutet, dass die Umwelt, die Rohstoffe unserer Erde quasi als kostenloses Gut in die Profitgleichung mit einberechnet wurden. Infolgedessen wurden Gewässer mit industriellem Abwasser verschmutzt, die Meere mit Unmengen an Plastik vermüllt und die Luft vor allem in den Industrieregionen und Metropolen verpestet. Was nichts kostet, kann auch der betriebswirtschaftlichen Logik folgend nicht ins Gewicht fallen. Gott sei Dank hat hier seit geraumer Zeit bei (fast) allen Unternehmen ein Umdenken begonnen.

Dieser Profitmaximierungslogik folgend werden aber auch heute noch Mitarbeitende in vielen Bereichen körperlich wie seelisch unter Druck gesetzt. Ob es die E-Mail-Flut der Büroangestellten ist und die schier endlose Zahl an Aufträgen, die sie im Laufe des Arbeitstages abzuarbeiten haben. Oder ob es die Anzahl der Stunden hinter dem Steuer eines LKW sind, die knapp bemessene Auslieferzeit vieler Zusteller*innen von Logistikdienstleistern oder auch die nächtlichen Einsätze der Pflegekräfte, Druck gibt es in diesem System überall. Nicht umsonst ist die Anzahl der physischen und psychischen Belastungen nicht nur in der Coronazeit dramatisch angestiegen. Das Modewort *Burnout* für das typische ausgebrannt sein durch die permanente physische wie psychische Überforderung im Job, zumeist kombiniert mit einem anspruchsvollen Privatleben, hat nicht umsonst Konjunktur. Die ältere Generation der Baby Boomer ist damit in der Vergangenheit zumeist klaglos umgegangen, da die viele Arbeit anscheinend auf den Wohlstand einzahlte. Die jüngere Generation sieht das mittlerweile anders: Es wird nicht gelebt, um zu arbeiten, sondern gearbeitet, um zu leben (vgl. die Änderungen der Werte der nachwachsenden Generation in Pietsch, 2024, S. 151 ff.).

Allein die kurze Skizzierung der wesentlichen Elemente des Kapitalismus hat gezeigt, dass in diesem Wirtschaftssystem, das in der Vergangenheit für einen beträchtlichen Wohlstand gesorgt hat, bereits einige Sollbruchstellen zu erkennen sind. Die wesentliche Kritik richtet sich dann vor allem auf den Zwang zum unendlichen Wachstum, was in einer Welt endlicher Ressourcen so nicht machbar sei. Zudem gerät immer wieder die kühle Logik der Profitmaximierung ins Visier der Kritiker*innen, das als Gier erlebte Streben nach immer mehr Profit vor allem für die Unternehmer*innen. Das System des Kapitalismus als solches leiste einem Egoismus und Ellenbogendenken Vorschub und setze auf das Recht des Stärkeren.

Die schwächeren Mitglieder werden aus dem System buchstäblich entlassen. Jeder ist seines eigenen Glückes Schmied. Dabei haben wir noch gar nicht über die Konsequenzen eines jahrzehntelangen wirkenden kapitalistischen Systems gesprochen. Die zunehmende Ungleichheit in Einkommen und Vermögen, die immer noch existierende unterschiedliche Vergütung von Frauen in der Wirtschaft und vieles mehr. In dieser kurzen Beschreibung der wesentlichen Elemente des Kapitalismus ist die Kritik daran bereits vorgezeichnet. Wir werden auf die häufigsten Kritikpunkte im zweiten Kapitel zu sprechen kommen (zur Geschichte der Kapitalismuskritik vgl. u. a. Pietsch, 2024, S. 57 ff.). Wiewohl eine kurze Einführung der Geschichte des Kapitalismus an dieser Stelle hilfreich wäre für das Verständnis der Kritik an ihm, würde dies an dieser Stelle zu weit führen. Ich verweise daher auf die umfangreiche und kenntnisreiche Literatur zur Kapitalismusgeschichte (vgl.

u. a. Lenger, 2023; Plumpe, 2021; Kocka, 2017). Doch Kapitalismus ist nicht gleich Kapitalismus. Es gibt verschiedene Spielarten davon, wie wir im folgenden Kapitel sehen werden.

## 2.2 Arten und Ausgestaltungsformen des Kapitalismus

Der Kapitalismus zeigt je nach Land und Kulturkreis ein unterschiedliches Gesicht. In Skandinavien, traditionell ein Land der gesellschaftlichen Sehnsucht nach der Gleichheit (vgl. im Folgenden vor allem Pietsch, 2020, S. 70 ff.), werden die sozialen Aspekte der Marktwirtschaft durch einen starken Staat und umfangreiche Sozialleistungen abgefedert. In den USA dagegen, traditionell geprägt durch den *Pursuit of Happiness*, dem Streben nach dem individuellen Glück. Hier bestimmt der Markt vor allem die Ergebnisse. Die Höchstleister*innen, die top ausgebildet sind, sehr hart arbeiten und im Wettbewerb am Arbeitsmarkt am besten dastehen, verdienen am meisten. Entsprechend wenig kümmert man sich um die, die durch das Rost des Wettbewerbs fallen. Die Sozialleistungen sind in Dauer und Höhe eher überschaubar. Eine Mittelstellung nimmt Deutschland ein, das der freien Marktwirtschaft bei der Gründung der Bundesrepublik nicht so ganz traute und diese um eine soziale Komponente anreicherte. Nach der Wiedervereinigung galt dieses Modell dann auch für die neuen fünf Bundesländer. Lassen Sie uns diese einzelnen Ausgestaltungsformen des Kapitalismus etwas stärker im Detail ansehen. Beginnen wir mit *Deutschland*.

Wie vielfach bekannt, wurden die Wirtschaftswunderjahre, charakterisiert durch ein stetig steigendes überproportionales Wirtschaftswachstum, vor allem mit dem

Namen Ludwig Erhard verbunden. Der damalige Wirtschaftsminister prägte mit seinem Slogan „Wohlstand für alle" (so der gleichlautenden Titel seines programmatischen Buches, vgl. Erhard, 1957/2021) das Kernziel dieser neuen Wirtschaftsordnung, die nach dem Zusammenbruch der Nachkriegsökonomie notwendig geworden war. 1949 ging dieses neue Modell der „Sozialen Marktwirtschaft", fortan immer mit einem großen S geschrieben, an den Start. Wesentlicher Ideengeber zu dieser neuen Wirtschaftsform war allerdings nicht Ludwig Erhard, sondern der Kölner Wirtschaftsprofessor Alfred Müller-Armack, später Staatssekretär in Erhards Wirtschaftsministerium. Zielsetzung dieses Modells sollte es sein, die erfolgreichen Elemente einer freien Marktwirtschaft mit den Errungenschaften eines ausgedehnten Sozialprinzips zu kombinieren. Konkrete bedeutete dies, dass der freie, ungehinderte Wettbewerb zunächst für ein möglichst optimales Marktergebnis sorgen sollte. Die Unternehmen ringen mit ihren Produkten um die Gunst der Kund*innen. Der Preis dient dabei als Indikator der Begehrlichkeit auf der Nachfrageseite. Angebotsseitig sollte der Preis ein Indiz dafür sein, wie knapp diese Ware auf dem Markt ist. Nachdem allerdings der freie Markt aus seiner Grundstruktur heraus nicht von alleine für die sozialen Belange der Marktverlierer sorgen kann, musste der Staat einspringen.

Konkret sah das so aus: So sollten nicht marktfähige Unternehmen, die im Wettbewerb um die Kund*innen unterlagen, wieder aus dem Markt ausscheiden können. Absprachen über den Preis, die angebotene Menge oder ähnliche Vereinbarungen, die den Markt verzerren zulasten der Käufer*innen, waren strengstens verboten. Die Kartellbehörden wachten von nun an über solche wettbewerbsbeschränkenden Vorgehensweisen. Der umfangreiche sozialpolitische Forderungskatalog umfasste u. a. bereits da-

## 2 Das heutige Wirtschaftssystem des Kapitalismus

mals den staatlich fixierten Mindestlohn, die progressive Einkommensteuer (konkret heißt das, dass höhere Einkommen stärker besteuert werden als niedrigere), Kinderbeihilfen und Wohnungsbau- und Mietzuschüsse (vgl. Müller-Armack, 1946/1990, S. 119). Auch eine staatliche Begrenzung von Mieterhöhungen war bereits Bestandteil dieses Konzepts (vgl. Müller-Armack, 1946/1990, S. 125). Vor allem kleinere und mittlere Unternehmen, das Rückgrat der deutschen Wirtschaft, sollten gezielt gefördert werden. Die Geld-, Kredit-, Währungs- und Konjunkturpolitik sollte sich dem übergreifenden Ziel der Vollbeschäftigung unterordnen. Müller-Armack griff auch den Gedanken der staatlichen Belebung der Nachfrage auf, indem er explizit staatliche Investitionen in die Infrastruktur zur Belebung der Konjunktur vorsah (vgl. Müller-Armack, 1946/1990, S. 153). In der Quintessenz: Die Ergebnisse des freien Marktes werden u. a. durch eine aktive staatliche Sozial- und Konjunkturpolitik korrigiert, um die soziale Komponente zu stärken. Das Beste aus beiden Welten.

In den *USA* lag dagegen schon immer stärker der Fokus auf einer freien Marktwirtschaft, d. h. einer Marktwirtschaft, die im Wesentlichen die Ergebnisse des Marktes unkorrigiert gelten lässt. Der/die Stärkere und am besten angepasste Marktteilnehmende gewinnt, der/die Verlierer*in muss sehen, wo er oder sie bleibt. Besonders berühmt war die sogenannte „neoliberale" Agenda des US-Präsidenten Ronald Reagan, der in den 1980er-Jahren für Aufsehen sorgte. So propagierte er u. a. (vgl. Pietsch, 2020, S. 77) einen verringerten Grenzsteuersatz auf Arbeit und Kapital (von 70 auf 28 %) und einen reduzierten Unternehmenssteuersatz (48 auf 34 %). Gleichzeitig sollten die Staatsausgaben und die Regulierungs- bzw. Bürokratisierungswut eingedämmt und die Inflationsrate verringert werden durch eine restriktive Handhabung des Geldangebots. Denn je weniger Geld auf dem Markt, so die Theorie des damals sehr populären Ökonomen Milton Friedman (zur Theorie Friedmans vgl. Pietsch, 2022b, S. 217 ff.), desto weniger steht u. a. für Investitionen und Konsum zur Verfügung und desto geringer die Nachfrage nach Gütern aller Art. Dies lässt die Preise sinken und damit die Inflation begrenzen. Gleichzeitig sollte sich, ebenfalls der Doktrin des liberalen Ökonomen Friedman folgend, der Staat möglichst vollständig aus dem Marktgeschehen heraushalten. Mit diesem Dogma ging in den 1980er-Jahren eine umfangreiche Privatisierungswelle ehemaliger Staatsbetriebe einher, die auch Großbritannien und Deutschland erfasste.

Die Ergebnisse dieser neoliberalen Agenda waren allerdings so gar nicht im Sinne des Erfinders. Zwar erholte sich die Wirtschaft in den USA wieder, Unternehmen konnten nun schneller und unbürokratischer gründen und damit Arbeitsplätze schaffen. Das allerdings hatte seinen Preis. Die deutlich gesunkenen Steuern führten in der Konsequenz zu dramatisch abnehmenden Steuereinnahmen und damit zu einem erheblichen Haushaltsdefizit. Private Investitionen mussten nun für die zurückgehenden staatlichen Investitionen einspringen, konnten diese aber nicht vollständig kompensieren. Was allerdings noch viel schlimmer war: die soziale Ungleichheit in Einkommen und Vermögen stieg rapide an. Es profitierten also hauptsächlich diejenigen, die sich an der Spitze der Einkommens- und Vermögenspyramide befanden. Dass die Privatisierung nicht nur ein Segen ist, mussten vor allem die 154 Mio. über ihren Arbeitgeber privat krankenversicherten US-Amerikaner*innen während der Coronazeit schmerzlich erfahren (vgl. heartbeat, 2021). Mit dem Verlust ihres Jobs während Corona waren sie auch ihre Krankenversicherung los. Damit sind lebenswichtige Behandlungen von einer*einem Normalverdiener*in kaum noch zu bezahlen.

## 2 Das heutige Wirtschaftssystem des Kapitalismus

Die beste Bildung gibt es darüber hinaus nur an den privaten Universitäten à la Harvard, Standford, Princeton und Yale, die bekanntlich das Budget eines*einer Durchschnittsamerikaner*in deutlich übersteigen. Stipendien für besonders leistungsstarke Studierende sind eher begrenzt. Auch die Sozialhilfe fließt spärlich. Die Altersversorgung ist überschaubar (nicht umsonst müssen viele US-Bürger*innen im Alter mehreren Jobs nachgehen, da die Rente nicht ausreicht) und das Arbeitslosengeld ist auf ein halbes Jahr begrenzt. Danach geht es zum Sozialamt. Das Konzept der Lohnfortzahlung im Krankheitsfall existiert genauso wenig wie Kinder- und Erziehungsgeld (vgl. Pietsch, 2024, S. 52). Der Kapitalismus US-amerikanischer Prägung folgt viel stärker der Marktselektion als das bundesrepublikanische Modell. Wer in der freien Marktwirtschaft aufgrund seiner eigenen Leistung nicht reüssiert, muss damit rechnen, vom Staat nicht ausreichend aufgefangen zu werden. So kann es auch passieren, dass man durch das soziale Rost fällt. Dafür sind die Hürden und die Bürokratie einer Unternehmensgründung eher gering, Scheitern wird als normal angesehen. Das Aufstehen nach dem Hinfallen gehört genauso dazu wie beim Sport: Einmal oben und einmal unten. Bei uns in Deutschland hängt einem ein Konkurs zumeist ein Leben lang nach. Man ist gezeichnet und versucht es danach meistens nicht wieder.

Während in Deutschland die Soziale Marktwirtschaft vorherrscht und in den USA eher der ungezähmte Kapitalismus, kleiden die Skandinavier ihre Marktwirtschaft viel stärker mit sozialen Netzen aus. Dies hat vor allem kulturelle Hintergründe (vgl. im Folgenden Pietsch, 2024, S. 53 ff.). So sind den Skandinaviern Ungleichheit und demonstrative Statusschau ein Dorn im Auge. Gemäß dem Roman des norwegisch-dänischen Schriftstellers Aksel Sandemose, der in der dänischen Kleinstadt namens Jante spielt, wird für die skandinavische Gesellschaft ein Verhaltenskodex vorgeschrieben, an den man sich ähnlich dem Dekalog halten sollte (vgl. Strong, 2020). So seien alle Bürger*innen gleich. Niemand solle sich einbilden, etwas Besseres zu sein. Die Vorstellung, man sei klüger, mehr Wert oder in materiellen Dingen weit überlegen, habe einen besseren Job etc. solle erst gar nicht Einzug halten in die Gesellschaft. Ungleichheit, vor allem zur Schau gestellte, ist in der skandinavischen Gesellschaft verpönt. Dieser Kerngedanke zieht sich durch alle Elemente des täglichen Lebens. Frauen und Männer sind gleichberechtigt. Das gilt für die Arbeit, die Betreuung der Kinder oder der Hausarbeit. Beide Geschlechter teilen sich die Sorge um ihr ökonomisches Wohlergehen, um die gemeinsamen Kinder und andere Dinge des täglichen Lebens.

So existieren in Schweden Kindertagesstätten, die sogenannten *Dagis*, die es beiden Elternteilen ermöglichen, ihrer Arbeit nachzugehen und die Kinder dennoch gut versorgt zu sehen. Der Staat stellt diese Infrastruktur kostenlos zur Verfügung, sodass die frühkindliche Bildung nicht eine Frage des Geldes ist. Ein Arbeitstag, der von morgens 8 Uhr bis nachmittags um 16 bzw. 17 Uhr geht, ist eher die Regel als die Ausnahme. Zeit für die Familie zu haben wird in Skandinavien großgeschrieben. Die Erwerbstätigenquote der Frauen ist mit 80 % in Schweden so hoch wie in kaum einem anderen Land in der Welt (vgl. im Folgenden Meissl, 2022). In Schweden können Eltern gemeinsam 480 Tage pro Kind Elternurlaub nehmen, wovon 390 Tage mit 80 % des früheren Lohns vergütet werden. Mit den befristeten Abwesenheiten der Mitarbeitenden geht man dabei in Schweden entspannt um. Entweder werden Aufgaben umverteilt oder Stellvertreter*innen ernannt, die sich kurzfristig in die neuen Arbeitsgebiete einarbeiten. Natürlich gibt es dort eine Einkommensobergrenze. Topmanager*innen werden damit nicht voll umfänglich gefördert. Diese nehmen aber auch so gut wie nie den Elternurlaub in Anspruch.

Selbst das Gesundheitssystem kennt keine sozialen Unterschiede. Eine staatliche Krankenkasse für alle nivelliert die Unterschiede. Wer kann und möchte, kann sich privat zusätzlich versichern und einen weiteren Versicherungsschutz abschließen. Die Grundversorgung ist allerdings für alle Bürger*innen gleich. Ebenso ist das Bildungssystem in Skandinavien fest in staatlicher Hand. Dass dieses zu den besten der Welt gehört, zeigen die regelmäßigen überdurchschnittlich guten Ergebnisse der PISA-Bildungsstudie, in der gerade die skandinavischen Länder zumeist hervorragend abschneiden (s. etwa das aktuelle Ranking, in dem vor allem Finnland auf den Spitzenplätzen rangiert, vgl. Bayerisches Staatsministerium für Unterricht und Kultus/OECD, 2023). Der Staat greift also den Familien mit den arbeitenden Elternteilen unter die Arme, lässt (fast) alle Kinder durch die gleichen staatlichen Tagesstätten und Schulen gehen, wo sie eine exzellente Bildung erhalten. Wenn die Skandinavier krank sind, begegnen sie sich beim gleichen Arzt etc. Soziale Unterschiede sind zwar vorhanden, werden aber mehrheitlich nicht in den Vordergrund gerückt und (fast) niemand hält sich für etwas Besseres.

Gleichzeitig existiert in Schwedens Wirtschaft ein Kapitalismus, der zwar staatlich abgefedert wird wie gesehen, aber immer noch den Marktgesetzen von Angebot und Nachfrage bei Gleichgewichtspreis und freiem Unternehmertum gehorcht. Doch die staatliche Infrastruktur kostet natürlich Geld. Und das Geld wird primär von den stärkeren Schultern der Gesellschaft eingezogen. Mit Ausnahme Norwegens liegt die Staatsquote, d. h. der Anteil der Staatsausgaben am Bruttoinlandsprodukt bei über 50 %. Die Einkommensteuer ist in Skandinavien im Durchschnitt höher als in den USA, es werden größere Teile der Bevölkerung in die Besteuerung mit einbezogen (Steuerbasis) und bei Vorliegen bestimmter Bedingungen werden Steuern zurückerstattet (vgl. Straumann, 2015). Konsumsteuern liegen in Dänemark bei 32 %, während die US-Amerikaner*innen nur 18 % zahlen. Der Spitzensteuersatz liegt in Schweden bei knapp 74 %, d. h. Einkommensmillionäre werden ab einer bestimmten Einkommensgrenze an zu etwa drei Vierteln besteuert (vgl. Pietsch, 2024, S. 55). Für alle Familien mit kleinen Kindern dagegen gibt es Kindergeld, Ausbildungsgutscheine oder auch Pflegebeihilfen für zu pflegende Angehörige.

Wenn wir also in diesem Buch über die Neugestaltung eines Wirtschaftsmodells sprechen, dann müssen wir immer im Hinterkopf behalten, dass es diese verschiedenen Varianten des Kapitalismus gibt. Dabei ist es selbstverständlich so, dass aufgrund der gebotenen Kürze nur einige wenige, charakteristische Merkmale der jeweiligen Kapitalismusvarianten beschrieben werden können. Zudem existieren genauso viele kapitalistische Spielarten wie es marktwirtschaftliche Länder gibt. Die drei skizzierten Varianten stellen also lediglich einen kleinen Ausschnitt möglicher Wirtschaftsformen dar, an denen wir uns orientieren können. Dennoch war diese Übung sehr hilfreich, da wir auf der Suche nach einem alternativen Wirtschaftsmodell die aus unserer Sicht wertvollen Elemente des Kapitalismus mit übernehmen können. Gleichzeitig müssen wir uns auch ansehen, welche Alternativen zum Kapitalismus existieren, sollten wir die Idee verfolgen, den Kapitalismus an sich abschaffen zu wollen. Bevor wir mögliche weitere Varianten eines sozialistischen Wirtschaftsmodells in Kap. 4 wieder aufgreifen, sollten wir zunächst einen Blick zurück auf bereits in der Praxis umgesetzte Varianten von Sozialismus und Kommunismus blicken.

## 2.3 Gescheiterte Alternativen: Sozialismus und Kommunismus

Der Begriff des Sozialismus ist schwer zu fassen. Schon der deutsche Soziologe Werner Sombart kam in den 20er-Jahren des letzten Jahrhunderts auf 260 verschiedene Definitionen des Sozialismus (vgl. Motschmann, 1990, S. 25). Mit Sauerland (vgl. Sauerland, 2018) kann man den Sozialismus sicherlich am besten als Sammelbezeichnung für alle Gesellschaftsentwürfe bezeichnen, deren Ziel eine solidarische, gerechte und gleiche Gesellschaft ist. Anstelle einer individualistischen Marktlogik mit einem selektiven Wettbewerbssystem, in der einzig der Stärkere und Leistungsfähigere überlebt, soll ein solidarisches, kooperatives System treten, das die Gemeinschaft aller Beteiligten fördert und allen gleichermaßen zugutekommt. Statt einer mehr oder minder harten Auslese über den Markt solle ein System der Selbstentfaltung und Kooperation treten, das demokratisch und emanzipatorisch angelegt ist. Konkret bedeutet das, dass alle Menschen aufeinander Rücksicht nehmen, keiner darf durch das gesellschaftliche und wirtschaftliche Rost fallen. Niemanden soll es ökonomisch deutlich besser gehen als dem anderen, aber allen soll es gut gehen. Der Wohlstand der Solidargemeinschaft ist das Ziel, nicht die Bereicherung des Einzelnen zu Lasten der Schwächeren.

An die Stelle eines Wachstumszwangs der Wirtschaft solle eher eine kollektive Meinungsbildung darüber vorherrschen, was in welchen Mengen produziert werden solle. Der Erhalt der Gesellschaft und des Wohlstands solle im Vordergrund stehen und nicht ein permanentes Streben nach Mehr. Reparieren, wiederherstellen und vor allem ein nachhaltiges Wirtschaften im Sinne der Gemeinschaft solle im Vordergrund stehen und nicht eine Ökonomie, die Raubbau an der Natur betreibt. So einleuchtend diese Idee des Sozialismus ist, so schwierig erscheint seine Umsetzung. Bevor wir uns zwei Beispiele der Vergangenheit ansehen, die gescheitert sind, wollen wir uns kurz mit dem Begriff des Kommunismus und seinem Unterschied zum Sozialismus befassen.

Wesentlicher Kerngedanke des Kommunismus (von *communis* = lateinisch für gemeinsam) ist, dass allen Menschen einer Gemeinschaft das gemeinsam sein sollte, was sie für das tägliche Leben benötigen (vgl. Schneider & Toyka-Seid, 2024). Das fängt bei den Produktionsmitteln an, d. h. Geräte, Maschinen aber auch Land, Häuser, Tiere etc. Die gemeinsam hergestellten Waren sollten dann auch gerecht unter allen Beteiligten aufgeteilt werden. Der technische Fortschritt sollte von nun an allen Menschen gleichermaßen zugutekommen und nicht nur den Eigentümern der Produktionsmittel. Das Ziel von Marx und Engels war die klassenlose Gesellschaft, in der alle Menschen gleichberechtigt sein würden (vgl. Schneider & Toyka-Seid, 2024). Insofern war der Sozialismus aus der Sicht von Marx und Engels nur eine Vorstufe des endgültigen kommunistischen Systems. Systemveränderungen beginnen immer mit einer Vision, einem Zielbild für eine neue Gesellschaft bzw. in unserem Fall einer neuen Wirtschaftsordnung. Die konkrete Umsetzung dieser kommunistischen bzw. sozialistischen Idee in eine neue Wirtschaftsordnung am Beispiel der DDR und der damaligen Sowjetunion ist aber in letzter Konsequenz gescheitert. Sehen wir uns im Folgenden die Entstehung und Entwicklung beider Wirtschaftsordnungen genauer an und erinnern wir uns, wie das Experiment ausgegangen ist (vgl. dazu auch Pietsch, 2024, S. 224 ff.).

## Zentralverwaltungswirtschaft der DDR

Die zentralen Elemente von Angebot und Nachfrage wurden in der Deutschen Demokratischen Republik (DDR) nicht über den Preis, sondern aufgrund eines staatlichen Fünfjahresplans geregelt. Der Preis, der sich aus Angebot und Nachfrage ergibt und die Knappheit eines Gutes anzeigt, wurde in dem Wirtschaftssystem der DDR ausgehebelt und stattdessen staatlich fixiert. Die Nachfrage wurde aus der Vergangenheit fortgeschrieben. Was auch immer in der Vergangenheit an Mengen für bestimmte Güter abgenommen wurde, wurde in die Zukunft verlängert oder bestenfalls um einen demografischen Faktor ergänzt. Kurzfristige Reaktionen auf eine verstärkte Nachfrage nach einem Gut waren so angebotsseitig nicht oder nur unter erschwerten Umständen möglich. Die Produktionsmittel waren ganz in staatlicher Hand, so wie es Marx gefordert hatte. Staatliche Betriebe wie Landwirtschaftliche Produktionsgenossenschaften (LPG), Volkseigene Betriebe (VEB), die Handelsorganisationen (HO) und die Produktionsgenossenschaften des Handwerks (PGH) ersetzten private Unternehmen und standen ganz unter staatlicher Kontrolle. Alle Bürger*innen sollten eine Arbeit finden: So wurden die benötigten Berufsqualifikationen nach Qualität und Anzahl aus der Vergangenheit abgeschätzt und in die Zukunft fortgeschrieben. Der Staat gab also vor, welche Qualifikation benötigt wurde und gab so den Rahmen vor, wer was lernen bzw. studieren sollte und durfte. Anstelle des Marktes planten staatliche Stellen, die Staatliche Plankommission, mit ihren jeweiligen Expertinnen und Experten.

Gehaltsunterschiede, etwa zwischen akademischen und Arbeiterberufen wurden nivelliert. Auch die Verdienste von Chef*in und Mitarbeiter*innen wurden ebenfalls angeglichen. Unterschiede durfte es in dieser Wirtschaft offiziell nicht oder nur unwesentliche geben. Wohnungen, Kindergärten, Schulen und weitere öffentliche Einrichtungen wurden vom Staat subventioniert und richteten sich nach Familienstand und Kinderzahl. In der Konsequenz waren zwar fast alle gleichgestellt, alle verdienten ähnlich und hatten die gleichen Wohnungen und Zugang zur öffentlichen Infrastruktur. Doch wurden die Gesetze des Marktes komplett ausgehebelt. Nicht das Produkt wurde in den Mengen hergestellt, das die Masse benötigte, sondern die Mengen und Produkte, die zentral geplant waren. Der nicht vorhandene Wettbewerb und die egalitäre Vergütung führten dazu, dass es kaum Anreize gab, die Produkte weiterzuentwickeln oder die Produktivität zu steigern. Da es keine Unternehmer*innen gab, die von der Aussicht auf einen möglichen Gewinn motiviert wurden, wurden Prozessverbesserungen oder Effizienzpotenziale selten ausgenutzt. Das Beispiel des Automodells „Trabant", liebevoll „Trabbi" genannt, auf das man ewig warten musste, ist legendär. Rechtzeitig bei der Geburt bestellt, konnte man mit etwas Glück seinem Kind zum 18. Geburtstag ein Exemplar zur Verfügung stellen.

Aufgrund des fehlenden Wettbewerbs und des mangelnden Anreizes, die Produkte permanent weiterzuentwickeln, um am Markt zu bestehen, waren diese selten international konkurrenzfähig. Zudem war die DDR-Mark als Währung international nicht konvertibel, d. h. in andere Währungen tauschbar. Eine Ausnahme stellten Währungen der kommunistischen Ostblockländer dar. Warenimporte aus dem Westen mussten in ausländischen Währungen bezahlt werden, was das Wirtschaftssystem aufgrund der massiven Verschuldung irgendwann zum Einsturz bringen musste, was dann auch tatsächlich geschah. Eine prinzipiell und theoretisch interessante Idee eines sozialistischen Wirtschaftssystems wurde also zumindest in dieser Ausprägung eher nicht zum Erfolgsmodell. Bei den Überlegungen zu einem reformierten Kapitalismus bzw. generell auf der Suche nach einem alternativen Wirtschaftsmodell müssen wir uns diese Erkenntnisse noch einmal vergegenwärtigen. Sehen wir uns aber zum Abschluss dieses Kapitels auch noch einmal die Wirtschaftsordnung in der damaligen Sowjetunion an, die als Vorbild des DDR-Systems diente.

## Das kommunistische Wirtschaftssystem der Sowjetunion

Nachdem das Wirtschaftsmodell der Sowjetunion als Vorbild für die DDR herhalten musste, überrascht nicht, dass es ähnlich ausgestaltet war wie das des ostdeutschen Staates. Wirtschaftsziele, Produktionsmittel und -mengen wurden staatlich fixiert. Die Produktionsmittel und Betriebe selbst lagen so wie Marx es beschrieben hatte in staatlicher Hand. Preise und Löhne wurden ebenso zentral vorgegeben wie ein staatlicher Fünfjahresplan, den es zu erreichen galt und der aus der Vergangenheit fortgeschrieben wurde. Der wesentliche wirtschaftliche Sektor der Sowjetunion, die Landwirtschaft, wurde entweder von staatlichen Betrieben dirigiert, den sogenannten *Sowchosen*, oder genossenschaftlich in Großbetrieben, den *Kolchosen*, organisiert. In diesem Fall gehörten die Betriebe der Genossenschaft, also der Gemeinschaft. Ähnlich dem Wirtschaftsmodell der DDR fehlte der Preis als Knappheits- und Begehrlichkeitsindikator resultierend aus Angebot und Nachfrage zur Bestimmung der marktfähigen Angebotsmenge. Die produzierte entsprach so nicht der nachgefragten Menge. Menge und Qualität der Produkte ließen stets zu wünschen übrig und waren auch international nicht konkurrenzfähig. Eigeninitiative wurde genauso vermisst, da es keinen Unterschied für die Handelnden machte und keinen monetären Vorteil versprach, wie eine entsprechende Produktivität. Plan war Plan und der konnte aus der Erfahrung mit der bereits vorhandenen Produktivität erreicht werden.

Wie wir in diesem kurzen historischen Exkurs gesehen haben, ist das praktische Experiment des Sozialismus, exemplarisch skizziert an den Wirtschaftsmodellen der DDR und der Sowjetunion, in der Vergangenheit gescheitert. Auch aktuelle Experimente mit einem sozialistischen Wirtschaftsmodell wie etwa in Venezuela sind ebenfalls nicht gerade ermutigend (vgl. Pietsch, 2024, S. 227 f.). Heißt das nun, dass das Konzept des Sozialismus und des Kommunismus prinzipiell und für alle Zeit gescheitert sind oder gibt es weitere Varianten, die ein tragbares sozialistisches oder kommunistisches Wirtschaftsmodell ermöglichen? Wir werden uns diesen möglichen Modellen und Konzepten ausführlich in Kap. 4 widmen. Zunächst wollen wir uns aber in aller Kürze im nächsten Kapitel ansehen, warum der Kapitalismus in den letzten Jahren und Jahrzehnten sukzessive in Verruf geraten ist und welches die wesentlichsten Kritikpunkte daran sind. Ich habe im mei-

## 2 Das heutige Wirtschaftssystem des Kapitalismus

nem letzten Buch ausführlich die Hintergründe der Kritik hergeleitet und beschrieben und will dies im Folgenden kurz zusammenfassen. Die Kenntnis der unterschiedlichen Arten der Kritik am Kapitalismus ist für die später folgende Beschreibung eines reformierten Kapitalismus, wie ich ihn pragmatisch nenne, von wesentlicher Bedeutung (für eine Vertiefung der Ursachen der Kapitalismuskritik vgl. Pietsch, 2024, S. 109 ff.).

# 3 Kapitalismuskritik als Ausgangspunkt

## 3.1 Ökologische Kritik am Kapitalismus

Die Kritik am Kapitalismus entzündet sich vor allem an der Unvereinbarkeit von Ökologie und Ökonomie. Lange als schützenswertes Gut vernachlässigt, wurde die Umwelt viele Jahrzehnte als kostenloser Faktor in die Herstellung von Produkten aller Art miteinbezogen. Etwas, das nichts kostet und das unbegrenzt zur Verfügung steht. Spätestens seit der Veröffentlichung des Umweltberichts des *Club of Rome* über den katastrophalen Zustand der Erde und der düsteren Prognosen hat ein Umdenken begonnen (vgl. auch die Studie 50 Jahre später, die an den Kernaussagen nichts Wesentliches geändert hat, Dixson-Declève et al., 2022). Die gnadenlose Ausbeutung der Natur wurde vor allem dem Kapitalismus zugerechnet, einem System, in dem alle nach maximalem Profit streben und nur der am besten angepasste überlebt. Ein System, das den Wettbewerb und vor allem das permanente Wachstum benötige.

Beide Elemente, so seine Kritiker*innen, seien Zutaten der Zerstörung, seien sie auf die Gesellschaft oder die Natur gerichtet. Der gnadenlose Wettbewerb forciere den Egoismus, das Ellenbogendenken zu Lasten einer solidarischen Gesellschaft, die das Wir in den Vordergrund hebt. Die Profitlogik führe dazu, dass die Natur unwiederbringlich zerstört wird, da sie als kostenloses Extra in die Produktionsfunktion eingepreist werden könne.

Die Zahlen, Daten und Fakten sind allen klar, die sich mit dem Niedergang der Erde in der Vergangenheit beschäftigten (vgl. im Folgenden Pietsch, 2022c, S. 153 ff.). Selbst einem Großteil der Bevölkerung ist die Dramatik der Situation klar, wenn man mal von einer kleinen, unverbesserlichen Schicht von Menschen absieht, die auch im Jahr 2025 noch den menschengemachten Klimawandel und seine Folgen für die Erde bezweifeln. Zu transparent sind die aktuellen Probleme und Herausforderungen (vgl. im Folgenden die detaillierten Einlassungen u. a. in meinem Buch zur Ethik in der Wirtschaft, Pietsch, 2022c, S. 153 ff.). So ist auch während der Corona-Pandemie im Jahr 2020 bei deutlich verringerter globaler Mobilität – wir erinnern uns, die Reise- und Flugverkehrsbranche lag komplett darnieder, da aus Hygienegründen kaum noch jemand mehr reisen durfte – die Kohlendioxid-Konzentration in der Atmosphäre angestiegen. Man rechnet mittlerweile damit, dass sich die globale Temperaturerhöhung im Mittel im Vergleich zum vorindustriellen Niveau bis 2100 um 3 bis 4 Grad Celsius bewegen könnte. Ziel ist es gemäß dem Pariser Klimaabkommen, deutlich unter zwei Grad zu bleiben mit dem Ziel in Richtung 1,5 Grad. Was das für die Erde und damit für uns alle bedeutet, wenn es in Richtung 3 Grad geht, kann man sich anhand der einzelnen Wetterphänomene ansehen. Die Meereisfläche schmolz auf einen der niedrigsten Werte seit 2021. In der Sahelzone etc. verfünffachte sich der Niederschlag gemessen am langjährigen Durchschnitt.

## 3 Kapitalismuskritik als Ausgangspunkt

Die Anzahl der Stürme im Nordatlantik haben sich verdoppelt. 2020 war das zweitwärmste Jahr in Deutschland seit Beginn der Wetteraufzeichnungen, was Ernten vernichtet, die Waldbrandgefahr ansteigen lässt und die Gletscher auf der Nordhalbkugel abschmelzen lässt. Man rechnet mit einem Abschmelzen etwa der Hälfte der Gletscher bis 2100. Der Meeresspiegel dürfte um bis zu 7 m im Durchschnitt ansteigen und damit so blühende Städte und Landschaften wie Bangkok, Jakarta, große Teile New Yorks, Miamis aber auch der Keys überfluten und unbewohnbar hinterlassen. Permafrostböden tauen ab und setzen riesige Mengen an Treibhausgas frei. Dies bedeutet aber auch, dass bis zu 100 Mio. Menschen in den nächsten Jahrzehnten ihre Heimat werden verlassen müssen. Unglaubliche Massenströme an Migranten, die, um ihr eigenes Überleben zu sichern, in die gemäßigteren Klimazonen werden abwandern müssen. Gleichzeitig setzt ein massives Artensterben ein. Mit dem Rückgang etwa des brasilianischen Regenwaldes bis 2050 (im extrem bis zu 95 %, vgl. Powell zitiert nach Pietsch, 2022c, S. 155) sterben fast alle in ihm lebenden Säugetier-, Fisch-, Baum- und Vogelarten. Was das für ein ausgeklügeltes Ökosystem bedeutet, mag man sich gar nicht ausmalen. Vom Kampf um die Nahrungsmittel ganz zu schweigen.

Da die folgenden Fakten längst Allgemeingut geworden sind, seien sie hier nur kursorisch angesprochen (vgl. zur Vertiefung Pietsch, 2022c, S. 153 ff.):

- Übersäuerung der Meere: Da etwa stark schrumpfenden Waldflächen wie der des Amazonas nicht mehr in der Lage sind, sämtliche Treibhausgase zu absorbieren, gelangen diese ins Wasser und lassen den Säuregrad des Wassers ansteigen. Dieser erhöhte Säuregrad des Wassers und bedroht damit das Leben der Meeresbewohner wie etwa Korallen, Muscheln und Krebse.

- Von den etwa 130.000 erfassten Tierarten sind gut 35.000 oder etwa ein Viertel vom Aussterben bedroht. Ursachen dafür sind u. a. die abgeholzten Wälder (jedes Jahr verschwinden etwa 14 Mio. Hektar Wald von der Erdoberfläche, was der Größe der Schweiz und Österreich zusammengenommen entspricht), die Wilderei und die überfischten Weltmeere. Der Klimaforscher Powell vermutet, dass bis 2084 etwa zwei Drittel aller Spezies, die es im Jahr 2000 noch auf der Erde gegeben hat, ausgestorben sein könnten. Das wären etwa 12 Mio. Arten.
- Verschmutzung zu Wasser, zu Land und zu Luft (vgl. Pietsch, 2022c, S. 168 ff.): Schon jetzt verfügen knapp ein Zehntel der Bevölkerung der Erde, etwa 785 Mio. Menschen, keinen regelmäßigen Zugang zu sauberem Wasser. Etwa die Hälfte der Weltbevölkerung, 3,6 Mrd. Menschen leidet unter knappem Trinkwasser. Jedes Jahr gelangen knapp 13 Mio. Tonnen Plastikmüll in die Weltmeere, d. h. etwa ein LKW voll mit Plastik jede Minute! Meeresvögel und Meeresschildkröten verwechseln diese Mikroplastikteilchen mit Quallen und gehen elendig zugrunde. Schadstoffbelastungen mit Feinstaub, Stickstoffdioxid, Methangase und Ozon, denen die Menschen ausgesetzt sind, führen zu 400.000 Todesfällen jedes Jahr. Ursache sind Herz-Kreislauf-Erkrankungen, Schlaganfälle oder generell Atemwegsinfektionen wie etwa Asthma. Diese wiederum werden mehrheitlich vom Menschen verursacht, denn Feinstaub entsteht mehrheitlich durch Industrieabgase, Heizen und die Abgase des Straßenverkehrs. Jedes Jahr schrumpft die Erde um zehn Millionen Hektar an fruchtbarem Boden, folgt man einer aktuellen Studie (vgl. Pietsch, 2022c, S. 176). Ursächlich hierfür ist im Wesentlichen die Bodenerosion durch Wasser und Wind, ausgelöst durch den Einsatz von Düngemitteln,

Herbiziden und Pestiziden. Ferner werden die Felder teilweise zu stark verdichtet, überweidet und ohne natürliche Vegetation belassen, sodass die Böden den immer häufiger auftretenden Naturgewalten wie Regenfälle und Stürmen immer weniger trotzen können.

Warum aber sollte der Kapitalismus als Wirtschaftssystem für die Misere der Umwelt verantwortlich sein? Es fängt damit an, dass der Kapitalismus zum Überleben zwingend Wachstum benötigt. Technischer Fortschritt und Produktivitätsfortschritte bringen es mit sich, dass die gleiche Menge an Gütern mit immer weniger Menschen hergestellt werden kann. Um die Maschinerie nicht abzuwürgen und Leute freizustellen, müssen sukzessive mehr Güter produziert werden. Dies gelingt aber nur, wenn die zusätzlich hergestellten Waren und Dienstleistungen auch ihre Abnehmer finden, sprich mehr verkauft wird. Das steigert nicht nur den Profit, sondern sichert auch die Arbeitsplätze. Es gäbe darüber hinaus noch weitere zahlreiche volks- und betriebswirtschaftliche Gründe für ein zwingendes Wachstum im Kapitalismus (vgl. dazu mein anschauliches Beispiel in Pietsch, 2024, S. 143 ff.) wie etwa Wettbewerbsfaktoren, Nachfrage auf dem Markt, Erwartungen externer Geldgeber, Aktionär*innen an eine Mindestrendite und ein profitables Wachstum des Unternehmens etc.

## 3.2 Soziale, globale und feministische Kritik am Kapitalismus

Die soziale Kritik am Kapitalismus konzentriert sich vor allem auf die zunehmende Ungleichheit in der Gesellschaft. Spätestens seit den Büchern von Thomas Piketty (vgl. Piketty, 2014) ist allen interessierten Kreisen klar geworden, dass die Kapitalvermögen in den letzten Jahrzehnten stärker gewachsen sind als die Gesamtwirtschaft bzw. die Arbeitseinkommen. Wer täglich als Arbeiter*in oder als Angestellte*r schuftet, hat bestenfalls eine Lohn- und Gehaltserhöhung kassiert, die kaum oberhalb der Inflation war. Kapital- und Geldvermögen wurden zumeist höher verzinst und sind überproportional stärker gestiegen als die Arbeitseinkommen, so die These Pikettys. Auch wenn ihm vorgeworfen wurde, die statistischen Datenquellen selektiv genutzt zu haben (vgl. Hubert, 2022), bleiben seine Kernthesen aktuell.

Die soziale Ungleichheit habe seit dem Ende des 20. Jahrhunderts zugenommen. Eine beliebte Statistik ist die, wieviel Prozent des gesamten Vermögens auf das obere ein Prozent der Bevölkerung entfällt und wieviel auf die 99 % der restlichen Bevölkerung. Die internationale Nothilfe- und Entwicklungsorganisation Oxfam veröffentlicht zusätzlich jedes Jahr im Vorfeld des internationalen Weltwirtschaftsforums in Davos, bei dem die mächtigsten Menschen der Erde zusammenkommen, einen Bericht zur sozialen Ungleichheit auf der Welt.

Die Ergebnisse sind eindeutig (vgl. Oxfam, 2024):

- Die fünf reichsten Männer dieser Welt haben ihr Vermögen seit 2020 mehr als verdoppelt, von 405 auf 869 Mrd. US-Dollar
- Gleichzeitig haben die 60 % Ärmsten auf der Welt etwa 20 Mrd. US-Dollar weniger an Vermögen

Vor allem die junge Generation erlebt die soziale Ungleichheit am eigenen Leib. Mieten in den Metropolen steigen unaufhörlich, die Bauzinsen enteilen ebenfalls. Keine kurzfristige Chance auf Eigentum, kein gesichertes Alter.

## 3 Kapitalismuskritik als Ausgangspunkt 47

Sie zahlt im Augenblick die hohen Rentenbeiträge und können sicher sein, im Alter nicht so abgesichert zu sein wie die Generation, die sie augenblicklich alimentieren. Erbschaften und Vermögenstransfers zu Lebzeiten innerhalb der Oberschicht zementieren auf lange Zeit die sozialen Unterschiede, so scheint es. Mit der Bildungsgerechtigkeit ist es ebenfalls nicht weit her. Arbeiter- und Akademikerkinder haben nicht mehr die gleichen Chancen, das Abitur zu machen und zu studieren, von den finanziellen Unterstützungsmöglichkeiten während des Studiums oder für private Hochschulen ganz abgesehen. Die soziale Ungleichheit scheint sich zu verfestigen. Eine höhere Erbschafts- oder gar eine Vermögenssteuer wie sie etwa Piketty fordert (vgl. Kwasniewski et al., 2014), die diese Ungleichheit reduzieren helfen könnte, ist nicht in Sicht.

Die Globalisierung ist bereits ein seit der Antike bekanntes Phänomen. Das alte Handelsvolk der Phönizier segelte um die halbe damals bekannte Welt und kaufte und handelte Waren. Die Augsburger Familie der Fugger stieg durch ihr weit verzweigtes Handelsimperium zu einer der reichsten und mächtigsten Dynastien auf. Heute in den Zeiten des Internets verlaufen Finanztransaktionen mit nur wenigen Klicks einmal um den Erdball, Waren werden weltweit gehandelt, Spekulationen an der Börse betrieben. Dieses alles hat der Menschheit einen beträchtlichen Wohlstand gebracht. Mit jeder ausländischen Tochtergesellschaft, mit jedem Werk in der Welt werden Arbeitsplätze geschaffen. Die dort Beschäftigten verdienen Geld für ihre Familien, können sich etwas leisten und konsumieren, was wiederum andern Unternehmen zugutekommt. Dies alles kurbelt die internationale Konjunktur an, der globale Wohlstand steigt.

Doch auch hier melden sich kapitalismuskritische Stimmen zu Wort wie etwa „attac" (vgl. Attac Deutschland, 2023, vor allem S. 3 ff.). Vor allem der reiche, industrialisierte globale Norden, vor allem Europa und die USA profitierten von der Globalisierung zu Lasten des globalen Südens, hauptsächlich die ärmeren Länder Afrikas. Die soziale Ungleichheit und die fortschreitende Naturzerstörung nähmen zu. Alles werde zur Ware. Staaten machten sich angeblich die Maxime der Profitmaximierung zu eigen. Sie drückten Löhne, verschlechterten Arbeitsbedingungen, privatisierten öffentliche Dienstleistungen, beutete Rohstoffe aus und kurbelten den freien Marktmechanismus durch Freihandelsabkommen an (vgl. Attac, 2023, S. 3). An allem sei der ungezügelte, globale Kapitalismus, der „Neoliberalismus" Schuld (vgl. Attac, 2023, S. 6).

Weitere kritische Stimmen prangern den globalen Wettbewerbsdruck an, der zu einem zunehmenden Kostendruck auf die Löhne führe. Unternehmen könnten nur profitabel produzieren, wenn sie die Löhne drückten, Beschäftigte aus Niedriglohnländern einstellten oder auf Zeit- und Leiharbeitsfirmen zurückgriffen (vgl. Pietsch, 2024, S. 103). Zu Zeiten der Pandemie wurde vor allem die zentrale Schwäche globaler Lieferketten offenbar. Wurden die Grenzen pandemiebedingt geschlossen, wurden die Lieferketten unterbrochen. Internationale Transporte zu Land, Wasser und Luft wurden eingeschränkt oder kurzfristig komplett ausgesetzt. Die Abhängigkeit von internationalen Partnern wurde zur permanenten Herausforderung. Dies bedeutet, dass die Unternehmen sukzessive umschwenken mussten und ihre Vorräte und Ressourcen verstärkt lokal einkaufen mussten. Was die Unternehmen und ihre Flexibilität auf die Probe stellte, war aus ökologischen Gründen heraus positiv. Die benötigten Rohstoffe flogen im Wertschöpfungsprozess nicht einmal um die Welt, sondern wurden verstärkt vor Ort bezogen und damit eine globale Transportlogistik eingespart. Dadurch wurden unnötige $CO_2$-Emissionen vermieden.

## 3 Kapitalismuskritik als Ausgangspunkt

Jungbluth/Petersen bringen die Anforderungen an eine Globalisierung auf den Punkt (Jungbluth & Petersen, 2022):

„Wenn die Globalisierung die Wohlfahrt der Menschen insgesamt steigern soll, müssen die Globalisierungsgewinne breit gestreut werden. Zudem müssen alle damit verbundenen sozialen und ökologischen Zusatzkosten wirtschaftspolitisch adressiert werden."

Das bedeutet ganz konkret, dass möglichst alle an der Globalisierung beteiligten Menschen gleichmäßig von ihr profitieren müssen, nicht nur der globale Norden. Dabei muss vor allem die Tatsache Berücksichtigung finden, dass die ökologischen Folgewirkungen des weltweiten Handels mit eingepreist werden müssen. Die Umwelt ist nicht mehr zum Nulltarif zu haben. Ein Kapitalismus, der entsprechend auf diese Kritik reagieren will, muss diese Verteilungswirkungen und ökologischen Implikationen mit ins Kalkül ziehen. Wir werden in unserer Konzeption des reformierten Kapitalismus darauf zurückkommen.

Neben der sozialen und globalen gibt es seit geraumer Zeit auch aus der feministischen Seite Kritik am Kapitalismus, der hier ebenfalls Erwähnung finden soll (vgl. auch Pietsch, 2024, S. 96 ff.). Geht es nach den Kritikerinnen des Kapitalismus, dann sollen die geschlechtsspezifischen Diskriminierungen im Kapitalismus beseitigt werden. Es soll ein gutes Leben für alle möglich sein, unabhängig von Geschlecht, Hautfarbe, Religion, Herkunft, Bildung, Wohnort etc. (vgl. Aschoff, 2021). Frauen, so der Vorwurf würden bei gleicher Leistung und Job nicht so gut bezahlt wie ihre männlichen Pendants. Die Pflegearbeit d. h. die Geburt und das Aufziehen der Kinder, Pflegeleistungen für die Älteren würden zu wenig wertgeschätzt, obwohl die Frauen damit erst die Möglichkeit schaffen, dass wieder genügend

Arbeitskräfte für die Wirtschaft zur Verfügung stünden (vgl. u. a. Fraser, 2023, S. 102). Es werde zudem viel unbezahlte Hausarbeit verrichtet, die weder in gebührendem Maße anerkannt sei noch in einer Statistik der Wertschöpfung auftauchte (vgl. Pietsch, 2024, S. 97). Zudem würden Frauen durch die Kindererziehung überproportional in die Teilzeit bzw. zur Unterbrechung der Berufstätigkeit gezwungen, was sich wiederum negativ auf die Karriere- und Gehaltentwicklung auswirke.

Trotz jüngster Bemühungen des starken Geschlechts nach gemeinsamen Auszeiten zur Kindererziehung, ausgewogener Work Life Balance und Teilzeiten auch für Männer, verbliebe der Löwenanteil der häuslichen Arbeit den Frauen. Schließlich seien immer noch die überkommenen, patriarchalischen Rollenbilder am Start, die den Mann zum natürlichen Chef und zum Hauptverdiener der Familie bestimme. Die sogenannten Herrschaftsverhältnisse seien immer noch zuungunsten von Frauen ausgelegt (vgl. Pietsch, 2024, S. 99; ausführlicher in Aulenbacher et al., 2015). Selbst wenn man sich dieser zum Teil stereotypen und einseitigen Kritik nicht hundertprozentig anschließen möchte, bleiben doch immer noch im Jahr 2025, wirtschaftliche Realitäten bestehen.

So ergaben die jüngsten Berechnungen des Statistischen Bundesamts für Deutschland in 2023 einen sogenannten *Gender Pay Gap,* d. h. einen durchschnittlichen Stundenlohnunterschied zwischen Männern und Frauen zu Lasten der Frauen in Höhe von 18 % (vgl. Baumann, 2024). Dies bereits zum vierten Mal in Folge. Damit landet Deutschland auf einen der letzten Plätze in der EU, in der ein durchschnittlicher *Gender Pay Gap* von 13 % existiert. Berücksichtigt man die Rentenzahlungen, dann stellt man zwischen den Einkünften von Frauen von Männern im Alter einen Unterschied von 49 % fest (vgl. Baumann, 2024). Bereinigt man den Stundenlohnunterschied um strukturelle Faktoren wie eine überproportionale Teilzeitarbeit von Frauen oder ihre überproportionale Arbeit in Berufen mit niedrigerer Bezahlung wie Pflegeberufe, Kinderbetreuung etc., dann existiert immer noch ein bereinigter *Gender Pay Gap* von 6 % (vgl. Baumann, 2024). Es hört sich nicht viel an, bedeutet aber eine immer noch geringere Bezahlung von Frauen bei gleicher Arbeit. Gleichzeitig sind trotz aller Bemühungen der letzten Jahre die Führungspositionen der deutschen Wirtschaft immer noch mehrheitlich in der Domäne der Männer:

Gemäß den neuesten Zahlen des Statischen Bundesamtes besetzten Frauen in Deutschland 2022 28,9 % der Führungspositionen und lagen damit innerhalb der EU im unteren Drittel (vgl. Statistisches Bundesamt/Eurostat, 2024). In Lettland lag der Frauenanteil zum Vergleich bei 45 %, in Polen bei 42,9 % und in Schweden bei 41,7 %. Der EU-Durchschnitt lag bei 35,1 % (vgl. Statistisches Bundesamt/Eurostat, 2024). So ist es kein Wunder, dass vor allem Kritik am Kapitalismus von Seiten der Frauen geäußert wird. Doch wie kann man den unterschiedlichen Kritikpunkten begegnen? Ist die Antwort darauf innerhalb oder außerhalb des Kapitalismus zu suchen? In den vergangenen Jahren bis zur jüngsten Gegenwart hat es zahlreiche Versuche gegeben, mit oder gegen den Kapitalismus zu denken. Manche Ansätze waren mehr oder minder originell, manche auch umsetzbar. Ich möchte im folgenden Kapitel in aller Kürze auf die aus meiner Sicht wesentlichsten und bekanntesten Ansätze eingehen, bevor ich meine eigene Sicht auf einen reformierten Kapitalismus darstelle. Die Darstellung ist auch insofern interessant, als ich einige wenige, ausgewählte Elemente der nachfolgenden Konzeptionen für meine eigenen Ideen durchaus für überlegenswert erachte. Sehen wir uns diese Alternativen und Modifikationen des bestehenden Kapitalismus vor allem aus deutscher Sicht näher an.

# 4 Innovative Konzepte mit und ohne den Kapitalismus

## 4.1 Ein schrumpfender Kapitalismus

Wir haben uns im vorherigen Kapitel die verschiedenen Arten der Kapitalismuskritik angesehen. Prinzipiell gibt es unterschiedliche Möglichkeiten, auf diese Kritik zu reagieren: Man kann sie als unbegründet oder als überzogen abstempeln und gedanklich schnell zur Seite legen. Alternativ kann man einzelne Elemente der Kritik, etwa die ökologisch orientierte, auswählen, Lösungsszenarien überlegen und sie in das modifizierte Wirtschaftsmodell einbauen. Oder aber, und diesen Weg möchte ich beschreiten, wir nehmen die Kritik in der Summe ernst und überlegen, wie ihr begegnet werden kann. Natürlich bin ich nicht der Erste, der sich an einem solchen reformierten Kapitalismus versucht, und ich werde nicht der Letzte sein. Entsprechend sinnvoll ist es, ausgewählte Varianten eines Wirtschaftsmodells darzulegen, die andere Autor*innen bereits vor mir ausgeführt haben. Anhand dieser Lösungsalternativen müssen wir gemeinsam überlegen, ob die skizzierten Änderungen des bestehenden Wirtschaftsmodells so auch in der Praxis umsetzbar wären oder ob zumindest Teile dieser Konzeptionen adaptierbar sind. Beginnen wir mit einer Variante des schrumpfenden Kapitalismus: der „Postwachstumsökonomie".

Wachstum ist in Kapitalismus zwingend, so zumindest die Behauptung seiner Verteidiger*innen. Das ist zunächst auch plausibel, wenn man sich anhand eines kleinen Beispiels überlegt, warum Wachstum im Kapitalismus systeminhärent ist (vgl. Pietsch, 2024, S. 143 ff.). Unser Start-up produziert eine Software „Schönes Leben", u. a. ein Urlaubs- und Freizeitplaner. Wir verkaufen diese Software vor allem an junge, digital affine Menschen, die unsere Software möglichst intensiv nutzen sollen. Dabei müssen wir nicht nur die Entwicklungs- und Vertriebskosten wieder hereinspielen, sondern auch alle dadurch entstehenden Kosten wie die Personalkosten, die Büromiete, Infrastruktur wie Laptops, Programmiersoftware etc. Darüber hinaus wollen wir auch von unserem Unternehmen und der Software leben, d. h. zumindest einen kleinen Gewinn erzielen. Schließlich könnten wir ja unsere Arbeitskraft alternativ einsetzen und ein Gehalt beziehen. Das müssen wir zumindest in Teilen kompensieren. Ferner müssen wir und unsere Familien ja von irgendetwas leben.

Nun gibt es mehrere betriebswirtschaftliche Gründe, die uns zum Wachsen zwingen: Abgesehen davon, dass wir unsere Familien ernähren müssen, könnte man sich ja mit einem bestimmten Mindestgewinn begnügen und sich entschließen, nicht weiter zu wachsen. Das ginge allerdings nicht lange gut. Der Bedarf nach unserer Software am Markt wäre geweckt. Entschließen wir uns, unseren Kundenstamm und unsere Verkäufe bei einem Mindestniveau einzufrieren, dann würden sich unsere Kund*innen ob kurz oder lang eine vergleichbare Software woanders beschaffen. Mit einer gewissen zeitlichen Verzögerung würden Wettbewerber auf den Markt treten, die durch unser Angebot und die Profitmarge angelockt schnell ein vergleichbares Produkt anböten und die von uns nicht bedienten Nachfrager absorbierten. Wenn sie zusätzlich eine gewisse Größe und ein Verkaufsvolumen erreichen, können sie von dem Effekt profitieren, dass eine einmal entwickelte Software sich an mehr Kund*innen verteilt, die Kosten aber gleichbleiben. Somit erhöht sich die erzielte Rendite. Dies nennt man in der Ökonomie die Skaleneffekte, d. h. (Stück-) Kostenvorteile durch eine entsprechende Ausbringungsmenge.

Der zunehmende Wettbewerb führt dazu, dass die einmal entwickelte Software ständig verbessert werden muss: neue Funktionalitäten, schnellere Verarbeitungszeiten, optimiertes Design etc. Dazu benötigen wir wiederum Kapazitäten und speziell geschulte Mitarbeitende. Darüber hinaus wird das Verkaufspersonal zumeist auf Provisionsbasis bezahlt, deren größter Anreiz darin besteht, die Software an möglichst viele Abnehmer zu verkaufen. Auch sie sind an Wachstum interessiert. Dazu kommen Produktivitätsfortschritte und der technologische Fortschritt: Die Produktivitätssteigerungen führen dazu, dass neue Softwarevarianten oder Neuerungen, sogenannte *Updates*, in kürzerer Zeit mit weniger Mitarbeitenden als vorher entwickelt werden können. Noch dazu trägt der technologische Fortschritt, etwa eine neue Programmiersoftware oder -sprache zu einer schnelleren und effizienteren Softwareentwicklung bei. Selbst bei selbstbestimmtem Nullwachstum würden entsprechend weniger Mitarbeitende benötigt und dadurch schrittweise abgeschafft.

Schließlich haben wir noch nicht über das eingesetzte Kapital gesprochen. Die meisten Start-ups benötigen zum

Einstieg eine Finanzspritze von externen Geldgebern, seien es Kleininvestoren oder sogenannte *Venture Capital* Unternehmen, die ihr Geld nur auf Basis eines überzeugenden Business Plans einbringen. Ein überzeugender Geschäftsplan besteht fast ausschließlich in prognostizierten Wachstumsraten über die Zeit. Das Kapital soll schließlich sicher und schnell ausreichend verzinst werden. Würde unser Unternehmen so groß (wie etwa SAP), dass wir an die Börse gingen, dann würden spätestens die Aktionär*innen eine Mindestrenditen für ihr eingelegtes Geld verlangen. Ein Schrumpfen ist also keine Option.

Dazu kommt, dass die Volkswirtschaft an sich solche wachsenden Unternehmen benötigt wie unseres, da nur so Arbeitsplätze geschaffen werden. Diese Mitarbeitenden werden dann entsprechend wieder konsumieren, investieren und damit weitere Unternehmen der Lebensmittel-, Textil-, Tourismus-, Reisebranche und viele mehr konjunkturell mitziehen. Diese Unternehmen werden dann als Nebeneffekt ebenfalls wachsen und neue Arbeitsplätze schaffen. In Deutschland sind es vor allem die kleinen und mittelständischen Unternehmen mit ihren mutigen Unternehmer*innen, die Jobs schaffen und somit die Wirtschaft auf dem Laufenden halten. Und das auf Basis ihres eigenen unternehmerischen Risikos. Wird unsere Software exportiert und wir expandieren international, entstehen auch in anderen Ländern Jobs, die wiederum auf die heimische Wirtschaft zurückwirken. Die Arbeitsstellen in unserem fiktiven Softwareunternehmen „Schöner Leben" werden stabilisiert und weiter ausgebaut. Wachstum ist also im unserem kapitalistischen System Pflicht.

Doch wie sähe eine Ökonomie aus, die nicht wächst, sondern eher schrumpft? Wäre das möglich und unter welchen Bedingungen? Schließlich: Warum ist eine Postwachstumsökonomik überhaupt erstrebenswert? Vor allem die letzte Frage lässt sich schnell und nachvollziehbar aus Sicht des Siegener Ökonomieprofessors Niko Paech beantworten (Gentinetta & Paech, 2022, S. 88):

„Wenn der Planet erstens physisch begrenzt ist, zweitens industrieller Wohlstand nicht von ökologischen Schäden entkoppelt werden kann, drittens die irdischen Lebensgrundlagen dauerhaft erhalten bleiben sollen und viertens globale Gerechtigkeit angestrebt wird, muss eine Obergrenze für den von einem einzelnen Individuum beanspruchten materiellen Wohlstand existieren."

Auf den Punkt gebracht kann man sagen, dass ein unendliches Wirtschaftswachstum in einer endlichen Welt nicht möglich ist. So lassen sich weder die Schadstoffemissionen noch die Begrenzungen der Erderwärmung im Vergleich zum vorindustriellen Niveau umsetzen. Darüber hinaus lässt sich das Glück ab einem gewissen Niveau weder durch zusätzlichen Konsum noch durch erhöhtes Einkommen oder Vermögen steigern. Ferner würde weder der Hunger auf der Welt beseitigt (ungleiche globale Verteilungseffekte) noch die knappen und teurer werdenden Rohstoffe zu einer Erhöhung des globalen Wohlstands führen (vgl. Paech, 2009b). Paech beschreibt die Zielsetzung und die Umbauschritte hin zu einer „Postwachstumsökonomik", eine Ökonomie, die nicht mehr wächst (vgl. zum Gesamtkonzept Paech, 2012). Ziel ist eine Wirtschaft ohne Wachstum als Leitbild. Die Postwachstumsökonomik soll Handlungsoptionen zur Verfügung stellen, wie eine Wachstumsorientierung der Wirtschaft überwinden kann (vgl. Paech, 2024). Diese Transformation von einer Wachstums- in eine Postwachstumsökonomik erfolgt in mehreren Schritten (vgl. Paech, 2024, Kap. 6.3 und Gentinetta & Paech, 2022, S. 91 ff.):

1. **Suffizienz**

Der Mensch begrenzt sein Konsum- und Versorgungsniveau freiwillig auf einem bestimmten Niveau. Anstelle von immer mehr Schuhpaaren oder Kleidungsstücken limitiert man die Bekleidungsausstattung auf wenige. Der Ersatz von Kleidungsstücken, Möbeln oder andere Gegenstände des täglichen Lebens erfolgt nur dann, wenn die bisherigen nicht mehr verwend- oder reparierbar sind. Schuhe werden praktisch „ausgelatscht", bis sie auseinanderfallen und beim besten Willen nicht mehr repariert werden können. Gleichzeitig wird das Anspruchsniveau gesenkt. Unabhängig vom individuellen Geldbeutel und der zur Verfügung stehenden Zeit werden bestimmte Aktivitäten freiwillig heruntergefahren. Weniger Urlaubsreisen, weniger Fleisch, weniger sportliche oder kulturelle Aktivitäten, geringere Nutzung von Smartphones etc. Im Extrem kann es auch dazu führen, dass etwa gar kein Fleisch mehr gegessen, kein Auto mehr gefahren oder nicht mehr geflogen wird. Man könnte auch, den Gedanken von Paech weiterspinnend, weniger Wohnraum nutzen und sich selbst freiwillig einschränken. Weniger ist mehr.

2. **Subsistenz**

Hinsichtlich des Konsums, bei dem Erzeugung und Verbrauch getrennt werden, zielt die Subsistenz darauf ab, den eigenen Verbrauch mit dem eigenen Arbeitsertrag anzugleichen (vgl. Gentinetta & Paech, 2022, S. 93). Konkret bedeutet dies, die für den individuellen Verbrauch benötigten Güter wie Nahrungsmittel, Textilien, Elektrizität etc. maximal möglich selbst zu erzeugen. Produkte, die nicht selbst hergestellt werden können wie Autos, Waschmaschinen etc. so lange wie möglich gemeinschaftlich zu nutzen (Gentinetta & Paech, 2022, S. 93). Die lange Nutzungsdauer erreicht man vor allem durch entsprechend sorgsamen Gebrauch, Wartung und Reparatur. Die gemeinschaftliche Nutzung könnte auch außerhalb der Familie gedacht werden, indem etwa in sozialen Netzwerken bestimmte Leistungen und Güter getauscht bzw. einem erweiterten Nutzerkreis zur Verfügung gestellt werden (Gentinetta & Paech, 2022, S. 93). Konsumenten würden so zu *Prosumenten*, die nicht nur verbrauchen, sondern gleichzeitig auch produzieren und das durch Einsatz handwerklicher Fähigkeiten, Improvisationsgeschick im lokalen Umfeld (Gentinetta & Paech, 2022, S. 93). Man denkt sicherlich nicht in die falsche Richtung, wenn man hier ein Leben in kommunenähnlichen Gemeinschaften unterstellt.

**3. Regionalökonomie**

Schließlich bildet die Regionalökonomie die dritte Säule der Postwachstumsökonomie (Gentinetta & Paech, 2022, S. 96 und im Folgenden S. 96 f.). Darunter muss man sich gemäß Paech kleine, lokale solidarische Landwirtschaftsbetriebe oder genossenschaftlich organisierte Betriebe vorstellen, die sich u. a. durch ökologischen Landbau, Werkstatt- und Manufakturfertigung auszeichnen. Die verwendeten Güter der landwirtschaftlichen Wertschöpfung werden möglichst lange instandgehalten und verwendet und am Ende gebraucht wiedervermarktet. Die Anzahl der Güter sollte möglichst konstant gehalten werden. Nur vollkommen abgenutzte und nicht wiederverwendbare Güter des täglichen Bedarfs etc. werden dann schließlich neu produziert (Gentinetta & Paech, 2022, S. 97).

Die Postwachstumsökonomie ist möglich, so Niko Paech, als Gegenentwurf zu einer zwanghaft wachsenden Wirtschaft, die mit einer endlichen Welt nicht kompatibel ist. Indem der Verbrauch durch freiwilligen Selbstverzicht limitiert und die Produktion und der Konsum so ausgerichtet sind, dass nicht mehr hergestellt wird als wirklich benötigt wird. Eine bestehende Menge an Gütern wird so gemeinschaftlich so lange wie möglich genutzt und nur ersetzt, wenn es nicht mehr anders geht. Findet dies lokal oder regional vor Ort gemeinschaftlich statt, lässt sich eine Wirtschaft auch ohne Wachstum aufrechterhalten. Dadurch würden zusätzlich Lebensstilmodelle entwickelt, an denen sich die Gesellschaft ausrichten könne (vgl. Paech, 2024), d. h. freiwilliger Verzicht, autarke Versorgung mit Gütern und gemeinschaftliche Nutzung. Soweit die Idee, so gut.

Niko Paech entwickelt mit diesem Gedankenmodell eine theoretische Alternative zum herkömmlichen Modell des Kapitalismus, der systembedingt auf Wachstum setzt. Die Wachstumszwänge sind dem Ökonomen Paech natürlich bekannt (vgl. Paech, 2024, Kap. 6.2 „Wachstumstreiber"). Prinzipiell ist es auch sehr gut und richtig, sich außerhalb des normalen Denkrahmens zu bewegen und neue Ideen zu skizzieren und zu konkretisieren. Es ist immer noch besser, die herkömmliche Ökonomie zu kritisieren und dabei Alternativen parat zu haben. Vor allem die Gedanken des freiwilligen Verzichts und der gemeinsamen, längeren Nutzung von Gütern in regional begrenzten Ökonomien haben etwas für sich. Für den, der es kann und möchte.

Nicht jedem ist es allerdings gegeben, Nahrungsmittel selbst anzubauen, Elektrizität oder Kleidung selbst herzustellen und länger zu nutzen. Der Gedanke, dass man nicht 20 Paar verschiedene Sneaker oder Schuhe generell braucht, ist einleuchtend. Dennoch kann es sich nur um freiwillige Einschränkungen des Konsums handeln, die nicht auf jeden übertragbar sind. Jeder und jede von uns sollte frei und unabhängig in seinem Leben über den Konsum entscheiden können. Konsumverzicht und autonome Produktion der selbst verbrauchten Güter sind nicht jedem gegeben und auch nicht von jedem gewünscht und machbar. Für einen kleinen Teil der Bevölkerung möge eine solche Lebensweise möglich und gewollt sein. Für eine Blaupause eines ganzen Landes dient die Postwachstumsökonomie sicher nicht. Dies ist ein freies Land und mit einer Vorgabe des individuellen Konsums nicht vereinbar, so sehr die freiwillige Konsumeinschränkung einen sympathischen Gedanken darstellt. Wir werden allerdings die überlegenswerten Ideen aus diesem Konzept mitnehmen, wenn es gilt, in Kap. 5 ein neues Wirtschaftsmodell zu skizzieren.

Während Paech ein Wirtschaftsmodell skizziert, das ohne Wachstum auskommt, existiert eine weitere Idee, wie das derzeitige ökonomische Setting reformiert werden kann: Ein Kapitalismus für alle. Dieser Idee ist u. a. die sogenannte Gemeinwohlökonomie verpflichtet. Mit dieser wollen wir uns im folgenden Kapitel kurz beschäftigen. Auch hier wollen wir uns ansehen, inwieweit einzelne Elemente dieses Modells für ein neues Wirtschaftsmodell übernommen werden können.

## 4.2 Ein Kapitalismus für alle

In der Vergangenheit hat es zahlreiche Versuche gegeben, die Wirtschaft auf ein neues ethisches Niveau zu heben (vgl. exemplarisch Pietsch, 2021, vor allem S. 377 ff.). Angetrieben von dem Gedanken, dass Ökonomie und Gemeinwohl keine Gegensätze sein sollten, initiierte der gebürtige Salzburger Christian Felber, 2010 gemeinsam mit mehreren Unternehmern das Projekt der „Gemeinwohlökonomie" (zu den Hintergründen und den detaillierten Ideen vgl. Felber, 2018). Ziel der Initiative war es, die Wirtschaft dem Ziel des Gemeinwohls der Bevölkerung unterzuordnen und nicht der reinen Geldvermehrung um ihrer selbst willen (vgl. im Folgenden Gemeinwohlökonomie Deutschland 2024/Mission und Geschichte). Die aktuell drängendsten Schwachstellen der Wirtschaft wie die zunehmende Ungleichheit in Einkommen und Vermögen sollten verringert, der Raubbau an der Natur gestoppt und ein würdevolles Leben der Menschen ermöglicht werden. Die Menschen sollten idealerweise von Konsum- und Kapitalvermehrungszwang und Wachstumsimperativ befreit werden und einer sinnstiftenden Arbeit in Freiheit nachgehen.

Die Gemeinwohlökonomie ist den Werten der Menschenwürde, der Solidarität und sozialen Gerechtigkeit, der ökologischen Nachhaltigkeit und der Mitbestimmung und Transparenz der in ihr arbeitenden und handelnden Mitglieder verpflichtet (vgl. Gemeinwohlökonomie Deutschland 2024/Werte). Diese Werte werden in einer sogenannten Gemeinwohlmatrix konkretisiert und detailliert und gilt für alle Menschen, die mit einem bestimmten Unternehmen in Berührung kommen (vgl. Gemeinwohlökonomie Deutschland 2024/Gemeinwohl-Matrix). So gilt es etwa die Menschenwürde im Rahmen der Lieferkette zu beachten (was EU weit mittlerweile im Rahmen des sogenannten Lieferkettengesetzes vorgeschrieben ist, vgl. Kafsack, 2024). Mitarbeitende sollen wertschätzend, vertrauensvoll und respektvoll behandelt werden. Arbeitsverträge sind unter der Rubrik Solidarität und soziale Gerechtigkeit entsprechend auszugestalten, etwa gleiches Geld für gleiche Arbeit, unabhängig von Geschlecht, Religion, kulturellem Hintergrund etc.

Ökologische Nachhaltigkeit etwa ist entlang der gesamten Lieferkette einzuhalten und nachzuweisen. Interne Prozesse des Unternehmens sind auf Nachhaltigkeit abzuklopfen. Mitarbeitende werden für das Thema Ökologie sensibilisiert und mit der Personalentwicklung gekoppelt. Darüber hinaus werden Mitarbeitende über die sie betreffenden Themen permanent auf dem Laufenden gehalten und können bei wesentlichen Unternehmensthemen mitreden. Kund*innen werden über die Einzelheiten des Produkts und des Preises jederzeit transparent informiert.

Herzstück der Gemeinwohlökonomie ist die Gemeinwohl-Bilanz (vgl. Gemeinwohlökonomie Deutschland 2024/Gemeinwohl-Bilanz), bei der anhand der Gemeinwohl-Matrix der Erfüllungsgrad der einzelnen Kriterien gemessen wird und somit der Beitrag zum Gemeinwohl. Anhand einer solche Bilanz, die anhand der Erfüllungsgrade Punkte verteilt und gewichtet werden kann, kann der Fortschritt in Richtung einer Gemeinwohl-Ökonomie des jeweiligen Unternehmens, ob staatlich oder privat, permanent gemessen und verbessert werden. Teilnehmende Unternehmen können sich extern die Gemeinwohl-Ökonomie testieren lassen. Sie schaffen so das Bewusstsein aller Beteiligten für die mit der Gemeinwohl-Ökonomie verbundenen Ziele und können den Fortschritt so unabhängig messen lassen und weiter vorantreiben.

Anstelle des Bruttoinlandsprodukts (BIP), das im Wesentlichen die inländische Wertschöpfung misst (und z. B. die unbezahlte Tätigkeit der Hausfrauen und Hausmänner nicht berücksichtigt), schlagen die Initiatoren der Gemeinwohlökonomie ein Gemeinwohl-Produkt vor. Dieses berücksichtigt, anders als das BIP, auch Faktoren wie ökologische Nachhaltigkeit, Lebensqualität und Zufriedenheit und den Beitrag des Unternehmens und der Ökonomie als solcher zur Gesellschaft (vgl. Gemeinwohlökonomie Deutschland 2024/Gemeinwohl-Produkt). Schließlich kann ein Abgleich der Gemeinwohl-Ökonomie mit den Nachhaltigkeitszielen der Vereinten Nationen erfolgen und jedes Unternehmen prüfen, ob es hier auf dem richtigen Weg ist (vgl. Gemeinwohlökonomie Deutschland 2024/SDGS). Aktuell haben weltweit bereits über 1000 Unternehmen eine Gemeinwohl-Ökonomie Bilanz erstellt und es werden täglich mehr (vgl. Gemeinwohlökonomie Deutschland 2024/Umsetzung/Unternehmen).

Der Vorteil einer solchen Gemeinwohl-Ökonomie ist sicherlich neben der Nachvollziehbarkeit und der Dringlichkeit ihrer Motive – wer würde sich schon gegen eine Wirtschaft stemmen wollen, die das Gemeinwohl im Auge hat, die Menschenwürde, die ökologische Nachhaltigkeit etc. – ihre Umsetzbarkeit. Die Gemeinwohl-Berichte, die anhand sehr detaillierter Kriterien zu erstellen sind, sind nachvollziehbar und so konkret wie möglich. Mitarbeitende können sich in der Diskussion über den Erfüllungsgrad der einzelnen Kriterien einigen und sind so gezwungen, ihre zum Teil unterschiedliche Sicht zu diskutieren. Natürlich ist jede Einschätzung subjektiv, wird aber durch die Anzahl der Teilnehmer*innen relativiert und bis zu einem gewissen Grad objektiviert. Die Messbarkeit birgt auch den Vorteil in sich, dass sämtliche Bemühungen zur Optimierung einzelner Kriterien wiederum nach einem gewissen Zeitraum gemessen werden können. Der Optimierungsfortschritt ist somit für alle greifbar und nachvollziehbar, was wiederum die Motivation der Beteiligten erhöht.

Allerdings gibt es auch kritische Stimmen. So wird der Gemeinwohl-Ökonomie vorgeworfen, sie sei auch nach knapp 14 Jahren der Initiative noch eine Nischenbewegung (vgl. Deutschlandfunk, 2024). Die Gemeinwohl-Bilanz beruhe auf Freiwilligkeit. Eine weltweite Durchdringung der Wirtschaft mit diesem Konzept scheint so kaum möglich zu sein und ihre Unterstützer weltfremd (vgl. Deutschlandfunk, 2024). Ferner schränke die Gemeinwohl-Ökonomie die Eigentumsrechte und die unternehmerische Freiheit ein. Zudem brächte die Erstellung der Gemeinwohl-Bilanz enorme bürokratische Aufwände mit sich, die durch die regelmäßigen durchzuführenden Kontrollen in den jeweiligen Instanzen noch verstärkt würden (vgl. Deutschlandfunk, 2024).

Diese Kritik kommt noch vergleichsweise moderat daher, wenn man sie mit der Fundamentalkritik des Juristen und Ökonomen Erhard Fürst, geäußert in der österreichischen

Zeitung „Der Standard", vergleicht. So schreibt Fürst (Fürst, 2016):

> „Felbers Konzept beruht auf Abschottung (z. B. Außenhandel nur mit Ländern mit vergleichbaren Standards, strenge Beschränkung der Kapitalströme, Verhinderung von Auslandsinvestitionen), Vergesellschaftung der Unternehmen (z. B. strenge Kontrolle der Business-Pläne der Unternehmen auf Gemeinwohlkompatibilität, Verstaatlichung aller größeren Unternehmen), Abschaffung des Wettbewerbs und des Marktes (z. B. staatlich verordneter Kooperationszwang), Zerstörung des Finanzmarkts (z. B. Reduktion der Banken auf reine Sparkassentätigkeit, strenge Kontrolle jeder einzelnen Kreditvergabe), Zerstörung des Geldsystems (z. B. gesamte Staatsfinanzierung durch die Notenbank, Einführung regionaler Parallelwährungen im Land), Abschaffung der Rechtssicherheit (z. B. durch willkürliche Definition des Begriffs „Gemeinwohl" und Ad-hoc-Kontrollentscheidungen der verschiedenen „Konvente"), strenge Höchstgrenzen für Vermögensbesitz (bei Überschreitung 100 Prozent Vermögenssteuer) und Einkommen etc."

Eine österreichweite Umsetzung der Gemeinwohl-Ökonomie sei, so Fürst, eher als Horrorszenario zu begreifen als als anzustrebende Option. Denn diese Umsetzung würde Folgendes bedeuten (Fürst, 2016):

> „Sind sich die Bewunderer Felbers bewusst, was die Umsetzung dieser Gemeinwohlökonomie in Österreich bedeuten würde? Sofortiger Austritt aus der EU und der Währungsunion, Schließung der wirtschaftlichen Grenzen, Kapitalflucht, Unternehmensabwanderungen, Brain-Drain, Zusammenbruch des nationalen Finanzsystems und der öffentlichen Finanzen, massive Währungsabwertung, Inflation, Massenarbeitslosigkeit. Die detaillierte Ausarbeitung der politischen und wirtschaftlichen Konsequenzen würde sich hervorragend als Thema für eine vorwissenschaftliche Arbeit im Gymnasium eignen."

Selbst wenn man sich dieser vernichtenden Kritik so nicht anschließen möchte, bleiben die oben genannten Punkte valide. Der Weg zu einer ethisch ausgerichteten Ökonomie à la Gemeinwohl-Ökonomie bleibt solange ein Traum, solange es nicht zu einer überwältigenden Massenbewegung geworden ist und sich (fast) alle Unternehmen dieser Vision anschließen. Dass diese Vision einer ökologisch-sozial ausgerichteten Wirtschaft Einiges für sich hat, dürfte nach den Ausführungen unzweifelhaft geworden sein. Eine Blaupause für die Weltwirtschaft scheint sie aber dennoch nicht zu werden, wiewohl sicherlich einige Elemente übernommen werden sollten. Wir werden im Kap. 5 noch einmal darauf zurückkommen.

Neben Christian Felber gab es in der Vergangenheit bereits weitere Initiativen, wie die heutige Form des Wirtschaftens im Kapitalismus ethischer gestaltet werden kann. So hat der 2021 verstorbene Schweizer Theologe Hans Küng in seinem 2010 erschienen Werk mehr Moral in der Ökonomie angemahnt (vgl. Küng, 2010). In seinem Manifest „Globales Wirtschaftsethos – Konsequenzen für die Weltwirtschaft" (vgl. Küng, 2010, S. 304 ff.) beschreiben Küng und seine Mitstreiter*innen in 13 Artikeln die Voraussetzungen und Gebote einer ethischen Weltwirtschaft. So fordern die Autor*innen im ersten Artikel das Ziel des Wirtschaftens als dauerhafte Deckung der Grundbedürfnisse der Menschen für ein Leben in Würde. Die Ausbeutung und Diskriminierung von Menschen sei mit dem Prinzip der Humanität unvereinbar (Artikel 2). Eine gezielte Schädigung des Geschäftspartners sei unzulässig (Artikel 3). Geboten sei dagegen eine wechselseitige Verantwortung und Solidarität, Fairness im Wettbewerb und Kooperation (Artikel 4).

In Artikel 5 fordern die Autor*innen das Verbot von Sklaven-, Zwangs- und Kinderarbeit. Das gilt auch für alle Unternehmen in ihrem Einflussbereich, sprich in ihrer

Lieferkette. Dabei sind die Arbeitssicherheits- und Gesundheitsstandards ebenso einzuhalten wie die Produktsicherheit. Artikel 6 fordert eine Vermeidung von Verschwendung bzw. Verschmutzung der natürlichen Umwelt ein und plädiert für umweltschonende Technologie und erneuerbare Energie. Die Einhaltung des nationalen und internationalen Rechts (Artikel 7) ist ebenso Voraussetzung eines ethischen Wirtschaftens wie die Vermeidung von unlauteren Praktiken, etwa Kartellabsprachen, Bestechung, Patentverletzung oder Industriespionage (Artikel 8). Das wirtschaftliche Handeln solle zielgerichtet erfolgen. Die Überwindung von Hunger und Armut, der Ungleichheit der Lebenschancen aber auch die Förderung der Bildung muss im Fokus der globalen Ökonomie stehen (Artikel 9). Werte wie Ehrlichkeit, Wahrhaftigkeit und Zuverlässigkeit werden ebenso hochgehalten (Artikel 10) wie die Vielfalt kultureller und politischer Überzeugungen, die es zu respektieren gilt. Dies schließt ein weltweites Diskriminierungsverbot in der Wirtschaft ein (Artikel 11). Mitarbeitende und Kund*innen, Lieferanten sind mit Respekt, Aufrichtigkeit und Fairness zu behandeln (Artikel 12). Ökonomische Partnerschaft bedeutet auch die Teilhabe am Leben, an den Entscheidungen und Erträgen der Wirtschaft (Artikel 13).

Viele dieser Werte und Voraussetzungen einer ethischen Wirtschaft sind in vielen Ländern dieser Erde anerkannt und müssten zum Allgemeingut des ökonomischen Handelns gehören, was leider nicht immer der Fall ist. Diese Vorschriften und Gebote in Form eines selbstverpflichtenden Wertekanons ist auf breite Zustimmung gestoßen, auch unter den Unternehmenschefs. Daher wurde diese Erklärung auch u. a. vom CEO des Unternehmens Novartis unterzeichnet (vgl. Küng, 2010, S. 314). Hans Küng hat in seinem äußerst lesenswerten Buch auch aus ökonomischer Sicht einige Grundpfeiler für eine ethische Wirtschaftsordnung gesetzt, die wir im Kap. 5 wieder aufgreifen werden. Zumal er ebenfalls den Finger in die Wunde legte und sowohl die ökologische, soziale aber auch die Kritik an der Globalisierung erneuerte (vgl. Küng, 2010, S. 79 ff.). Aber Küng war nicht der Einzige, der eine Änderung bzw. Reform der Wirtschaftsform auf Basis christlicher Werte forderte. Auch der promovierte Politökonom Patrick Kraczmarczyk fordert eine Abkehr vom „Ego-Kapitalismus" auf Basis der christlichen Soziallehre (vgl. Kraczmarczyk, 2023).

In seinem Werk über den Ausstieg aus dem „Ego-Kapitalismus" (vgl. Kraczmarczyk, 2023) prangert Kraczmarczyk zurecht an, dass sich die Wirtschaft stärker in den Dienst und das Wohl der Gemeinschaft aller Menschen stellen sollte und setzt dabei vor allem auf die christliche Soziallehre (vgl. Kraczmarczyk, 2023, S. 142). Den fünf Kernprinzipien der Personalität, der Solidarität, der Subsidiarität, des Gemeinwohls und der Nachhaltigkeit folgend soll der Mensch und das Gemeinwesen stärker im Fokus ökonomischer Aktivitäten stehen. Anstelle eines egoistischen Nutzen- und Gewinnmaximierers solle die solidarische Gemeinschaft stehen, die sich vor allem um die Armen, Schwachen und Ausgegrenzten der Gesellschaft bemüht und weniger um die Akkumulation des Reichtums für Wenige (vgl. Kraczmarczyk, 2023, S. 183). Die Ökonomie sei keine Wissenschaft wie etwa die mechanische Physik, da sie u. a. in eine natürliche und soziale Umwelt eingebettet sei und der Mensch im Mittelpunkt der Bemühungen stünde (vgl. Kraczmarczyk, 2023, S. 95 f. und vgl. auch mein früheres Werk, das sich ausgiebig mit dem Fehlen des Menschen in der ökonomischen Theorie beschäftigt, Pietsch, 2017). Die Wirtschaftspolitik möge sich also künftig an den Forderungen und Ideen der katholischen Soziallehre orientieren. Gegen Armut, Ungleichheit und für die Umwelt (vgl. Kraczmarczyk, 2023, S. 184).

## 4 Innovative Konzepte mit und ohne ...

In eine ähnliche Richtung zielt der Bonner Philosoph Markus Gabriel, wenn er einen „ethischen Kapitalismus" fordert (vgl. Gabriel, 2024). Dazu müsse der Kapitalismus nicht abgeschafft, sondern im Wesentlichen reformiert werden (Gabriel, 2024, S. 17):

„Wir müssen das Kind nicht mit dem Bad ausschütten, sondern wir brauchen Reformen des Kapitalismus, um die ökologische Krise zu bewältigen, sozial schädliche Formen von Ungleichheit zu überwinden und die Bedrohungen durch die Technologie und Kriege in den Griff zu bekommen."

Die Grundidee des ethischen Kapitalismus bestehe darin, die wesentlichen Probleme der Menschheit zu lösen und damit die Lebensqualität für alle zu schaffen (Gabriel, 2024, S. 43):

„Wir können beides verbinden und Profite, die wir mit moralisch Gutem erwirtschaftet haben, wieder dafür verwenden, moralisch Gutes zu tun." Und weiter (Gabriel, 2024, S. 51):

„Im ethischen Kapitalismus wird moralischer Fortschritt in unternehmerische Aktivitäten umgesetzt, deren Hauptanliegen darin besteht, die Lebensbedingungen für so viele Menschen wie möglich zu verbessern." Und schließlich (Gabriel, 2024, S. 85):

„Das Konzept des ethischen Kapitalismus bildet auf diese Weise eine Brücke zwischen Wirtschaft und Politik, indem es darauf hinweist, dass unternehmerisches Handeln einen Beitrag zum moralischen Fortschritt leisten kann und soll – und zwar durch geeignete innovative Geschäftsmodelle, Produkte, Dienstleistungen usw."

Gabriel bezieht sich bei seinen Forderungen auf Immanuel Kant, gemäß dem das höchste Gut durch moralisches

Handeln entstünde und anderen Menschen zu helfen (vgl. im Folgenden auch Gsohn, 2023). Alle wirtschaftlichen Aktivitäten sollten dazu beitragen, zum höchsten Gut beizutragen und damit die moralischen Probleme der Menschheit beseitigen oder vermindern helfen wie Armut, Ungleichheit, Umweltverschmutzung etc. Jedes Unternehmen sollte dazu verpflichtend eine Ethikabteilung einrichten (vgl. Gabriel, 2024, S. 72 und vertiefend S. 197 ff.), die dafür sorgen soll, dass ethisches Handeln fest in der Unternehmenskultur verankert wird und die Wertschöpfungskette des Unternehmens moralischen Prinzipien folgt. An der Spitze der Ethikorganisation steht der angloamerikanischen Tradition folgend ein *Chief Philosophy Officer*, der die ethische Ausrichtung des Unternehmens entscheidend mitdefiniert. Er oder sie führt dann ein interdisziplinär zusammengesetztes Team aus Geistes- und Sozialwissenschaftlern, das auf Augenhöhe mit der Finanzabteilung agiert (vgl. Gabriel, 2024, S. 72). Der ethische Kapitalismus basiert dabei auf dem Menschenbild eines ökosozialen Liberalismus, das deutlich über den rationalen Akteur eines *homo oeconomicus* herausgeht (vgl. Gabriel, 2024, S. 74).

Interessant an diesem Konzept ist vor allem, dass der Kapitalismus nicht abgeschafft wird, sondern durch moralische und ökologisch nachhaltige Geschäftsmodelle neue Profitpotenziale erschlossen werden (vgl. Gabriel, 2024, S. 123). Ein qualitatives Wirtschaftswachstum, das die Umweltressourcen schont, sei durchaus machbar (vgl. Gabriel, 2024, u. a. S. 232).

In diesem ethischen Kapitalismus wird analog dem ökonomischen Denken der Gegenwart das Konkurrenzprinzip zunehmend durch das Kooperationsmodell ersetzt (vgl. Gabriel, 2024, S. 134). Dabei steht der reformierte Kapitalismus in Form des ethischen Kapitalismus wohltuend mit beiden Beinen fest auf dem Boden der Realität und nicht in einer idealen Theorie mit abstrakten Wunschszenarien (vgl. Gabriel, 2024, S. 150). Dieser Kapitalismus sei auch nicht beseelt vom *homo oeconomicus*, einem in jeder Phase des Lebens rein rational handelnden Menschen (vgl. Gabriel, 2024, S. 168). Vollkommen rechtzugeben ist Gabriel, wenn er konstatiert, dass es nicht reiche, den Kapitalismus zu kritisieren mit allen seinen negativen Praktiken, dann aber keine konkreten Alternativen zu nennen (vgl. Gabriel, 2024, S. 179).

Festzuhalten bleibt, dass einige interessante Überlegungen darüber existieren, wie der bestehende Kapitalismus anhand von verschiedenen Merkmalen und Prinzipien verändert werden könnte. Ausgehend von einer relativ konkreten Idee mit operativen Ansatzpunkten wie der Gemeinwohlökonomie mit seiner Gemeinwohlmatrix und -bilanz konzentrieren sich viele Autoren allgemein darauf, den Fokus der ökonomischen Aktivitäten wieder stärker auf den Menschen zu legen und moralisch-ethische Gesichtspunkte stärker herauszuheben. Vor dem Hintergrund der Tatsache, dass der Markt gerade den sozialen Ausgleich nicht alleine regeln kann, muss der Staat, also wir alle, einen Ausgleich schaffen. Dabei müssen wir uns an Prinzipien ausrichten, die allgemein nicht mit dem Kapitalismus assoziiert werden: Solidarität, Mitgefühl mit den Armen, Schwachen, Kranken und Ausgegrenzten in der Gesellschaft (vor allem in der christlichen Soziallehre) und vor allem die Achtung und den Schutz der Umwelt. Dies alles müsse, so Küng aber auch Gabriel, in ein Konzept münden, das Ökonomie und Ethik untrennbar miteinander vereint und das wirtschaftliche Handeln bestimmt. Nur so habe man die Chance, das Gemeinwohl und die Demokratie zu schützen. Einen anderen Weg als die Reform des Kapitalismus schlägt der japanische Philosoph Kohei Saito vor, dessen Konzept wir im folgenden Kapitel näher beleuchten wollen.

## 4.3 De-Growth Kommunismus

Kohei Saito ist es gelungen, mit seinem Wirtschaftssachbuch einen Bestseller zu schreiben, der alleine in Japan mehr ein halbe Million Mal verkauft wurde (vgl. Tschechne, 2023). Auch die deutsche Version (vgl. Saito, 2023) avancierte schnell zum Bestseller. Kohei erkannte bereits früh, dass der Kapitalismus mit seinem Wachstum und Wohlstandsversprechen die wesentliche Ursache des Klimawandels ist (vgl. Saito, 2023, S. 11 f.). Die wohlhabendsten 10 % der Weltbevölkerung würden überproportional zum Klimawandel beitragen, da sie für etwa die Hälfte aller $CO_2$-Emissionen stünden (vgl. Saito, 2023, S. 18). Arbeitskräfte und Rohstoffe würden vor allem im globalen Süden ausgebeutet (vgl. Saito, 2023, S. 22). Mensch und Umwelt seien lediglich Instrumente zur Kapitalakkumulation, ein Begriff aus der Beschreibung des Kapitalismus von Karl Marx. Die Umweltbelastungen werden vor allem auf die Zukunft und damit auf die nachfolgenden Generationen verlagert (vgl. Saito, 2023, S. 38) und müssten daher von diesen ausgebadet werden. Das kapitalistische System müssen zwangsläufig kollabieren, uns alle ins Chaos stürzen oder durch ein anderes System ersetzt werden (vgl. Saito, 2023, S. 44).

Die vielfachen Versuche, Wirtschaftswachstum und schädliche Emissionen voneinander zu entkoppeln, seien in der Vergangenheit krachend gescheitert und blieben vielfach das, was es seiner Meinung nach ist, ein Traum (vgl. Saito, 2023, S. 56). Das einzige Heilmittel sieht Saito in einem konsequenten Schrumpfen der Wirtschaft, einem *Degrowth* (vgl. Saito, 2023, S. 75). Denn das Problem sei (Saito, 2023, S. 100):

„..., dass Gewinnstreben, Marktexpansion, Externalisierung und Auslagerung sowie Ausbeutung von Natur und Arbeitskraft in der Natur des Kapitalismus liegen. All das zu beenden bzw. zu verlangsamen würde faktisch einer Abschaffung des Kapitalismus gleichkommen."

Dabei liegen dem Degrowth-Prinzip klare Prinzipien zugrunde, die vor allem die wesentlichen Kritikpunkte am Kapitalismus (vgl. Pietsch, 2024, S. 57 ff.) zu reduzieren versuchen (Saito, 2023, S. 102):

„Als Antithese legt Degrowth sein Gewicht auf Wohlstand und Lebensqualität, zwei Faktoren, die sich nicht unbedingt im BIP widerspiegeln. Es handelt sich hierbei also um eine Verlagerung von Quantität (Wachstum) hin zu Qualität (Entwicklung), einen umfassenden Plan zur Umstellung auf ein Wirtschaftsmodell, das sich auf die Verringerung wirtschaftlicher Ungleichheiten, die Ausweitung der sozialen Sicherheit und die Vergrößerung der Freizeit konzentriert und dabei die planetaren Grenzen beachtet."

Damit greift Saito die wesentlichen Kritikpunkte am heutigen Kapitalismus auf: Der Fokus auf das materielle Wachstum, gemessen am Bruttoinlandsprodukt (BIP), und weniger auf das Wohlbefinden der Menschen und das Streben nach Glück. Nicht mehr von einem Gut zu haben, wie etwa zehn Paar Schuhe, ist wichtig, sondern die Qualität. Soziale Ungleichheiten und damit einhergehende Spannungen sollten verringert und stattdessen in ein soziales Netz investiert werden für diejenigen, die sich nicht selbst helfen können. Die Vergrößerung der Freizeit meint vor allem die ausgewogenen *Work-Life Balance*, die vor allem die junge Generation in zunehmendem Maße bevorzugt. Nicht die maximale Karriere ist das Ziel, sondern ein ausgewogenes Leben zwischen Beruf und Familie. Schließlich soll das Wirtschaften vor allem nachhaltig erfolgen. Stopp mit dem Raubbau an der Natur. Eine solche Optimierung des Kapitalismus sieht Kohei Saito aber nicht in dem System des Kapitalismus selbst gegeben. Sie gleicht eher dem, was Karl Marx bereits vor über 150 Jahren forderte. Kein Wunder, denn Saito ist u. a. auch Mitherausgeber der Marx-Engels-Gesamtausgabe. So schreibt Saito (Saito, 2023, S. 104):

> „Die Degrowth-Theorie der neuen Generation fordert daher die Errichtung einer freien, gleichen, gerechten und nachhaltigen Gesellschaft mittels einer radikalen Reform der Arbeit und der Überwindung des auf Ausbeutung und Herrschaft basierenden Klassengegensatzes."

Konkret fordert Saito, dass öffentliche Güter wie Wasser, Strom, Wohnraum aber auch die Gesundheitsversorgung und Bildung öffentliche Güter werden und von den Bürger*innen in den sogenannten „*Commons*" selbst verwaltet werden (vgl. Saito, 2023, S. 108). Das Konzept des Degrowth-Kommunismus, das den Kapitalismus mit seinem ungesunden Wachstum ersetzen soll, basiert im Wesentlichen auf fünf Säulen (vgl. Saito, 2023, S. 224 ff.): Erstens soll der Fokus weg gehen von den Statussymbolen und Luxusartikeln zum „Gebrauchswert" von Gütern. Nur diejenigen Güter, die die menschlichen Grundbedürfnisse stillen helfen, sollten produziert werde. Weg vom sogenannten „Konsumismus", Konsum um des Konsums willen, hin zu einer Produktion der allernötigsten Dinge. Gleichzeitig solle der Konsum begrenzt werden (vgl. Saito, 2023, S. 226).

Zweitens fordert Saito eine Verkürzung der Arbeitszeit zur Erhöhung der Lebensqualität. Dies würde alleine schon daraus resultieren, wenn unnütze Dinge (gemeint sind offensichtlich Status- und Luxusartikel) nicht mehr produziert würden. In einem solchen Modell wären auch sämtliche Aktivitäten des Marketings verboten (vgl. Saito, 2023, S. 227), die sowieso nur unnötig die Begierden der Menschen zu noch mehr Konsum weckten. Mit der reduzierten Arbeitszeit würden eine Verringerung des Stresslevels einhergehen und es würde gelingen, gesellschaftlich relevanten Tätigkeiten wie Kindererziehung und Altenpflege mehr Zeit einräumen (vgl. Saito, 2023, S. 228). Drittens solle sich die Arbeit weg von einer effizienzgetriebenen Standardisierung und intellektuellen Verarmung hin zu einer kreativeren, selbstverwirklichenden Tätigkeit hin entwickeln (vgl. Saito, 2023, S. 231). Dadurch würde die Arbeit immer menschenwürdiger. Anstelle einer permanenten Effizienzsteigerung im Zuge eines permanenten Wirtschaftswachstums und Gewinnmaximierung solle nun der gemeinschaftliche Nutzen und die gegenseitige Hilfe Priorität genießen.

Viertens erreicht man eine Demokratisierung des Produktionsprozesses, wenn man ganz im Marxschen Sinne die Produktionsmittel vergesellschaftet, d. h. alle Beteiligten zu Eigentümern der Maschinen etc. macht (vgl. Saito, 2023, S. 233). Darüber hinaus sollte auch der Energie- und Ressourcenverbrauch demokratisch von allen Beteiligten mitentschieden werden. Gleiches gilt für die Entscheidung darüber, was und in welcher Menge hergestellt werden soll. Neue Technologien, die normalerweise durch Patente geschützt werden, sollten in ihrem Wissen und den Informationen für die gesamte Gesellschaft zugänglich sein (vgl. Saito, 2023, S. 234). Fünftens schließlich soll der Fokus der Arbeit stärker hin zu den arbeitsintensiven Pflegeberufen gelegt werden. Diese könnten nicht so einfach durch intelligente Technologien à la Künstliche Intelligenz oder (Pflege)Roboter ersetzt werden (vgl. Saito, 2023, S. 236). In dieser Art der Tätigkeit wird besonders deutlich, wie wichtig der Mensch mit seinem Einfühlungsvermögen und seiner Wärme sein kann, der niemals durch kalte Maschinen ersetzt werden kann.

In der Summe können wir festhalten, dass der Kapitalismus nicht nur durch einen mehr oder minder ausgeprägten Kommunismus nach Marxscher Prägung ersetzt, sondern auch noch schrumpfen und stärker demokratisiert werden soll. Wiewohl wir im Abschn. 4.5 noch ausführlich auf die Beurteilung eines solchen Systems eingegangen wird, möchte ich an dieser Stelle bereits einige kritische Gedanken zu dem Degrowth-Konzept von Kohei Saito anmerken. So ist es prinzipiell richtig darüber nachzudenken, ob Luxusgüter oder Güter des vermeintlichen Überflusses wie etwa Markenkleidung, sündhaft teure Autos oder auch Yachten überhaupt oder auch ab einer bestimmten Menge immer so sinnvoll sind. Das kann und muss aber jeder für sich selbst entscheiden: Niemand ist gezwungen, sich Dior-Kleider anzuschaffen, Gucci-Schuhe oder Prada-Anzüge zu kaufen. Der Kauf von Luxusautos oder etwa Yachten ist sowieso nur den Reichsten unter der Bevölkerung vorbehalten. Doch ist dies ein freies Land und jeder und jede von uns kann selbst entscheiden, welchen Luxusartikel und auch in welcher Menge er oder sie sich zulegen möchte. Den (Luxus-)Konsum freiwillig einzuschränken hat sicher etwas für sich, ist aber das, was es immer schon war: eine freie und autonome Entscheidung von jedem von uns.

Angesichts der hohen Burn-out-Raten auch der Jugend durch übermäßigen Stress bei der Arbeit macht ebenso der Gedanke einer Arbeitszeitverkürzung sicherlich Sinn. Die zusätzlich gewonnen Arbeitszeit sinnvoll in Qualitätszeit für Pflegetätigkeiten oder familiäre Aktivitäten zu investieren, kann sicherlich ebenso erfüllend und motivierend sein. Doch dies alle gesellschaftliche Vorgabe zu definieren und gar generell Marketingaktivitäten einzuschränken bzw. ganz zu verbieten, schießt weit über das Ziel hinaus. Abgesehen davon, dass eine Verkürzung der Arbeitszeit die Wirtschaft in Deutschland nicht voranbringt. Gerade in einem Land, das nicht nur ökonomisch durch eine Krise geht und im Wachstum in Europa ein Schlusslicht darstellt (vgl. ausführlich Pietsch, 2023), sondern auch zunehmend an einem Fachkräftemangel leidet. Abgesehen davon werden Bücher nicht einfach so zu Bestsellern, wenn sie nicht ausführlich beworben werden und die großangelegte Marketingmaschinerie anläuft. Wird Marketing generell verboten wie im Konzept von Saito vorgesehen, findet auch hier keine werbliche Unterstützung mehr statt.

Der Fokus auf sinnstiftende Arbeit, die idealerweise eine gesellschaftlich relevante ist wie die Pflegearbeit, ist sicherlich nicht von der Hand zu weisen. Unternehmen werden künftig vor allem für jüngeren Mitarbeitende stärker auf den Sinnbezug der Arbeit wertlegen müssen, zumal sich die Angebotssituation am Arbeitsmarkt in den nächsten Jahren zugunsten der Mitarbeitenden verändern wird. Die Frage, welche Art von Jobs in den Vordergrund treten werden, hängt in einer Marktwirtschaft allerdings von den Nachfragebedingungen nach bestimmten Gütern und Dienstleistungen ab und kann nicht zentral gesteuert werden. Ansonsten entwickeln wir uns schnell wieder in Richtung einer zentralen Planwirtschaft, die in der Vergangenheit, s. die DDR, nachweislich gescheitert ist. Auch der Gedanke einer Vergesellschaftung der Produktionsmittel und der demokratischen Entscheidung über Art und Menge der herzustellenden Güter hat zwar theoretisch einen gewissen Charme, ist aber praktisch so nicht ohne Wohlstandsverluste umsetzbar. Niemand kann in einem demokratischen Verfahren, ohne die künftige Nachfrage im Detail zu kennen, die nachgefragten Produkte in ihrer Art und Menge vorherbestimmen. Wäre das so, dann wäre jedes Unternehmen erfolgreich und würde nicht sprichwörtlich am Markt vorbei produzieren.

Patente kostenlos allen Unternehmen zur Verfügung zu stellen wäre zwar solidarisch, würde aber dazu führen, dass niemand mehr in neue Technologien investierte. Patente sind in aller Regel u. a. dazu dar, das geistige Eigentum zu schützen und die zum Teil milliardenschwere Investitionen etwa von Pharmaunternehmen in ein neues Medikament amortisieren zu helfen: Unternehmen haben dann für eine gewisse Zeit ein Monopol, das sie nutzen können, um die getätigten Investitionen über exklusive Gewinne wieder hereinzuholen. Nur so wird der Anreiz geschaffen, die enormen Investitionen in ein neues Medikament oder generell in ein neues Produkt (vgl. etwa die langjährige und extrem aufwändige Entwicklung neuer Fahrzeugmodelle in der Automobilindustrie) überhaupt zu tätigen. Würden diese neuen Ideen und Technologien sofort allen Teilnehmern eines Marktes zur Verfügung gestellt, würde kein Unternehmen mehr solche Investitionen tätigen. Schließlich ist auch der Vorschlag Saitos, mehr Gewicht auf die Pflegejobs zu legen sicherlich richtig, allerdings ohne die anderen Berufsfelder zu vernachlässigen. Was allerdings stimmt ist, dass die gesellschaftlich relevanten Berufe wie die Pflegeberufe immer noch zu wenig wertgeschätzt und entsprechend zu gering bezahlt werden. Dies alles soll die Kerngedanken des japanischen Philosophen nicht schmälern, leisten sie doch einen interessanten intellektuellen Beitrag zur möglichen Entwicklung der Ökonomie und der Systemgestaltung. Schließlich ist das Buch sehr spannend und anregend geschrieben. Doch umsetzbar dürfte dieses Modell so nicht sein.

Eine weitere Idee, das Wirtschaftssystem zumindest in einer Dimension zu ändern, verfolgt das Konzept des sogenannten „Limitarismus" (vgl. Robeyns, 2024). Die niederländische Philosophin und studierte Ökonomin hat sich selbst im Rahmen ihrer ethischen Überlegungen die Forschungsfrage gestellt, ob ein Mensch auch zu reich sein kann (vgl. Robeyns, 2024, S. 12). Robeyns beantwortet die Frage mit ja und hat dazu ein sehr interessantes und spannendes Buch über die Grenzen des Reichtums geschrieben. Im Begriff Limitarismus steckt das Wort Limit, was nichts anderes als eine Grenze bedeuten soll, eingebettet in einen Ismus, d. h. eine politische Richtung oder Geisteshaltung. In diesem Fall die Auffassung, dass niemand mehr als ein bestimmtes Vermögen auf sich vereinen sollte. Robeyns schlägt für ein Land mit dem gesellschaftlichen und wirtschaftlichen Profil wie die Niederlande eine Höchstgrenze von 10 Mio. € pro Person vor (vgl. Robeyns, 2024, S. 20). Wobei sie sogar eine ethische Obergrenze von 1 Mio. € pro Person zieht, d. h. das maximale Vermögen, das moralisch vertretbar ist (vgl. Robeyns, 2024, S. 49). Die Kernidee der Begrenzung des Reichtums ist, dass es in einer Welt ohne die Superreichen fairer und gerechter zugehen würde. Dies wäre vor allem der Fall, wenn die Reichen ihr Vermögen mit dem ärmeren Teil der Bevölkerung teilen würden (vgl. Robeyns, 2024, S. 29).

Konkret beschreibt Robeyns in ihrem äußerst lesenswerten Buch, dass in einer Gesellschaft, die über eine kostenlose öffentliche Grundversorgung verfügt, etwa Gesundheitsversorgung, Bildung, Wohnen, auskömmliche Rente, Berufsunfähigkeitsversicherung etc., bräuchten die Bürger*innen kein extrem hohes Privatvermögen mehr (vgl. Robeyns, 2024, S. 48). In einer Welt zunehmender Ungleichheit von Vermögen und Einkommen bräuchte zudem niemand mehr als zehn Millionen Euro, da dies vor allem die Gesellschaft und deren Zusammenhalt erodieren lass. Konkret mahnt Robeyns an, dass Ungleichheit u. a. zu

Machtmissbrauch und der Beherrschung des politischen Prozesses durch die Eliten führe, die Chancengleichheit untergrabe und gesellschaftlichen Stigmatisierungen der Armen mit sich bringe (vgl. Robeyns, 2024, S. 77). Ein übergroßes Vermögen dürfe schon deshalb nicht gehalten werden, da es häufig aus „schmutzigem Geld", sprich aus kriminellen Kanälen, besteht, Superreiche als Nutznießer von Korruption und Steuerhinterziehung (vgl. Robeyns, 2024, S. 82 ff.). Solche unmoralischen Geschäfte müssten vom Vermögen abgezogen werden, sodass nur noch einwandfrei und legal erworbenes Vermögen übrigbleibt (vgl. Robeyns, 2024, S. 98). Zudem emittiere das obere ein Prozent der Bevölkerung nahezu das Hundertfache an Tonnen $CO_2$ wie die unteren 50 % der globalen Einkommens- und Vermögensverteilung (vgl. Robeyns, 2024, S. 158). Den Privatjets sei Dank.

Als Lösung bietet die Philosophin Robeyns an, die Vermögen Superreicher konfiskatorisch zu besteuern (vgl. Robeyns, 2024, S. 175), was nichts anderes heißt als eine Enteignung der Vermögen zugunsten des Staates. Das so gewonnene Geld könnte dann genutzt werden, um sich für die Bekämpfung des Klimawandels einzusetzen (vgl. Robeyns, 2024, S. 175). Große Vermögen müssten auch deshalb verhindert werden, weil sie häufig ererbt wurden und somit unverdient seien (vgl. Robeyns, 2024, S. 185). Besser wäre es, alle würden mehr oder weniger den gleichen Geldbetrag erben (vgl. Robeyns, 2024, S. 186). Was könnte stattdessen nicht alles mit dem einbehaltenen Vermögen der Superreichen Gutes getan werden? Etwa generell den Hunger bekämpfen. Kinder bräuchten nicht mehr hungrig in die Schule zu gehen. Schwer Kranke könnten die zum Teil sehr teuren Medikamente zu ihrer Genesung kostenlos erhalten (vgl. Robeyns, 2024, S. 225 ff.). Darauf zu warten, dass die Superreichen philanthropisch den größten Teil ihres Vermögens spenden, wie es einige exemplarisch tun, sei illusorisch (vgl. Robeyns, 2024, S, 238 ff.). Gleichzeitig würden auch die Reichen davon profitieren, wenn die Mittelschicht höhere Löhne erhielte und generell eine bessere staatliche Grundsicherung und mehr Vermögen (vgl. Robeyns, 2024, S. 270).

In der Schilderung des Weges in Richtung eines Limitarismus greift Robeyns eine Reihe von interessanten Ideen auf u. a. wie etwa das stärkere kommunale und politische Engagement der Menschen vor Ort (vgl. im Folgenden Robeyns, 2024, S. 302 ff.). Mehr sozialer Wohnbau, die Einführung einer nationalen Zivildienstpflicht, das Schließen von Steuerschlupflöchern und -oasen und die Konfiskation illegal erworbenen Geldes. Darüber hinaus fordert Robeyns die Begrenzung von Managergehältern im Sinne eines Maximallohns (als Pendant zum Mindestlohn), Kapital solle so hoch wie das Arbeitseinkommen besteuert und die Steuersätze generell überprüft werden. Insbesondere für die Erbschaften hat die Ethikerin Robeyns einen radikalen Vorschlag (Robeyns, 2024, S. 316):

> „Wenn ein Mensch stirbt, sollte sein gesamtes Vermögen wieder an die Gesellschaft zurückfallen, aus der es ursprünglich stammte."

Zumindest sei eine Obergrenze dringend geboten, die jemand im Laufe seines Lebens an Erbschaften und Schenkungen erhalten dürfe. Darüber hinaus seien alle Vermögen an die Gesellschaft zurückzugeben inklusive der daraus erzielten Steuereinnahmen (vgl. Robeyns, 2024, S. 317).

Ohne hier die summarische Bewertung im Abschn. 4.5 bereits vorgreifen zu wollen, seien an dieser Stelle einige grundsätzliche Überlegungen zum Konzept des Limitarismus erlaubt. So charmant die Idee auch sein möge, „überflüssiges" Vermögen der sogenannten Superreichen für wohltätige Zwecke an Arme, Kranke, Schwache der Gesellschaft zu verteilen (vgl. hierzu auch die eindringliche Schilderung der Armut und deren Hintergründe vor allem in den USA, Desmond, 2023) oder auch zur Bekämpfung des Klimawandels einzusetzen, so kommt es doch einer staatlichen Enteignung gleich. Die Höchstgrenze der erlaubten Vermögen bleibt höchst willkürlich, auch im Hinblick auf die ethische Obergrenze. Wer definiert, welche Höchstgrenze gesetzt wird? Diese kann zweifellos *per definitionem* nur willkürlich gesetzt werden. Warum nicht 100 Mio.? Oder 50? Wer sagt, dass die ethische Obergrenze bei einer Million Euro pro Kopf liegen soll, unabhängig von den konkreten Lebensbedingungen vor Ort.

Die Zahlen von Robeyns beziehen sich alle auf einen sozioökonomischen vergleichbaren geografischen Raum wie die Niederlande. Auf Deutschland bezogen müssten die Einwohner Münchens sich ebenfalls mit einer Million begnügen wie die einer mittelgroßen Stadt oder in einem Dorf einer strukturschwachen Region. Die Lebenshaltungskosten pro Kopf sind in München natürlich deutlich höher als in dem Dorf der strukturschwachen Region. Ganz zu schweigen von den Immobilienpreisen. Mit einer Million Euro pro Kopf Gesamtvermögen kann man in München schon froh sein, ausreichend Wohnraum für sich und seine Familie zu erwerben. Damit hat man aber noch nicht die täglichen Lebenshaltungskosten gedeckt. Wer entscheidet darüber, wie die den Superreichen enteigneten Vermögensbestandteile an die Armen, Hungernden etc. verteilt werden?

Es mag sein, dass einige Vermögen oder auch Bestandteile in bestimmten Ländern in der Vergangenheit nicht immer rechtmäßig oder moralisch einwandfrei erworben wurden, wie Robeyns behauptet. Doch dafür gibt es Gesetze. Dass sie nicht immer greifen und nicht jede*r Steuersünder*in erwischt wird, kann man den vielen rechtmäßigen Hochvermögenden nicht vorwerfen. Dass mancher mehr erbt als der andere, das ist so. Selbst wenn jemand so viel Geld erbt, dass er dieses in seinem Leben nicht mehr wird ausgeben können, ist dies noch lange kein Grund, dies als unverdient zu klassifizieren und einzukassieren. Man kann sicherlich darüber nachdenken, ob eine erhöhte Erbschaftssteuer Sinn macht oder eine Vermögenssteuer in Deutschland trotz der hohen administrativen Erfassungskosten einzuführen ist. Doch einfach ab einer willkürlich gezogenen Grenze das Vermögen zu konfiszieren, entbehrt jeglicher Grundlage.

Einige von Robeyns geäußerten Ideen halte ich dagegen für eine sinnvolle Ausgangsbasis wirtschaftspolitischer Überlegungen. So macht es sicher Sinn, über eine staatliche Grundversorgung der Bevölkerung an öffentlichen Gütern nachzudenken, etwa eine kostenlose Bildung, Gesundheitsversorgung, auskömmliche Kinder- und Rentenabsicherung. Auch der Gedanke, sich zumindest auf kommunaler Ebene politisch zu engagieren oder eine Dienstpflicht einzuführen ist allemal eine Überlegung wert. Allerdings teile ich die Skepsis Robeyns nicht, dass freiwillige Spenden der sogenannten Superreichen ohne staatlichen Zwang illusorisch seien. Im Gegenteil bin ich überzeugt, dass viele Reiche und Superreiche bereits heute schon einen Teil ihres Vermögens für karitative Zwecke spenden. Auch wenn sie nicht immer so öffentlichkeitswirksam sind wie etwa Melinda und Bill Gates oder Warren Buffet. Viele Hochvermögende sind sich ihrer gesellschaftlichen Verantwortung bewusst und engagieren sich in vielen Stiftungen und karitativen Einrichtungen und dies sicher nicht nur deshalb, weil sich in Stiftungen Gelder steuersparend anlegen lassen. Schließlich muss uns allerdings zu denken geben, dass die Philosophin und Ökonomin Robeyns irgendwie einen Nerv getroffen zu haben scheint. Nicht umsonst hat sie mit ihrem Konzept und dem in vielen Sprachen erschienenen Buch einen Bestseller geschrieben. Neben diesem interessanten theoretischen Konzept des Limitarismus existieren noch weitere Ideen, wie sich die Kritikpunkte am Kapitalismus abmildern lassen. Diesen Ideen von ausgewählten Autor*innen wollen wir uns im Folgenden in aller Kürze widmen.

## 4.4 Sozialistische Spielarten und Mischformen

Der schwedische Philosoph und Professor an der Yale Universität, Martin Hägglund, hat mit seinem Buch „Dieses eine Leben" einen weltweiten Bestseller geschrieben (vgl. Hägglund, 2024). In diesem beschreibt er wie die Tatsache, dass der Mensch nur über dieses eine Leben verfügt, sein ganzes Leben prägt. Konkret beschäftigt ihn die Frage, was wir mit unserer begrenzten Zeit in diesem einzigen Leben anfangen. Neben den philosophisch-ethischen Fragen der Lebensgestaltung und den theologischen Themen, wie mit dem Glauben umzugehen sei, widmet sich Hägglund im sechsten Kapitel auch dem Wirtschaftssystem (vgl. Hägglund, 2024, S. 263 ff.). Dies macht im Rahmen der Gesamtkonzeption dieses Buches, das glänzend und äußerst spannend geschrieben ist, durchaus Sinn. So stellt die Wirtschaft ja eine wesentliche Säule des gemeinschaftlichen Lebens der Menschen untereinander dar.

Es geht um die Frage des Gemeinwohls und wie dieses am besten zu erreichen sei (vgl. Hägglund, 2024, S. 263). Wesentlicher Gedanke ist dabei, wie es gelingen kann, dass sich möglichst alle Menschen in der Gemeinschaft so einbringen und diese verändern, dass das Ziel des Gemeinwohls erreicht wird (vgl. Hägglund, 2024, S. 267). Dies würde niemals mit dem Kapitalismus gelingen, da dieser zutiefst undemokratisch sei. Das Ziel des Kapitalwachstums und der Profitmaximierung sei im Kapitalismus bereits gesetzt. Daran gäbe es nichts zu rütteln und demokratisch zu diskutieren (vgl. Hägglund, 2024, S. 264). Selbstbestimmung sehe anders aus. Der wahre Wohlstand, so Hägglund, bestehe in der gesellschaftlich verfügbaren freien Zeit und nicht in materiellen Werten (vgl. Hägglund, 2024, S. 264). Also müssten wir uns überlegen, wie wir uns so selbst und unsere Wirtschaft organisieren können, dass das Ziel des Gemeinwohls erreicht werden könne. Dies sei nicht mit dem Kapitalismus, sondern nur mit einem „demokratischen Sozialismus" möglich (Hägglund, 2024, S. 269):

„Im demokratischen Sozialismus hingegen werden unsere Erforschung neuer Technologien, unser Maschinendesign und unsere Produktionsprozesse völlig anders aussehen, weil wir im Namen der Vermehrung gesellschaftlich verfügbarer freier Zeit produzieren statt im Namen des Profits."

Den Fokus des Lebens auf die freie Zeit zu legen, die für die Gesellschaft und damit für das Miteinander einzusetzen, macht natürlich aus der Sicht eines einzigen, begrenzten Lebens durchaus Sinn. Was nutzt es, sinnlos Reichtümer anzuhäufen und Tag und Nacht zu arbeiten, wenn man am Ende nichts mehr davon hat oder nur noch wenige Jahre von dem Erarbeiteten leben kann? Wohlstand wird dann folgerichtig anhand der freien Lebenszeit gemessen, die wir für unsere Liebsten und Nächsten verwenden können (vgl. Hägglund, 2024, S. 270 f.). Da dies gemäß Hägglund so sei, brächte auch eine Umverteilung des Kapitals, sprich Vermögens nichts. Abgesehen davon, dass die Anreize zur Profitmaximierung durch die Umverteilung genommen würden. Solange der Kapitalismus als Wertmaßstab existiert, muss nach den Regeln des Kapitalismus gespielt werden. Das heißt ganz konkret, dass der Wohlstand, der verteilt werden soll, zunächst erarbeitet werden muss (vgl. Hägglund, 2024, S. 275). Das gelte auch für die Grundversorgung mit öffentlichen Gütern wie etwa die Krankenversicherung, die Kinderbetreuung oder Bildung generell oder ein wie auch immer geartetes Bedingungsloses Grundeinkommen (BGE) (vgl. Hägglund, 2024, S. 278).

Bei allen diesen Maßnahmen zur Reformation oder Regulierung des Kapitalismus, die das System als solches unverändert bestehen lässt, wird die Art und Weise der kapitalistischen Produktion und Bemessung des Wohlstands nie infrage gestellt (vgl. Hägglund, 2024, S. 281). Würden sämtliche Optimierungsmaßnahmen daran gemessen, wie sie sich auf die Lebensführung, konkreter auf die freie, gesellschaftlich verfügbare (Lebens-)Zeit, auswirkten anstelle auf den schnöden Profit, wäre mehr gewonnen. So könnten technologische Innovationen zu einer höheren Produktivität führen. Diese gewonnene Zeit – ich kann mit der optimierten Technologie in der gleichen Zeit mehr produzieren oder die vorgegebene Menge in deutlich geringerer Zeit – kann ich dann verwenden, um mich karitativ zu betätigen, mich um meine Familie kümmern und weniger arbeiten etc. Dies wäre eine deutlich sinnvollere Nutzung der Produktivitätssteigerung als das reine Streben nach Gewinn (vgl. Hägglund, 2024, S. 285). Schließlich gehe es nicht nur darum, wie wir die Ökonomie organisieren, sondern viel wichtiger darum, wie wir die Ökonomie unseres begrenzten Lebens strukturieren wollen. In den Worten Hägglunds (Hägglund, 2024, S. 287):

„Die Organisation der Ökonomie unseres Lebens ist letztlich eine Frage unserer Auffassung vom *Wert* verschiedener Aktivitäten und davon, was wir als *wertvoll* genug erachten, um unsere Zeit dafür aufzuwenden." (Kursivschreibung im Original)

Der Mensch sei aber im kapitalistischen System dazu verdammt, Gewinn zu erzielen, den effizientesten Weg zu finden, Profit zu machen (vgl. Hägglund, 2024, S. 288 und 290). Diese zweckgebundene Suche führe unweigerlich zu einer Entfremdung des menschlichen Lebens (vgl. Hägglund, 2024, S. 291), was genau das Gegenteil des erstrebten Ziels ist. Wenn ich nur ein Leben habe, sollte ich es nicht mit einem wenig sinnvollen Streben nach dem maximalen Gewinn vergeuden, sondern einer demokratischen Teilhabe widmen (vgl. Hägglund, 2024, S. 291). Hägglund fragt sich zurecht, was wir vor dem Hintergrund eines begrenzten Lebens als Wohlstand ansehen sollten. Der materielle scheint es wohl nicht zu sein. Stattdessen erklärt Hägglund die frei verfügbare Zeit zum Gradmesser individuellen und kollektiven Wohlstands (vgl. Hägglund, 2024, S. 293). Nur so könnten wir uns der Frage widmen, was wir mit dem einzigen Leben, das wir haben, anfangen. Anstelle einer gesellschaftlichen notwendigen Arbeit tritt die frei verfügbare Zeit als Zweck an sich in den Vordergrund (vgl. Hägglund, 2024, S. 295). Man mag ergänzen, um sich mit den wirklich wichtigen Dingen des Lebens zu beschäftigen. Menschen, die wir lieben, Hobbies oder einfach einmal nichts tun. Gar nichts. Der Luxus der frei verfügbaren Zeit als Quelle des Wohlstands. Wie ist das aber zu erreichen?

Hägglund setzt an dieser Stelle den Wert einer gesellschaftlich verfügbaren Zeit mit einem System des „demokratischen Sozialismus" gleich als Kontrapunkt zum Kapitalismus, den er als „Ausbeutung gesellschaftlich notwendiger Arbeitszeit" (Hägglund, 2024, S. 295) sieht. Zum Wesen des demokratischen Sozialismus gehört dann neben der gesellschaftlich verfügbaren Zeit, dass die Produktionsmittel vergesellschaftet sind und der Allgemeinheit und nicht dem schnöden Profit dienen sollen (vgl. Hägglund, 2024, S. 295). Ganz so wie es Karl Marx gefordert hatte (zum Theoriegebäude von Karl Marx vgl. vertiefend Pietsch, 2022b, S. 116 ff.). Die Kernidee dahinter lautet dann konsequenterweise, mit Hilfe der kollektiv verfügbaren Technologien ein Maximum an überschüssiger Zeit für alle zu erreichen (vgl. Hägglund, 2024, S. 295). Privateigentum sei dagegen problemlos möglich (vgl. Hägglund, 2024, S. 296). Gehören die Produktionsmittel allen gemeinsam, etwa Maschinen, dann könnte die Gemeinschaft mit Hilfe von demokratischen Prozessen entscheiden, was und in welcher Menge produziert werden soll (vgl. Hägglund, 2024, S. 297). Dies sei lediglich abhängig von den individuellen und kollektiven Bedürfnissen.

Gleichzeitig solle das Ziel sein, die Arbeitszeit nicht nur untereinander aufzuteilen, und zwar jeder nach seinen Fähigkeiten und Bedürfnissen (vgl. Hägglund, 2024, S. 298), sondern auch insgesamt zu verringern (vgl. Hägglund, 2024, S. 299). Wenn wir alle für das gemeinsame Zeil unterwegs sind, so die Vermutung, sind wir entsprechend höher motiviert. Schließlich geht es um unser Gemeinwohl und unsere Freiheit (vgl. Hägglund, 2024, S. 299). Es gäbe drei Möglichkeiten, die gesellschaftlich notwendige Arbeitszeit qualitativ anzureichern und zu reduzieren (vgl. Hägglund, 2024, S. 300 f.):

Erstens: Jeder solle sich nach seinen Fähigkeiten und Talenten im Rahmen der Gesellschaft einsetzen. So würde sich etwa ein leidenschaftlicher Architekt seiner Aufgabe als Selbstzweck und mit Hingabe widmen. Zweitens: Wer mit seiner Arbeit im Hinblick auf das gesellschaftliche Wohl nicht einverstanden ist, kann sich einer anderen Tätigkeit widmen, die ebenfalls im Dienst für das Gemeinwohl wichtig und notwendig erscheint. Niemand wird so zu seiner Arbeit gezwungen. Eine Entfremdung von der Arbeit ist somit nicht mehr möglich. Und drittens: schließlich werden technologische Weiterentwicklungen und innovative

Lösungen verwendet, um die Arbeitszeit zu verkürzen und die so gewonnen Zeit zur gesellschaftlich verfügbaren umgewandelt. Schließlich sei diese wertvolle Zeit für alle das oberste Ziel des demokratischen Sozialismus.

Wenn wir vor dem Hintergrund eines einzigen Lebens entscheiden müssen, wie wir unsere wertvolle Zeit hier auf Erden verbringen und nicht verschwenden, dann gelte dies auch für die Wirtschaft (vgl. Hägglund, 2024, S. 304). Man müsse nicht ein Leben lang einer Arbeit nachgehen. Alle Tätigkeiten und Entscheidungen rund um die Wirtschaft fallen unter die Rubrik, „Wie wir unser endliches Leben führen wollen" (Hägglund, 2024, S. 305). Anstelle, die wertvolle Lebenszeit mit der Anhäufung von Kapital zu vergeuden, sollten wir uns lieber den viel wichtigeren Fragen stellen, wer wir sind und was uns wichtig ist (vgl. Hägglund, 2024, S. 307). So könne z. B. die gesellschaftlich verfügbare freie Zeit für soziale und karitative Projekte genutzt werden oder auch für Musik und Philosophie. Man hole sich so sein Leben zurück, das im Kapitalismus an der Bürotür abgegeben werde (vgl. Hägglund, 2024, S. 309). Wenn wir nur Getriebene des Kapitalismus seien auf der Suche nach dem schnöden Profit, könnte es sein, dass uns das einzige Leben dabei abhandenkommt (vgl. Hägglund, 2024, S. 319). Im Kapitalismus sind wir beständig fremdgetrieben und gezwungen, unsere Zeit in Mehrwert umzuwandeln und vor allem: permanent zu wachsen. Die Philosophin Eva von Redecker bringt das Unbehagen mit dem kapitalistischen Wachstumsimperativ auf den Punkt (Redecker, 2023, S. 70):

„Die Phantasie des kapitalistischen Wachstums zielt auf einen ewigen Zeitstrahl. Haben, um mehr zu haben, investieren, um mehr investieren zu können: Die Akkumulation ist unendlich. Es ist die vielleicht kläglichste Unendlichkeit, in der Menschen sich je eingerichtet haben."

Selbst wenn man sich dieser apokalyptischen Sichtweise auf den Kapitalismus nicht anschließen mag, macht sie doch deutlich, was vor allem jüngere Philosoph*innen und Beobachter*innen des Zeitgeschehens empfinden. Das Streben nach (unternehmerischem) Profit ist einem Leben in Freiheit nach unseren eigenen Zwecken und Bedürfnissen diametral entgegengesetzt (vgl. Hägglund, 2024, S. 320). Die Abschaffung der Armut und ein gemeinsames Leben im Geiste eines Kollektivwohls sind die wahren Ziele im Leben und nicht die Gewinnmaximierung (vgl. Hägglund, 2024, S. 321).

So spannend und nachvollziehbar diese Argumentation geschrieben ist – wer wollte nicht in einer solchen Gesellschaft leben – wie wahrscheinlich ist eine realistische Umsetzung? Alles steht und fällt mit der Tatsache, ob ein solcher demokratischer Sozialismus eine ernsthafte Chance zur Umsetzung erhält. Produktionsmittel, die allen gehören und über deren Einsatz kollektiv entschieden wird. Gemeinschaftliche Planungen, was und in welcher Menge produziert wird. Jeder, der sich nach seinen und ihren Talenten einsetzt und nicht zu einer bestimmten Tätigkeit gezwungen wird. Eine schöne Sozialutopie, die sich glänzend liest und in einer idealen Welt theoretisch umsetzbar wäre. Vor allem der Gedanke, dass man seine knapp bemessene Lebenszeit in dem einen Leben logischerweise mit Bedacht einsetzen sollte, ist nachvollziehbar und äußerst wünschenswert. Doch lässt sich damit eine florierende Wirtschaft erhalten, die wir alle zum täglichen Überleben bräuchten? Zumindest sind Zweifel angebracht. Wir werden uns im nächsten Abschn. 4.5 summarisch mit der Bewertung der alternativen Wirtschaftssysteme beschäftigen. Daher soll diese erste Einschätzung an dieser Stelle genügen.

Doch es existieren noch weitere Ideen, wie das als unbarmherzig und kalt wahrgenommene System des Kapitalismus reformiert werden könnte. Interessante und praxistauglichere Ansätze für einen reformierten Kapitalismus kommen auch von den Politologen Ulrich Brand und Markus Wissen (vgl. Brand & Wissen, 2024). Sie kritisieren vor allem die dem Kapitalismus innewohnende Logik der Konkurrenz, Profitorientierung und des Wachstums. Diese seien mit den sozialen und ökologischen Voraussetzungen blind (vgl. Brand & Wissen, 2024, S. 18). Frei übersetzt könnte man sagen, dass eine Wirtschaft, die auf permanentem Wachstum beruht und die Erde ausbeutet nicht im Interesse der Menschheit sein kann. Alles dem Streben nach dem immer höheren Gewinn unterzuordnen und dabei einem gnadenlosen Wettbewerb zu gehrochen, ist ebenfalls nicht mit dem gesellschaftlichen Wohl kompatibel (vgl. Brand & Wissen, 2024, S. 18 ff.). Beide Autoren sehen den Kapitalismus sprichwörtlich „am Limit". Sie sehen Reformbedarf vor allem im Hinblick auf die Ökologie und die Eigentumsverhältnisse. Vor allem im Kap. 7 (vgl. Brand & Wissen, 2024, S. 201 ff.) beschreiben sie, wie eine solidarische Perspektive auf die Wirtschaft konkret aussehen könnte.

So fordern sie ein nachhaltiges Mobilitätssystem, ein ausgebautes und für alle zugängliches Gesundheitssystem, ein Energiesystem aus erneuerbaren Energien, bezahlbare Wohnungen und ein gerechtes Bildungssystem, das nicht auf Herkunft basiert (vgl. Brand & Wissen, 2024, S. 205). Während diese Forderungen eher zum Standardrepertoire der linken Forderungen an ein Wirtschaftssystem darstellen, sind die Mittel zur Erreichung dieser Ziele interessant, wenn auch nicht gerade innovativ zu nennen. So würden sich kapitalistische Strukturen vor allem im Bereich des Wohnens aufbrechen lassen, wenn man Wohnraum vergesellschaften würde.

Man würde Wohnungen verstaatlichen und so der Allgemeinheit zur Verfügung stellen und sie gleichzeitig der Profitlogik entreißen (vgl. Brand & Wissen, 2024, S. 216). Unternehmen und Betriebe, die sich um die Produktion landwirtschaftlicher Erzeugnisse kümmern aber auch mit der Ernährung der Bevölkerung würden ebenfalls zum Teil vergesellschaftet. Zumindest würden die Betriebsgrößen beschränkt (vgl. Brand & Wissen, 2024, S. 218). Die Automobilbranche müsste diesem Konzept zufolge ebenfalls zurückgefahren werden (vgl. Brand & Wissen, 2024, S. 221). Zudem revitalisieren beide Autoren die Forderung nach einer Verkürzung der Arbeitszeit bei vollem Lohnausgleich (vgl. Brand & Wissen, 2024, S. 223). Neben den staatlichen Eingriffen in die Wirtschaft können gesellschaftliche Veränderungen ihren Ausgang auch in individuellen Verhaltensmustern haben. Wenn immer mehr Menschen auf Fleisch verzichten, weniger fliegen oder Autos fahren, dann sei schon viel für die Umwelt und das Gemeinwohl getan (vgl. Brand & Wissen, 2024, S. 236). Dieses Konzept der beiden Politologen ähnelt mit seinem Verstaatlichungswunsch wesentlicher Wirtschaftsbereiche eher einem sozialistischen als einem kapitalistischen System. Dennoch enthalten sie einige Ideen, wie sich ein Wirtschaftssystem solidarischer gestalten ließe.

Ein weiteres prominentes Beispiel, wie sich der Kapitalismus reformieren bzw. weiterentwickeln ließe, beschreibt Thomas Piketty. Diese Variation eines Kapitalismus – oder ist es eher ein Sozialismus? – definiert Piketty als „partizipativen Sozialismus" („socialisme participatif"). Der Kerngedanke seines Konzepts umreißt Piketty folgendermaßen (Piketty, 2020, S. 1186):

„Auf der Grundlage der historischen Erfahrungen, über die wir verfügen, bin ich davon überzeugt, dass es möglich ist, über das derzeitige kapitalistische System hinauszugehen und die Umrisse eines partizipativen Sozialismus für das 21. Jahrhundert zu skizzieren, um eine neue universalistische Perspektive zu eröffnen, die auf Sozialeigentum, Bildung, Wissensverbreitung und Machtaufteilung setzt."

## 4 Innovative Konzepte mit und ohne ...

Im Folgenden konkretisiert Piketty seine Idee eines partizipativen Sozialismus (vgl. Piketty, 2020, S. 1186 ff.). So schlägt er vor, dass Eigentum nur auf Zeit gewährt werden solle. Ferner müsse eine stark progressive Vermögens- und Einkommenssteuer eingeführt werden, kombiniert mit einer jährlichen Vermögens- bzw. Eigentumsabgabe. So würden bei einem Einkommen, das dem fünffachen des Durchschnittseinkommens entspricht, 50 % Einkommenssteuer zu zahlen sein, beim zehnfachen 60 % und beim hundertfachen 70 %. Ab dem tausendfachen Durchschnittseinkommen wären es 80 % Einkommenssteuer und ab dem zehntausendfachen 90 % (vgl. Piketty, 2020, S. 1206, Tabelle 17.1). 2023 belief sich das durchschnittliche Brutto-Jahreseinkommen in Deutschland auf 51.900 € (vgl. Buske, 2024). Gemäß dem Vorschlag von Piketty würden Mitarbeitende eines Unternehmens mit einem Jahres-Bruttogehalt von 519.000 € 60 % Steuern zahlen, ab 5,19 Mio. € 70 % und ab 51,9 Mio. 80 %. Da in Deutschland vermutlich niemand knapp 52 Mio. Einkommen aus angestellter Tätigkeit bezieht (wir reden hier nicht von Kapitalerträgen), wird letzterer Fall wohl niemals eintreten. Die einzigen, die in etwa auf die Höhe der 5,19 Mio. € Einkünfte pro Jahr kommen, dürften DAX-Vorstände oder CEOs von großen Unternehmen sein. In diesem Fall würden sie von den Einkünften in Höhe von 5,19 Mio. € nur 1,557 Mio. € behalten dürfen. Selbst wenn man mit Piketty annimmt, dass mit dem einbehaltenden Betrag ein Grundeinkommen und das Sozial- und Ökosystem finanziert werden soll (vgl. Piketty, 2020, S. 1206, Tab. 17.1), erscheint diese Besteuerung einer Enteignung nahezukommen.

Noch einschneidender wirkt allerdings die von Piketty vorgeschlagene Eigentums- und Erbschaftssteuer, mit deren Hilfe eine Finanzierung der Kapitalausstattung von jungen

Erwachsenen (25 Jahre) in Höhe von 60 % des Durchschnittsvermögens ermöglicht werden soll (vgl. im Folgenden Piketty, 2020, S. 1206, Tab. 17.1 links). Bereits beim Doppelten des Durchschnittsvermögens sollen jährlich 1 % Eigentumssteuer gezahlt werden und 20 % Erbschaftssteuer. Beim Zehnfachen des Durchschnittsvermögens beträgt der jährlich zu entrichtende Eigentumssteuersatz bereits 5 % bei 60 % Erbschaftssteuer. Beim Hundertfachen betragen die Kennziffern bereits 10 % Eigentumssteuer und 70 % Erbschaftssteuer und beim Zehntausendfachen des Durchschnittsvermögens muss eine jährliche Eigentumssteuer von 90 % und auch eine Erbschaftssteuer von ebenfalls 90 % bezahlt werden.

Das hört sich alles sehr theoretisch an, wird aber schnell nachvollziehbar, wenn man in einem reichen Land wie Deutschland das konkrete durchschnittliche Vermögen zur Berechnung ansetzt. Das Durchschnittsvermögen in Deutschland lag 2023 bei genau 413.000 € (vgl. Leibniz-Institut für Wirtschaftsforschung, 2024). Setzt man nun diese Zahl in die Steuertabelle von Piketty ein, dann kommt man zu folgenden Werten:

Bei einem Vermögen von 826.000 € und mehr muss jährlich 1 % Eigentumssteuer abgeführt werden, also 8260 €. Im Falle der Vererbung werden 165.200 € fällig. Von einem Freibetrag ist bei Piketty nicht die Rede. Um die Erbschaftssteuer entrichten zu können, muss ein in Immobilien gebundenes Vermögen durch den Verkauf eben jener Immobilie liquidiert werden. Bei 4,13 Mio. € werden jährlich 206.500 € Eigentumssteuer fällig (nicht berücksichtigt, dass das Vermögen dadurch schrumpft und in den Folgejahren entsprechend weniger zu zahlen ist, wenn das Vermögen nicht durch externe Faktoren weiter anwächst). Im Falle einer Vererbung müssen 2,478 Mio. € an den Staat entrichtet werden. Bei den sehr großen Vermögen, die mindestens das Zehntausendfache des Durchschnittsvermögens betragen, also bei den Milliardären mit einem Vermögen größer 4,13 Mrd. € werden jährlich 3,717 Mrd. € vom Staat als Eigentumssteuer einbehalten. Gleiches gilt bei der Vererbung. Dadurch schmilzt jährlich das sehr große Vermögen schnell auf ein Zehntel zusammen und wird folglich im Jahr darauf „nur" noch zu 60 % besteuert. In der Summe werden diese extrem hohen Vermögen auf ein „normales" Maß zurechtgestutzt. Was viele sicherlich als „gerechtfertigt" empfinden werden, vor allem die Anhänger*innen des Limitarismus (s. Abschn. 4.3), werden andere, vor allem die Betroffenen als schrittweise Enteignung empfinden. Dies wäre auf jeden Fall eine Umverteilung des Vermögens in großem Stil.

Selbst wenn man Piketty zugutehält, dass er mit einer solchen Eigentumssteuer bzw. der hohen Erbschaftssteuer die Finanzausstattung der jungen Generation ab 25 Jahren sicherstellen möchte, erscheint der Weg dorthin doch äußerst fraglich und willkürlich zu sein. Die Steuersätze scheinen am Reißbrett entstanden zu sein und folgen scheinbar einer willkürlichen Logik. Große und sehr große Vermögen, die bereits auf dem Weg dorthin zu großen Teilen legal versteuert wurden, werden so ein zweites Mal überproportional versteuert. Abgesehen davon, dass es einen sehr hohen Aufwand erfordern würde, die einzelnen Vermögensgegenstände zu schätzen (z. B. etwa Kunstgegenstände, Schmuck, wertvolle Antiquitäten etc.). Piketty entwickelt aber auch innovative Besteuerungsvorschläge, etwa eine progressive Besteuerung von $CO_2$-Emissionen, die sich an der unterschiedlichen Vermögens- und Einkommenssituation der Bürgerinnen und Bürger orientiert (vgl. Piketty, 2020, S. 1235). Business-Class-Tickets von Fluggesellschaften sollten mit einem höheren Satz besteuert werden als Economy-Class-Tickets (vgl. Piketty, 2020, S. 1237). Eine abschließende Bewertung dieses Konzepts, das von Piketty zumindest sehr konkret in Zahlen, Daten und Fakten dargelegt wurde, erfolgt in Abschn. 4.5.

Neben diesem partizipativen Sozialismus präsentiert die taz-Journalistin und Bestseller Autorin Ulrike Herrmann in ihrem Buch „Das Ende des Kapitalismus" (vgl. Herrmann, 2022) eine weitere mögliche Variante eines Kapitalismus. Die Historikerin Herrmann greift dabei auf das Beispiel der britischen Kriegswirtschaft aus dem Jahr 1939 ff. zurück (vgl. im Folgenden Herrmann, 2022, S. 229 ff.). Vor dem Hintergrund der Tatsache, dass ein unendliches Wirtschaftswachstum in einer Welt endlicher Rohstoffe nicht möglich sei, schlägt Herrmann analog der britischen Kriegswirtschaft ein kontrolliertes Schrumpfen vor. Um Kapazitäten für die Kriegsindustrie freizuschaufeln, sollte die zivile Wirtschaft im Umfang eingeschränkt werden. Der Staat sollte vorgeben, was und welche Mengen eines Gutes nach wie vor in privater Hand verbleibende Unternehmen produzieren sollten. Angestellte wurden den Unternehmen zum Teil zugewiesen, Lebensmittel wurden rationiert und zugeteilt. Dadurch sollte der Konsum der Bevölkerung kontrolliert reduziert werden.

Was in der britischen Kriegswirtschaft reüssierte, sollte auch in der heutigen Bundesrepublik möglich sein. Schließlich, so die Argumentation, soll die deutsche Wirtschaft um die Hälfte schrumpfen, um die Klimaziele einhalten zu können. Der so halbierte Wohlstand wäre immer noch auf dem Niveau der Bundesrepublik des Jahres 1978, was so schlecht damals auch nicht war. Herrmann, ebenso wie der Autor dieser Zeilen selbst Jahrgang 1964, hat sicherlich subjektiv gefühlt recht, dass das Leben und der Wohlstand im Jahr 1978 in der damaligen Bundesrepublik auch angenehm waren. Allerdings nur für die sogenannte Mittelschicht, der es relativ gutging. Herrmann gibt allerdings zu, dass in ihrem Modell des halbierten Wohlstands Flüge nicht mehr existierten, Autos kaum noch führen und Immobilien genauso rationiert würden wie etwa Fleisch.

Das Buch von Ulrike Herrmann ist spannend und kenntnisreich geschrieben und avancierte nicht umsonst zu einem Bestseller. Das Modell der britischen Kriegswirtschaft heranzuziehen, um die eigenen Optimierungsüberlegungen zu einem reformierten Kapitalismus zu veranschaulichen, verfügt schon über einen gewissen Reiz. Allerdings sind die Annahmen eines nahezu flugzeug- und autofreien Verkehrs in Deutschland absolut unrealistisch und sind ohne drastische und rechtlich nicht haltbare Eingriffe des Staates in die Wirtschaft so nicht denkbar. Es ist durchaus legitim und sogar begrüßenswert, in alternativen Szenarien für eine Wirtschaftsordnung zu denken und dabei Anleihen an anderen Ländern und Zeiten zu nehmen. Doch muss eine solche Ordnung in der Umsetzung realistisch sein. Als letzte Anmerkung dazu sei erwähnt, dass die britische Wirtschaft, so alle mit diesem Wirtschaftssystem einverstanden und zufrieden gewesen wären, im Wesentlichen unverändert geblieben wäre. Stattdessen hat sie sich vor allem in den achtziger Jahren des letzten Jahrhunderts unter der damaligen Premierministerin Margaret Thatcher in die gegenteilige Richtung entwickelt und hat stark neoliberale Züge angenommen.

Es gab in der jüngsten Vergangenheit eine Reihe von Überlegungen verschiedenster Autor*innen, das Wirtschaftssystem des Kapitalismus positiv weiterzuentwickeln. Basierend auf den Kritikpunkten, die ich bereits im dritten Kapitel ausführlich erwähnte, kamen viele unterschiedliche Vorschläge auf, wie das System zu reformieren bzw. ganz abzuschaffen sei. Der französische Philosoph, Publizist und frühere Mitstreiter von Jean Paul Sartre, André Gorz, forderte einen stärkeren Wohlfahrtsstaat ein, der quasi als Ersatz für gesellschaftliche oder auch familiäre Solidarbeziehungen die Ergebnisse eines unsozialen Marktes korrigiert (vgl. Gorz, 1994, S. 190). Der Politiker der Linken, Klaus Lederer, hat zumindest die Zielrichtung eines neuen bzw. reformierten Wirtschaftssystems definiert: Einen bewohnbaren Planeten zu erhalten, in dem Gesellschaften leben, die sich durch größere Gleichheit auszeichnen. In dieser Gemeinschaft solle niemand zur Kapitalakkumulation gezwungen sein, der alle ausbrennt und die Isolierung fördert (vgl. Lederer, 2024, S. 161).

Wir sollten uns auch von anderen Ländern inspirieren lassen, wie wir unsere Wirtschaft, unsere Art uns zu organisieren, weiterentwickeln, meint die Politökonomin und Buchautorin Maja Göpel. Vielfach investieren Städte in ökologischere und sozialere Städte wie das Beispiel Paris zeigt. So werde die Metro um 200 zusätzliche Kilometer erweitert, das Radwegnetz auf 1000 km ausgebaut. 40.000 Sozialwohnungen sollen in den nächsten Jahren gebaut werden und 30.000 Wohnungen in die städtische Verwaltung zurückgeholt werden (vgl. Göpel, 2022, S. 213 f.). Der US-amerikanische Senator und prominenteste Vertreter der Linken, Bernie Sanders, fordert im Stil von rhetorischen Fragen, ganz Politiker, gleich eine ganze Reihe von radikalen Änderungen für eine gerechtere und menschenwürdigere Wirtschaft (vgl. Sanders, 2023, S. 260).

Wie beeinflussen die massive Einkommens- und Vermögensungleichheit die Gesellschaft? Was sagt das über eine Demokratie aus, wenn es Milliardären in den USA erlaubt ist Wahlen zu kaufen? Warum wurde so viel Reichtum hin zu dem einen Prozent der Gesellschaft verteilt? Wie sieht es mit dem Gesundheitssystem aus? Wie passen Hunger, Armut und extremer Reichtum zusammen? Wieso darf eine fossile Industrie weiterhin den Planeten zerstören?

Aber es ist nicht so, dass Sanders nur Forderungen anbringt. Er bringt auch Vorschläge ein, wie diese Fragen zu beantworten sind (vgl. Sanders, 2023, S. 273 ff.). So fordert er eine höhere Sozialversicherung vor allem für die Ärmsten. Ferner verlangt er bezahlbare Wohnungen, das Aufbrechen von Monopolen, etwa der drei Wall Street Giganten BlackRock, Vanguard und State Street oder eine deutlich höhere Besteuerung von Milliardären. In eine ähnliche Kerbe schlägt die Journalistin und Buchautorin Katharina Mau in ihrem lesenswerten Buch zum Kapitalismus. So fordert sie (vgl. Mau, 2024, S. 56 ff.) eine kostenlose Bildung und Gesundheitsversorgung für alle. Darüber hinaus solle sich der Staat an einem Teil der Heiz-, Strom- und Wasserkosten beteiligen. Sie schließt sich der Idee des Wirtschaftsanthropologen Jason Hickel an, die Mietwohnungen, die ein einzelner Mensch besitzt zu begrenzen, ähnlich wie die Miete in öffentlichen Wohnungen. Telefon und vor allem das Internet sollten kostenlos vom Staat zur Verfügung gestellt werden. Das 9 € Ticket als Beitrag zur Klimapolitik sollte in Deutschland Standard werden und damit zur Grundversorgung aller Bürger*innen gehören. Gleiches gelte für die Betreuung von Kindern aber auch von älteren Erwachsenen in der Pflege. Das alles sollte dann idealerweise durch ein bedingungsloses Grundeinkommen abgerundet werden, das alle bekommen, die an einem Ort leben. So rundum vom Staat ausgestattet könne sichergestellt werden, dass alle Menschen in gleichem Maße an der Gesellschaft teilhaben können. Die erhöhten Ausgaben könnten u. a. durch eine Vermögenssteuer oder höhere Steuern auf höhere Einkommen kompensiert werden.

Das Unbehagen ist weit verbreitet, den Markt mit seinen Ergebnissen für die Gemeinschaft alleine wirken zu lassen. So hat die ehemalige Herausgeberin der Wochenzeitung „Die Zeit", Marion Dönhoff, vor fast dreißig Jahren eindringlich gefordert, den Kapitalismus zu zähmen: Zwar sei das marktwirtschaftliche System in seiner Effizienz unübertroffen. Man dürfe dieses System aber nicht idealisieren und dafür sorgen, dass die ethischen Grenzen im Sinne der Ordnung und Gerechtigkeit nicht überschritten würden. Dies könne, das ist herauszulesen, nur der Staat, d. h. wir alle, gewährleisten (vgl. Dönhoff, 1997b, S. 14). Der US-Ökonom und ehemalige Wirtschaftsberater und Arbeitsminister unter US-Präsident Bill Clinton, Robert Reich, mahnt in seinem Buch, wie der Kapitalismus zu retten sei, eindringlich davor, die Aufgabe des Staates richtig zu definieren (vgl. im Folgenden Reich, 2016, S. 219). So sei weniger wichtig als die Größe des Staates (und damit die staatlichen Eingriffe in die Wirtschaft) für wen sich der Staat verwenden solle. Gleichzeitig sei es keine Entscheidung zwischen einem freien Markt und dem Staat. Vielmehr ginge es darum, den Markt und seine Regeln so zu entwerfen, dass die meisten Menschen im Staat darin übereinstimmen, dass der Wohlstand einigermaßen gleich und fair verteilt ist. Wenn dem nämlich so sei, dann seien nachträgliche Umverteilungen gar nicht mehr nötig. Letztendlich gilt das, was der Ökonom und Träger des Alfred-Nobel-Gedächtnispreises der Ökonomie, Amartya Sen, eindringlich einforderte, eine Ökonomie für den Menschen (so der Titel seines auf Deutsch veröffentlichten Buches, vgl. Sen, 2000) und nicht umgekehrt.

Die Liste möglicher Systementwürfe der Wirtschaft oder auch Verbesserungsansätze ließe sich beliebig fortsetzen. Alle wesentlichen Bücher zu diesem Thema würden ganze Bibliotheken füllen. Der Punkt ist aber, so denke ich, klar geworden: Unser Wirtschaftssystem muss dringend überarbeitet werden oder aber – folgt man einigen radikalen Systembeobachtenden – am besten ganz abgeschafft werden. Obwohl wir bereits ausgewählte Aspekte der einzelnen Konzepte analysiert und kritisiert haben, möchte ich im folgenden Kapitel eine summarische Sicht auf die Optimierungsansätze werfen. Im Anschluss versuche ich in den

Kap. 5 und 6, aufbauend auf den Kritikpunkten der bestehenden Ansätze in Abschn. 4.5, meine eigene Sicht auf einen reformierten Kapitalismus darzulegen. Aufbauend auf den kritischen Anmerkungen zu den mehr oder minder innovativen Ansätzen aus diesem 4. Kapitel werden sich wesentliche Elemente eines modifizierten Wirtschaftssystems herausschälen lassen.

## 4.5 Was taugen diese innovativen Konzepte?

Eine differenzierte Betrachtung der skizzierten Konzepte aus den Abschn. 4.1 bis 4.4 ermöglicht es uns nun, wesentliche Elemente eines reformierten Kapitalismus herauszuarbeiten und weiter zu ergänzen. Die vor allem von Niko Paech beschriebene und geforderte Postwachstumsökonomie kann auf kleiner Ebene funktionieren, nämlich dort, wo sich Gemeinschaften von ähnlich denkenden und handelnden Menschen zusammenschließen und ihre eigene, kommunale und regionale Wirtschaft betreiben. So kann es sicherlich sinnvoll sein, Dinge des täglichen Lebens wie Waschmaschinen, Kleidung, Schuhe aber auch technische Geräte des Haushalts möglichst lange zu benutzen und nur dann zu ersetzen, wenn es nicht mehr anders geht. Dinge können geteilt, repariert und funktional wiederhergestellt werden. Dies reduziert den gemeinschaftlichen Konsum auf ein absolutes Minimum. Lebensmittel, Textilien und vieles andere mehr kann natürlich bei handwerklich begabten oder auch für die Landwirtschaft interessierten Menschen für den Eigenbedarf einer Gemeinschaft selbst erzeugt werden.

Nicht alles muss finanziell abgegolten werden. In einer Gemeinschaft kann man sich auch gegenseitig unterstützen, indem der eine Lebensmittel herstellt und der andere seine Handwerkskünste zur Verfügung stellt. Die Idee eines gemeinschaftlichen Zusammenlebens und der gegenseitigen Hilfe, Alt und Jung, kranke und gesunde Menschen, hat schon etwas für sich. Doch dieses Modell funktioniert nicht überall und vor allem, es muss freiwillig funktionieren. Kein Mensch kann gezwungen werden, auf Konsum zu verzichten, seine Lebensmittel selbst anzubauen oder Kleidung selbst zu schneidern. Wer dies möchte, fein. Wer dies nicht möchte, sollte dazu in einer freien Gesellschaft nicht gezwungen werden. Der mehr oder minder freiwillige Verzicht auf Flugreisen oder Autos oder sonstige umweltschädigende Aktivitäten kann ebenfalls nicht erzwungen oder von oben vorgegeben werden. Es sei denn, man würde in einer Demokratie die Mehrheit der Bevölkerung hinter sich bekommen und dann die Regierung stellen. Doch wie realistisch ist das?

Übernehmen wir doch die positiven Elemente der Selbstbeschränkung, der teilweisen Autarkie und der gemeinschaftlichen Sorge für das Gemeinwohl als Elemente einer künftigen Wirtschaftsordnung, ohne die negativen Wirkungen einer Postwachstumsökonomie ausbaden zu müssen. Eine kleine, in sich geschlossene Kommune mit gleichgesinnten Familien könnte Teil eines neuen Wirtschaftsmodells in kleiner Dimension werden. Für eine gesamte Volkswirtschaft taugt dieses Modell meiner Meinung nach aber nicht. Ich habe zu Beginn des Kapitales 4 gezeigt, dass das Wachstum in einem kapitalistischen System zwingend ist. Eine wie auch immer geartete kontrollierten Schrumpfung der Wirtschaft würde schnell zu einem Heer an Arbeitslosen und im Zweifel zu einem Zusammenbruch des gesamten Systems führen.

Aus den Überlegungen der Gemeinwohlökonomie können wir mitnehmen, dass man nicht nur ein hehres Ziel für ein Wirtschaftssystem formulieren, sondern auch die Umsetzung operationalisieren kann. Jedes einzelne Element der ökologischen, sozialen oder gemeinwohlorientierten Ausgestaltung der Wirtschaft kann mit sehr konkreten und nachvollziehbaren Elementen ausgestattet und in ihrer Wirkung nachgehalten werden. Die Gemeinwohlbilanz und die Gemeinwohlmatrix stellen hervorragende Beispiele dar, wie der Fortschritt in dieser Richtung gemessen und vorangetrieben werden kann. Es sind Beispiele für nicht monetäre Kennziffern und qualitative Zustandsbeschreibungen, die helfen, den richtigen Weg einzuschlagen. Das Beispiel von hunderten von Unternehmen und Organisationen in zahlreichen Ländern dieser Welt zeigt, dass dieses Konzept anwendbar ist und mit Leben gefüllt werden kann. Dieses ist sicherlich der Weg in die richtige Richtung. Doch ist der Durchdringungsgrad dieses Konzepts viel zu gering, um weltweit aber auch innerhalb einer Volkswirtschaft nachhaltige und signifikante Änderungen herbeizuführen. Realistischerweise muss man unterstellen, dass die weitere Durchsetzung dieses Konzepts der Gemeinwohlökonomie, wenn es überhaupt je gelingt, viele Jahrzehnte dauern wird. Was die ökologische Dimension anbelangt, haben wir diese Zeit schlicht nicht mehr.

Die Idee eines globalen Wirtschaftsethos wie das des Schweizer Theologen Hans Küng und seinen Mitstreiter*innen stellt sicherlich ein wichtiges Zeichen an die Weltgemeinschaft dar, sich an bestimmte ethische Regeln des Wirtschaftens zu halten. Es sind ebenso wichtige und zukunftsweisende Appelle an die Menschheit wie die Überlegungen zur Begrenzung oder Abschaffung eines „Ego-Kapitalismus" (Kraczmarczyk) oder die Einführung eines „ethischen Kapitalismus" (Gabriel), wie auch immer er im Einzelnen ausgestaltet werden soll. Markus Gabriel liefert in seinem äußerst lesenswerten Buch einige konkrete Beispiele, was er damit meint (vgl. Gabriel, 2024, S. 193 ff.). Niemand wird bestreiten, dass sich wirtschaftliches Handeln auch an christlichen Werten der Nächstenliebe, des Einsatzes für die Schwachen, Kranken oder Armen der Gesellschaft orientieren muss (vgl. Kraczmarczyk, 2023, vor allem S. 184 ff.). Doch was resultiert daraus konkret für mich, die Unternehmen und die Wirtschaftsordnung an sich? Die Idee eines *Chief Philosophy Officers* inklusive eines kleinen Teams an studierten Philosophen und Ethikverantwortlichen in den Unternehmen, wie Markus Gabriel sie fordert, ist sicherlich eine gute Idee, die zum Nachdenken anregt. Ob es allerdings eine eigene Abteilung sein muss, die sämtliche Aktivitäten eines Unternehmens auf ethische Belange hin abklopft oder ob es nicht eher die genuine Verantwortung des (Top) Managements ist, kann sicherlich trefflich diskutiert werden.

Während die Konzepte eines ethischen Kapitalismus oder eines, der den Egoismus und das Ellenbogendenken aus der Wirtschaft verbannt, gute und beachtenswerte Ideen und Appelle darstellen, geht der japanische Philosoph Kohei Saito deutlich weiter. Er will, dass die Wirtschaft schrumpft und der Kommunismus in abgeschwächter Form wieder Einzug hält in der Wirtschaft: Eine Wirtschaft, in der deutlich weniger konsumiert wird, vor allem nicht in sinnlosen Status- und Luxuskonsum. Die Arbeitszeit solle generell zugunsten von mehr Lebensqualität sinken. Kreative Arbeit und Selbstverwirklichung stehen eher im Zentrum des Lebens als abhängige Beschäftigung, getrieben von Maschinen oder Vorgaben von oben ohne Selbstbestimmung. Analog den Ideen von Karl Marx sollen die Produktionsmittel vergesellschaftet werden. Gemeint ist weniger der antiquierte Spruch als die positive Idee der gemeinsamen, selbstbestimmten Produktion, an der alle teilhaben und von der alle Beteiligten profitieren. Dennoch

## 4 Innovative Konzepte mit und ohne …

wird der Weg zurück beschrieben hinein in ein sozialistisches System, das in der Vergangenheit bereits gescheitert ist. Sollte eine solche Wiederbelebung des kommunistischen Prozesses gelingen, so müssten die Rahmenbedingungen konkreter ausgestaltet werde. Doch auch damit würde die Erfolgswahrscheinlichkeit dieses Modells nicht größer werden.

Wo Saito allerdings recht hat, ist der Punkt, dass die sogenannte Care-Arbeit in der Gesellschaft gestärkt werden sollte. Die Arbeit von Pfleger*innen und Kindergärtner*innen oder auch Krankenschwestern und ihren männlichen Kollegen ist aus der Gesellschaft nicht wegzudenken und immer noch zu schlecht bezahlt. Und zu wenig wertgeschätzt. Die Bezahlung müsste sich stärker an dem gesellschaftlichen Wert und der Verantwortung ausrichten. Es geht hier darum, sich um junge, alte und kranke Menschen zu kümmern, und zwar nicht nur um das leibliche, sondern auch das psychische Wohlbefinden. Hier leisten die Mitarbeitenden in den zahlreichen Pflegeberufen eine großartige Arbeit, die noch immer viel zu wenig Aufmerksamkeit erzählt. Hier legt Kohei Saito zurecht den Finger in die Wunde. Es ist allemal wichtiger, sich um die Menschen zu kümmern, die unser aller Hilfe benötigen als an der Börse auf fallende Kurse zu setzen und Geld ohne unternehmerischen Mehrwert zu verdienen.

Dem Gedanken, reichen Menschen willkürlich Geld wegzunehmen und sie somit ohne rechtliche Grundlage einfach zu enteignen, kann ich gar nichts abgewinnen. Von John Rawls, einem der bedeutendsten politischen Theoretiker des 20. Jahrhunderts stammt die Idee, sich bei der Konzeption von politischen und gesellschaftlichen Gebilden vom „Schleier des Nichtwissens" („*veil of ignorance*", vgl. Rawl, 1971/2020, S. 159 ff.) leiten zu lassen. Wer nicht weiß, an welcher Stelle der Gesellschaft er oder sie selbst stehen würde, ob in der unteren, mittleren oder Oberschicht, ohne Kenntnis des Status, Intelligenz oder körperlicher Fähigkeiten etc. wird sich neutraler und ohne politische Absichten an diese Konzeption wagen. Stellen wir uns also vor, wir wüssten nicht, ob wir in dieser Gesellschaft des Limitarismus, wie es die Ethikerin Robeyns beschreibt, als (Multi-)Millionär*in oder Arme*r leben würden. Es kann uns auch als potenziell Arme*r nicht gefallen, dass willkürlich der Reichtum auf zehn Millionen Euro begrenzt wird. Warum in dieser Höhe und nicht mehr oder weniger? Wer würde sich erlauben zu entscheiden, wieviel Vermögen ausreicht? Selbst der Arme kann irgendwann einmal durch Glück, Zufall oder im extrem sehr harter Arbeit gemäß dem amerikanischen Traum vom Tellerwäscher zum Millionär werden. Auch er oder sie würde nicht wollen, dass ab einem gewissen Vermögen der Staat einfach alles abnimmt. Welches ethische Konzept soll hinter einer solchen Idee stehen? Sicherlich ein interessantes Gedankenexperiment mit einer äußerst geringen Umsetzungswahrscheinlichkeit.

Interessanter und ausgewogener ist dagegen die Konzeption von Martin Hägglund. Bestechend ist die lebensphilosophische Idee, dass man sich vor dem Hintergrund der Tatsache, nur ein einziges Leben zu besitzen, genau überlegen sollte, wie man lebt und wirtschaftet. Natürlich würde sich jeder, von den Zwängen des alltäglichen Gelderverdienens befreit, anderen Aufgaben widmen. Zeit mit der Familie und Freunde verbringen, sich um Angehörige kümmern, sie pflegen, aber auch sich selbst verwirklichen in der Arbeit, in der Freizeit etc. Vor dem Hintergrund eines endlichen Lebens ohne realistische Aussicht auf ein ewiges Leben danach sollten wir uns nicht den Mühen des ökonomischen Wettkampfes, des täglichen Überlebens stellen, indem sowieso nur der Profit und materielle Dinge zählen. Stattdessen sollten wir uns mehr für das Gemeinwohl, die

Umwelt aber auch sinnvollen Tätigkeiten einsetzen. Vor allem aber Zeit, sinnvolle Zeit mit den Menschen, die wir lieben und die uns brauchen. Eine tolle Idee oder auch Vision, der vermutlich jeder Leser, jede Leserin aus ganzem Herzen zustimmen kann. Nur leider können die meisten von uns sich dieses Leben nicht leisten! Nicht, dass diese Vision nicht großartig wäre. Das Buch von Martin Hägglund ist spannend und sehr lehrreich zu lesen und nicht umsonst ein internationaler Bestseller. Doch umsetzbar ist dieses Konzept, zumindest was seine Auswirkungen auf das Wirtschaftssystem anbetrifft, so leider nicht.

Thomas Piketty versucht sich an einem partizipativen Sozialismus und testet durch sein Konzept, die zunehmende weltweite Ungleichheit in Einkommen und Vermögen durch prohibitiv hohe Steuersätze drastisch zu reduzieren. Er setzt bei den Klassikern einer hohen progressiven Vermögenssteuer, einer ebensolchen Erbschaft- und deutlich höheren Einkommenssteuer an. Während dies keine neuen Ideen sind – in der Höhe der Steuersätze sicherlich schon – ist der Gedanke einer Kapitalgrundausstattung bzw. ein Mindesterbe für junge Leute interessant. Selbstverständlich greift auch hier in gewisser, abgeschwächter Form die Kritik an der Willkürlichkeit der Steuersätze wie der Kapitalausstattung für die Jugend. Es wäre eine Umverteilung von den Vermögenden und Spitzenverdienern auf die Jugend, die dann mit einem einheitlich vom Staat vorgegebenem Startkapital im Leben loslegen kann. So hätten alle jungen Leute ähnliche Chancen, aus ihrem Leben etwas zu machen, zumindest was einen Teil ihrer Kapitalausstattung anbelangt. Wenn man z. B. von 100.000 € für jeden jungen Mann, jede junge Frau Startkapital ausgeht, wenn sie 25 Jahre alt werden, erhöht man sicherlich die Chancengleichheit. Dabei fällt allerdings beflissentlich unter den Tisch, dass der Erfolg im Leben viele Väter hat, nicht nur das Geld. Erziehung, Sozialisation, Ausbildung, Netzwerk der Eltern, Umgangsformen bzw. Habitus und vieles mehr, was Kindern aus der Oberschicht von vorneherein größere Chancen im Leben bietet. Doch woher sollte das Geld dazu kommen, wenn man die zwangsweise Enteignung von hohen Vermögen und Spitzenverdienern ablehnt?

Die am Ende des Abschn. 4.4 genannten Autor*innen bringen in ihren äußerst lesenswerten Büchern einige Aspekte in Bezug auf ein reformiertes Wirtschaftssystem mit ein in die Diskussion, die ebenfalls überlegenswert sind. So verweist Herrmann in ihrem Beispiel der britischen Kriegswirtschaft auf die Tatsache, dass die Rolle des Staates in der Wirtschaft sicherlich überdacht werden muss. Der Staat, also wir alle, könnte mehr Vorgaben machen für die Wirtschaft. Ob das in einer schrumpfenden Wirtschaft sein muss, in der der Staat Menge und Art der Güter vorgibt oder auch rationiert, wie das in Großbritannien in den Kriegsjahren der Fall war, weiß ich nicht. Zumindest sollte der Staat die Möglichkeit haben, eine andere Rolle einzunehmen als in der Vergangenheit, vor allem in den Jahren der sogenannten „neoliberalen Ära". Schrumpfen dürfte allerdings auch in diesem Modell keine Lösung sein analog unseren Gedanken zur Postwachstumsökonomie.

Katharina Mau weist in ihrem kenntnisreichen und spannend zu lesenden Buch darauf hin, dass einige Leistungen des täglichen Lebens auch kostenlos vom Staat zur Verfügung gestellt werden könnten. Sie spricht von einer kostenlosen Bildung, ich würde auch die Kitas mit einbeziehen, einer ebensolchen Gesundheitsversorgung oder auch der Beteiligung des Staates an den Mietnebenkosten. Für die junge Generation vor allem bedeutend ist die kostenlose Internetversorgung, subventionierte Telefone aber auch Mobilitätstickets, die eine emissionsarme Reise ermöglichen. Hier wären viele weitere Gebiete vorstellbar, die der Staat unterstützen oder ganz finanziell tragen könnte. Auch Infrastruktur- oder Verkehrskonzepte, die eine emissionsfreie Zukunft bahnen analog dem Pariser Modell (s. Abschn. 4.4) wie sie Maja Göpel in ihrem Buch erwähnt, könnten den Weg in eine neue, ökologischere Zukunft bahnen.

Wir haben an den exemplarisch ausgewählten Konzepten der letzten Jahre gesehen, dass es durchaus Ideen dazu gibt, wie wir das kapitalistische Wirtschaftssystem reformieren könnten, um es so fit für das 21. aber auch das 22. Jahrhundert zu machen. Doch reichen diese vereinzelt und in unterschiedliche Publikation vorgetragenen Elemente nicht aus, um daraus ein Gesamtkonzept zu entwickeln. Neben einer Gesamtstruktur fehlen die einzelnen, systematisch angeordneten Elemente, die konkret beschrieben, am Ende umsetzbar sind und nicht nur eine intellektuelle Lücke füllen. Es mangelt an einem Gesamtkonzept eines reformierten Kapitalismus, das einerseits sehr konkret aber andererseits auch umsetzbar definiert wird. Die Umsetzbarkeit geht sicherlich zu Lasten einer intellektuellen Brillanz und Radikalität. Andererseits brauchen wir für die Zukunft eine Idee für ein reformiertes Wirtschaftssystem, das wir kritisch konstruktiv diskutieren aber am Ende auch umsetzen können. Das Motto lautet hierbei: Nicht das Erzählte reicht, sondern das Erreichte zählt. In diesem Sinn wollen wir uns auf den Weg machen, einen reformierten Kapitalismus zu entwerfen.

# 5
# Alternative: Der reformierte Kapitalismus

## 5.1 Die Vision einer idealen Welt und ihrer Ökonomie

Ich beschäftige mich schon seit Beginn des Ökonomiestudiums vor fast vierzig Jahren mit der ökonomischen Theorie und verbringe bereits weit über dreißig Jahre in der Wirtschaftspraxis. Doch keine Frage hat mich mehr Zeit und Energie gekostet als die nach dem richtigen Wirtschaftssystem. Diese Frage gehört für mich persönlich zu einer der schwersten in der ökonomischen Theorie überhaupt. Vor allem bringt sie weitreichende Konsequenzen für alle Menschen mit sich, die in diesem System leben müssen. Daher darf man sich die Aufgabe nicht zu einfach machen und versuchen, auf diese komplexe Frage eine einfache Antwort zu geben. Ich möchte in diesem Kapitel versuchen, etwas auszuholen und versuchen, die Kernpunkte herauszuarbeiten, auf die ein neues oder reformiertes Wirtschaftssystem eine Antwort liefern sollte.

Für mich ist dabei die Annahme grundlegend, dass die Menschen nicht für die Wirtschaft, sondern umgekehrt, die Wirtschaft für die Menschen da sein sollte. Was sich nahezu trivial und selbstverständlich anhört, wird beim näheren Hinsehen ungleich komplizierter. Was bedeutet die Grundprämisse, die Wirtschaft sollte für den Menschen da sein ganz konkret für die Ausgestaltung unseres Wirtschaftssystems? Zunächst müssen wir einen Schritt weiter vorne beginnen. Wenn Sie meiner Grundannahme folgen und sich die Wirtschaft nach den Menschen, sprich uns allen, richten sollte, dann müssen wir uns zunächst mit folgender Kardinalfrage auseinandersetzen: In welcher Welt wollen wir leben? Oder in seiner Negativversion: Welche Phänomene wollen wir vermeiden, welche Aktivitäten müssen wir unterlassen und welche entsprechend fördern? Denn davon abgeleitet ergibt sich erst die Frage, wie eine Wirtschaft ausgestaltet werden sollte, die uns hilft, in dieser idealen Welt zu leben.

Fangen wir zunächst mit der positiven Version der Frage an, in welcher Welt wir leben wollen. Ich denke es ist unstrittig, dass wir idealerweise in einer sorgenfreien Welt leben wollen: Im Einklang mit der Natur, unseren Liebsten, gesund und ohne Angst vor Entbehrungen und Gefahren. Konkret bedeutet das, dass wir auf einer Erde leben wollen, die ein lebenswertes Klima besitzt, ohne negative gesundheitliche Auswirkungen riskieren zu müssen. Eine gesunde Luft zum Atmen bei beherrschbaren Temperaturen, selbst wenn wir die in Deutschland üblichen Jahreszeitschwankungen mit Eis und Kälte im Winter und Hitze und Sonne im Sommer in Kauf nehmen müssen. Seen und Flüsse, die sauber und nicht überhitzt sind. Darüber hinaus ein fruchtbarer Boden, der sich selbst erneuert und Wälder, die nicht nur Schatten spenden und dem Ökokreislauf angepasst sind, sondern auch gesund und ausreichend vorhanden

## 5 Alternative: Der reformierte Kapitalismus

sind. Tiere, die neben ihren natürlichen Feinden nicht noch den Menschen zu fürchten haben, genügend Nahrung finden und in ihren Revieren gesund überleben können. Kein Artensterben, da nicht genügend Nahrung vorhanden oder durch die Negativfolgen des Klimawandels schrittweise ausgerottet. Ohne es zu pathetisch zu formulieren, bedeutet dies ein Leben im Einklang mit der Natur. Und natürlich ein Leben in Frieden und Freiheit!

Wenn wir unterstellen, dass wir nur einziges Leben haben und dieses begrenzt ist, dann wollen wir möglichst lange gesund und in Frieden mit unseren Liebsten leben. Idealerweise leben wir so wie wir wollen. Viel und intensiv arbeiten, da wir leidenschaftlich an einem Thema arbeiten, sei es als Künstler*in, Unternehmer*in oder Wissenschaftler*in. Oder aber wenig arbeiten, viel Zeit für die eigene Selbstverwirklichung haben. Jeder und jede von uns hat Talente, die er oder sie in die Gesellschaft einbringen kann. Niemand ist vollkommen talentfrei. Manche sind handwerklich begabt (der Autor gehört sicherlich nicht dazu!), manche künstlerisch, einige pragmatisch und können organisieren. Wieder andere sind kreativ und erfinden neue Technologien, gründen gar neue Unternehmen oder sind sozial oder auch karitativ tätig. Manche wählen bewusst den Weg, einfach nichts zu machen und über das Leben nachzudenken. Sie sind vielleicht mit wenig zufrieden und wollen ihr ganzes Leben jenseits von Arbeit verbringen, können sich aber anderweitig in die Gesellschaft einbringen, etwa indem sie sich um ältere Menschen oder auch Kinder kümmern, d. h. unentgeltlich, eigeninitiativ, gesellschaftlich relevant. Idealerweise haben alle Menschen diese Möglichkeit, ihre Fähigkeiten, Talente und Lebenswünsche unter einen Hut zu bringen und unterliegen nicht dem Zwang, etwas Bestimmtes tun zu müssen. Ein Leben in vollkommener Selbstbestimmung und Freiheit.

Gleichzeitig wollen wir in einer idealen Welt leben, in der wir frei unsere Lebenspartner*in auswählen können, Kinder bekommen können, um ihnen ebenfalls die Chance auf ein freies, selbstbestimmtes Leben zu geben. Ein Leben in Harmonie mit der Natur und allen Möglichkeiten der Selbstentfaltung, egal in welchem Elternhaus ich geboren werde. Das darf bei dem individuellen Lebensentwurf keine Rolle spielen. In unserer idealen Welt leben wir mit Jung und Alt, Arm und Reich, konservativ und progressiv harmonisch zusammen: Jeder bringt sich mit seinen Talenten und Fähigkeiten in die Gesellschaft ein, alle unterstützen sich gegenseitig und verfolgen gemeinsam das Ziel eines langen, gesunden Lebens ohne finanzielle Sorgen und im Einklang mit der Natur. Werte wie Solidarität, Hilfsbereitschaft stehen im Vordergrund zu Lasten eines Egoismus, der nur das eigene Wohl im Kopf hat und im darwinistischen Ringen um die besten Plätze mit dem Ellenbogen den Weg freikämpft. Alle Menschen haben ein auskömmliches Leben, keiner muss hungern. Nirgendwo auf der Welt. Die Gier auf immer mehr, mehr Luxus als andere, zu Lasten der Allgemeinheit hat in dieser Welt ebenso wenig Platz wie zu große Ungleichheiten in Einkommen und Vermögen. Schließlich leben wir alle friedlich zusammen bis ans Ende unserer Tage, unterstützt durch eine immer besser werdende Medizin.

Spätestens jetzt werden Sie sich zurecht sagen, eine solche Welt ist vollkommen unrealistisch und weltfremd! Der Autor spinnt und sollte weiter träumen. Das ist ja eine ganz nette Beschreibung eines Traums aber alles andere als die tägliche Realität. Selbstverständlich haben Sie vollkommen recht, was die Realität und meine skizzierte Utopie betreffen. Aber, so meine Gegenfrage, brauchen wir nicht eine Vision, ein Zielbild, auf das wir hinsteuern? Kennen wir dieses Zielbild und können uns darauf einigen, dann kön-

## 5 Alternative: Der reformierte Kapitalismus

nen wir in einem nächsten Schritt überlegen, welche Wirtschaft und welches Wirtschaftssystem uns hilft, eine solche Vision zum Leben zu erwecken. Sicherlich ist unsere Vision nicht in allen Punkten vollständig, man könnte noch weitere Punkte ergänzen: wie wir Gesundheit definieren, welche Bildung unsere Kinder haben sollten, welche Infrastruktur wir uns leisten müssen etc. Das können wir sicherlich beliebig ergänzen. Der Punkt ist aber, wie kommen wir von der heutigen Realität unseres kapitalistischen Systems zumindest einen kleinen, wenn nicht sogar einen großen Schritt weiter in Richtung eines neuen, reformierten Wirtschaftssystems, das uns hilft, unsere Vision zu erfüllen?

Die Realität sieht natürlich heute ganz anders aus, wie wir bereits in Kap. 3 feststellen mussten. Die Umwelt wird von uns schrittweise zerstört. Der Tag naht, an dem diese menschengemachte Veränderung des Klimas zu einer Katastrophe führen wird, mit allen Konsequenzen der Überschwemmungen, Dürre, unerträgliche Hitze, Untergang ganzer Landstriche etc., wenn nicht rechtzeitig gegengesteuert wird. Die Artenvielfalt wird vor unseren Augen täglich dramatisch dezimiert. Kurz gesagt, eine Erde, die in einigen Generationen von heute kaum noch bewohnbar sein wird, wird immer wahrscheinlicher. Globale Massenfluchtbewegungen werden die Folge sein. Kriege um die letzten noch verbliebenen Flecken unserer Erde, die noch klimatisch bewohnbar sind mit ausreichend Nahrung werden realer. Es werden vermutlich noch mehr Menschen hungern. Die Armut wird sich weiter verbreiten zugunsten einer immer kleiner werdenden Gruppe von Menschen, die scheinbar im Überfluss leben. Noch schlimmer: Diejenigen, die an der Einkommens- und Vermögensspitze leben, werden in den nachfolgenden Generationen kaum noch vom Thron gestoßen werden können. Zu unterschiedlich werden die Lebensentwürfe sein, zu statisch die gesellschaftliche

Entwicklung. Dass sich in einer solchen gespaltenen Gesellschaft, in der die meisten um ihr Überleben kämpfen, sich solidarisch verhält und ein zufriedenes, glückliches und gesundes Leben verbringen werden, darf bezweifelt werden. Zugegebenermaßen ist diese Entwicklung sehr überspitzt dargestellt, trifft aber den Kern.

Die Frage, die sich für unsere Zwecke daraus ergibt, ist, wie können wir mit einem geeigneten Wirtschaftssystem gegensteuern, um diese Zustände zu vermeiden? Wie müsste ein realistisches Wirtschaftssystem aussehen, dass ökologisch verträglich, sozial ausgewogen und dem Glück und dem Wohlergehen zumindest einer Nation aber auch der ganzen Welt verpflichtet ist? Da eine Wirtschaftsordnung zumeist nur national definiert werden kann, müssten wir in unseren Überlegungen zunächst mit uns hier in Deutschland beginnen. Ich bin allerdings überzeugt, dass sich unsere Erkenntnisse auch auf viele andere Staaten übertragen lassen. Doch bevor wir uns mit den immer konkreter werdenden Themen und Ausgestaltungsformen einem ökologisch und sozial ausgewogenen, dem Gemeinwohl aller verpflichteten Wirtschaftssystem nachgehen, wollen wir uns zunächst mit einer der drängendsten ökonomischen Fragen stellen. Wieviel Freiheit wollen wir der Wirtschaft einräumen, d. h. wie stark lassen wir das Marktprinzip von Angebot und Nachfrage uneingeschränkt zu und wie stark greifen wir in Form des Staates in die Speichen der Wirtschaft ein?

Diese Frage, die so unschuldig anmutet, hat es wirklich in sich. Im Grunde wird um die Antwort dieser Frage schon seit Beginn ökonomischer Überlegungen gerungen. Begonnen hat die Diskussion in der Moderne mit dem ersten Ökonomen unserer Zeit. Mit dem schottischen Moralphilosophen Adam Smith (ich beziehe mich im Folgenden auf mein früheres Werk, Pietsch, 2022b, S. 45 ff.). Bevor wir auf den be-

## 5 Alternative: Der reformierte Kapitalismus

rühmten Satz von Adam Smith von der „unsichtbaren Hand" eingehen, lassen Sie uns mit ein paar Vorbemerkungen starten. Adam Smith war von seinem Mentor und Freund, dem schottischen Aufklärungsphilosophen David Hume, beeinflusst, der bekanntlich auch den großen Königsberger Philosophen Immanuel Kant aus seinem „dogmatischen Schlummer" riss. Adam Smith beschäftigte sich ähnlich wie sein Freund Hume mit der Frage, unter welchen Bedingungen sich Menschen moralisch verhalten. In seinem Werk zur „Theorie der ethischen Gefühle" (vgl. Smith, 2009b, original: „*Theory of moral sentiments*") analysierte Smith menschliche Eigenschaften, Affekte und wie diese menschlichen Verhaltensweisen beeinflussen. Menschen haben Mitleid miteinander, sie sind mitunter gütig, hilfsbereit, begegnen sich mit Wohlwollen etc. Sie können aber auch anders, können hassen, suchen nach Rache, sind leidenschaftlich und böse. Kurz, Smith beschreibt das komplette Spektrum menschlicher Verhaltensweisen.

Auf Basis dieser Voruntersuchungen in seinem vorherigen Werk kommt Smith schließlich in seinem Hauptwerk über den „Wohlstand der Nationen" (vgl. Smith, 2009a, original Kurztitel „*Wealth of Nations*") u. a. zu dem Schluss, dass es der menschliche Egoismus ist, der den Unternehmer seinen eigenen Wohlstand mehren lässt und damit den der ganzen Nation. Der Unternehmer beabsichtigt nur seinen eigenen Gewinn zu erzielen und wird dadurch „von einer unsichtbaren Hand" geleitet und vermehrt den einer ganzen Volkswirtschaft. Dies ist auch leicht an einem Beispiel nachzuvollziehen. Baue ich ein erfolgreiches Unternehmen auf, in der Absicht, damit Gewinn zu erzielen, schaffe ich dadurch gleichzeitig Arbeitsplätze und Beschäftigung. Diese Beschäftigten erzielen dann ein Einkommen, das sie wieder zu Konsumzwecken für sich und ihre Familien einsetzen können. In der Folge verkaufen auch andere Unternehmen mehr von ihren Produkten und können ihrerseits wieder Mitarbeitende einstellen. Ein Kreislauf, der die ursprüngliche Investition des Unternehmers bzw. der Unternehmerin vervielfacht. So schaffen die erfolgreichen Unternehmer*innen neue Arbeitsplätze und einen landesweiten Wohlstand, obwohl sie eigentlich nur ihren eigenen Gewinn maximieren wollten.

Diese Passage, die in dem sehr umfangreichen Werk nur einmal erwähnt wird, wird immer als Referenz dafür genommen, in Adam Smith den Repräsentanten einer liberalen Wirtschaftsordnung zu sehen. Das bedeutet die Freiheit des Unternehmers, seinen Egoismus auszuleben und damit gleichzeitig den Wohlstand einer ganzen Nation zu befeuern. Dabei hat Smith lediglich in Kontinuität zu seinem früheren moralphilosophischen Werk über die ethischen Gefühle menschliche Eigenschaften erläutern wollen, die ungewollt zu den Auslösern des nationalen Wohlstands werden. Diese Passage der unsichtbaren Hand (kaum jemand hat sich je die Mühe gemacht, das komplette Werk über den Wohlstand der Nationen zu lesen!) wurde dann von den Anhängern der freien Marktwirtschaft freudig aufgegriffen. Der Markt könne sich am besten frei entfalten, ohne staatliche Eingriffe des Staates. Dieser wisse am besten, wie sich Angebot und Nachfrage die Waage halten. Staatliche Eingriffe seien dagegen nur schädlich, da sie die freie Entfaltung der Marktgesetzmäßigkeiten nur hinderten. Der Staat solle nur die innere und äußere Sicherheit garantieren, die Gesetze und Regelwerke, innerhalb derer sich die Marktgesetze frei entfalten können. Ansonsten solle er sich aus dem Marktgeschehen tunlichst fernhalten. Aus dieser positiven Haltung hinsichtlich der Unfehlbarkeit des Marktes haben sich Generationen von Ökonom*innen bis zum heutigen Tage leiten lassen (man denke etwa an die Frage, wie sich der Klimawandel bekämpfen lasse, mit oder

## 5 Alternative: Der reformierte Kapitalismus

ohne Marktmechanismen in Form eines Emissionshandels). Der US-amerikanische Ökonom und Alfred-Nobel-Gedächtnispreisträger für Ökonomie, Joseph Stiglitz, hat das in seinem neuesten Werk sehr anschaulich nachgezeichnet (vgl. Stiglitz, 2024, S. 22 ff.).

Einer dieser wirkmächtigen Vertreter einer freien Marktwirtschaft war der gebürtige Österreicher, Friedrich August von Hayek (vgl. Pietsch, 2022b, S. 178 ff.). In seinem epochemachenden Werk „Der Weg zur Knechtschaft" („*The road to serfdom*", vgl. Hayek, 2007/1944) warnte er eindringlich davor, den Staat in die Wirtschaft eingreifen zu lassen. Der Kerngedanke von Hayek lässt sich am besten so zusammenfassen, dass Freiheit und ein Rechtsstaat, in dem alle Bürger*innen frei und selbstbestimmt leben können, nur in einer freien Marktwirtschaft möglich seien. Je mehr der Staat in das Leben der Bürger*innen eingreife, desto mehr würden sie entmündigt und vom Staat beherrscht. Infolgedessen solle der Staat nur den Rahmen setzen und sich ansonsten aus dem Wirtschaftsgeschehen heraushalten. Eine Planwirtschaft nationalsozialistischer Prägung (das Buch entstand zwischen 1940 und 1943!) sei unmittelbar mit einer Herrschaft des Staates über seine Bevölkerung verbunden. Platt gesagt, nur eine freie Marktwirtschaft kann die Freiheit der Bürger*innen eines Staates sicherstellen. Folglich hielt Hayek auch nichts von einer staatlichen Steuerung der Konsum- und Investitionsausgaben der Unternehmen. Der Staat solle lediglich die Rahmenbedingungen setzen, etwa Gesetze, Regeln aber auch äußere und innere Sicherheit.

Auf diesen Ideen setzte auch der US-amerikanische Ökonom Milton Friedman auf (vgl. vertiefend Pietsch, 2022b, S. 217 ff.). In seinem 1962 erschienen Werk „Kapitalismus und Freiheit" (vgl. Friedman, 2016, original: „*Capitalism and Freedom*") beschrieb Friedman seine Ideen eines freien, ungezügelten Marktes und wurde Rollenmodell für eine

Reihe von liberalen Ökonom*innen, die ihn in seinem intellektuellen Weg folgten. Wirtschaftliche und politische Freiheit seien nicht voneinander zu entkoppeln. Das eine bedinge das andere. Wolle man also in einer freien Gesellschaft leben, dann müsse man wohl oder übel eine freie Marktwirtschaft zulassen. Wie er sich das konkret vorstellte, schilderte Friedman ausführlich in diesem Buch. Die Wirtschaft solle ausschließlich auf freien und privaten Unternehmer*innen beruhen. Der Staat sei lediglich Spielleiter bzw. Schiedsrichter, falls sich die Marktteilnehmer*innen nicht an die vorgegebenen Regeln halten.

Konkret sichert der Staat das Eigentumsrecht und setzt den rechtlichen Rahmen, in dem sich die Bürger*innen bewegen. Ferner sorgt der Staat für den freien und ungehinderten Wettbewerb. Das bedeutet nichts anderes, als dass Monopole und Kartellbildungen vom Staat verhindert werden müssen. Ansonsten sind Staatseingriffe in die Wirtschaft nur in Ausnahmefällen erlaubt. Friedman lehnte Subventionen jeglicher Form ab, seien es Preissubventionen in der Landwirtschaft oder subventionierte Wohnungsbauprojekte. Importsteuern oder -kontingente dürfe es genauso wenig geben wie staatliche Produktionsüberwachung, Mietkontrollen (also vergleichbar einer heutigen Mietpreisbremse) oder gesetzlich fixierte Mindestlöhne. Selbst gebührenpflichtige Straßen oder auch staatliche Pensions- und Rentenprogramme lehnte Friedman ab. Bildung sei durch Bildungsgutscheine dann von den Betroffenen auf dem Markt zu organisieren. Die Geldpolitik sei auch nicht durch eine zentrale Bank zu leisten von Menschen, die aktiv in den Geldkreislauf eingreifen und dadurch das Marktsystem nur aus dem Gleichgewicht bringen würden. Stattdessen seien Wachstumsraten der Geldmenge lieber innerhalb eines gewissen Korridors vorzugeben und somit einem Automatismus unterworfen.

## 5 Alternative: Der reformierte Kapitalismus

Der internationale Handel könne gemäß Friedman nur gedeihen, wenn alle Handelsbeschränkungen wie etwa Zölle oder Steuern abgeschafft oder minimiert würden. Zölle würden im Übrigen allen Beteiligten schaden, da diese in allen betroffenen Ländern die Güterpreise unnötig erhöhten. Das Einkommen der Bevölkerung solle nach Leistungsgesichtspunkten verteilt werden. Platt gesagt, wer mehr leistet als andere, solle auch mehr erhalten. Von progressiven Steuern oder Erbschaftssteuern hielt Friedman wenig, da die Reichen sowieso begnügend Steuerschlupflöcher fänden und so im Schnitt prozentual weniger Steuern zahlten als die ärmeren Teile der Bevölkerung. Stattdessen setzte er sich für eine proportionale Steuer von 23,5 % auf alle Einkommensklassen ein. In der Sozialpolitik setzte Friedman sehr stark auf die Reichen. Diese sollten freiwillig durch Spenden, Almosen etc. die Armen unterstützen. Dabei setzt Friedman sehr stark auf private Initiativen und nicht auf den Staat. Der Staat wird aus der Wirtschaft maximal herausgehalten gemäß dem Credo, das Friedman in den letzten Seiten seines Werks „Kapitalismus und Freiheit" noch einmal herausstellt (vgl. Friedman, 2016, S. 232):

„Das Fundament der liberalen Philosophie ist der Glaube an die Würde des Einzelnen, an seine Freiheit zur Verwirklichung seiner Möglichkeiten in Übereinstimmung mit seinen persönlichen Fähigkeiten mit der einzigen Einschränkung, dass er nicht die Freiheit anderer Personen beschränke, das Gleiche zu tun. Dies impliziert den Glauben an die Gleichheit der Menschen in einer Beziehung: ihrer gegenseitigen Ungleichheit."

Diesem Konzept der maximal möglichen Freiheit in Wirtschaft und Gesellschaft setzt der britische Ökonom John Maynard Keynes, wie Friedman einer der bedeutendsten Ökonomen des 20. Jahrhunderts, sein Konzept der staatlich unterstützten Marktwirtschaft entgegen (vgl. im Folgenden u. a. Pietsch, 2022b, S. 191 ff.). Keynes, ein genauer Beobachter der ökonomischen Entwicklungen seiner Zeit, hatte erkannt, dass der ungebrochene Glaube an die Selbstheilungskräfte des Marktes unbegründet war. Während der französische Ökonom Jean Baptiste Say in seinem berühmten Theorem behauptet hatte, jedes Angebot schaffe sich seine Nachfrage selbst, konnte Keynes erkennen, dass es im System flexibler Preise und Löhne zu einem Gleichgewicht kommen kann und dennoch Arbeitslosigkeit herrscht. Wenn die Nachfrage das Angebot übersteigt, steigen Güterpreise und Löhne. Ist das Gegenteil der Fall, dann sinken die Preise wieder so lange, bis es zu einem Gleichgewicht von Angebot und Nachfrage kommt. Doch das war ganz und gar nicht der Fall. In der klassischen Ökonomie war eine unfreiwillige Arbeitslosigkeit gar nicht vorgesehen, da der Markt über die Preise Angebot und Nachfrage steuert und unweigerlich zu einem Gleichgewicht bringt. Es kann gemäß Keynes dennoch passieren, dass die Gesamtnachfrage nach Arbeitsplätzen größer ist als die gesamte Beschäftigungsmenge. Ein automatisches Gleichgewicht gäbe es folglich nicht. Dies passiere hauptsächlich dann, wenn die Arbeitslöhne so hoch seien, dass die Unternehmen zu diesem Lohn nicht genügend Arbeitsplätze anbieten.

Damit zerstörte Keynes den nahezu religiösen Glauben an die Selbstheilungskräfte des Marktes: Wenn der Markt von sich heraus nicht mehr zu einem Gleichgewicht zurückfindet, in dem alle potenziellen Erwerbstätigen auch tatsächlich eine Arbeit finden, dann muss in die Marktkräfte eingegriffen werden. Denn ungewollte Arbeitslosigkeit kann niemand gut finden. Es kommt aus Sicht von Keynes zu dieser Arbeitslosigkeit, da die Menge an Personen, die einen Arbeitsplatz suchen, die Zahl der von Unternehmen

## 5 Alternative: Der reformierte Kapitalismus

zu einem gewissen Lohnniveau angebotenen Stellen deutlich überschreitet. Ursache dafür sei die fehlende Nachfrage der Menschen u. a. nach den Produkten des Unternehmens.

Je weniger nachgefragt wird, desto weniger wird produziert und desto weniger Mitarbeitende benötige ich, um diese Produkte herzustellen. Diese fehlende Nachfrage resultierte vor allem aus dem zu geringen Konsumniveau der privaten Haushalte, der fehlenden Investitionen von privaten, aber auch staatlichen Unternehmen und Einrichtungen. Der private Konsum wird vor allem durch das netto dem Haushalt zur Verfügung stehende Einkommen beeinflusst, die Investitionen der Unternehmer u. a. durch das Zinsniveau und des Staates durch sein Haushaltsbudget. Private Haushalte werden konsumieren, wenn sie genügend Geld zur Verfügung haben und die Erwartung hegen, dass dies auch in absehbarer Zukunft der Fall sein wird. Das ist letztlich auch eine Frage der Ausgestaltung der Steuern. Eine Erhöhung der Steuern wie etwa der Einkommenssteuer lässt das netto verfügbare Einkommen schrumpfen und reduziert den Konsum. Sehen sie darüber hinaus Krisen am Horizont, wie das aktuell beim Abfassen dieser Zeilen der Fall ist mit dem Ukrainekrieg, dem Konflikt im Nahen Osten und in Zeiten der Rezession, werden sie ihren Konsum auf das Nötigste drosseln. Unternehmen investieren etwa in neue Werke, Märkte oder auch Tochtergesellschaften, wenn sie darin geeignete Strategie zum profitablen Wachstum erkennen und über ausreichend finanzielle Mittel verfügen. Der Staat schließlich sollte ebenfalls über ausreichende Mittel, sprich Steuereinnahmen, verfügen, um entsprechend investieren zu können.

Natürlich war Keynes bewusst, dass darüber hinaus weitere Faktoren eine Rolle spielen wie etwa Zukunftserwartungen, strategische Unternehmensüberlegungen oder auch politische Prozesse im Falle des staatlichen Handelns.

Die Quintessenz für Keynes war letztlich: Der Markt schafft es nicht alleine, der Staat muss eingreifen und die fehlende effektive Nachfrage stimulieren. Marktpuristen wie Friedman und Hayek hätten diese staatlichen Eingriffe in die Wirtschaft vermieden wie der Teufel das Weihwasser. Keynes dagegen sah darin die einzige Möglichkeit, die fehlende Nachfrage zu kompensieren. So forderte er den Eingriff des Staates zugunsten des Steuersystems, des Zinssatzes und vor allem eine umfassende Steuerung der Investitionen (vgl. Pietsch, 2022b, S. 214). Niedrigere Steuern, niedrige Zinsen und massive Investitionen etwa in die staatliche Infrastruktur erhöhen die Nachfrage und schließen somit die Lücke, was wiederum die Beschäftigung und die Konjunktur ankurbelt. Niedrigere Einkommens- und Verbrauchssteuern regen den Konsum der privaten Haushalte über ein höheres Nettoeinkommen an. Gleichzeitig verleiten niedrige Zinsen zur Aufnahme von Krediten z. B. zum Immobilienkauf oder sonstigen Kreditgeschäften, die wiederum die betroffenen Branchen zu mehr Beschäftigung verhelfen, etwa die Baubranche. Niedrigere Zinsen lassen auch Unternehmen stärker investieren, da die Aufnahme von Fremdkapital deutlich günstiger wird. Letztlich bringt ein milliardenschweres Investitionspaket des Staates einen enormen Nachfrageimpuls mit sich: Investiert der Staat vor allem in Zukunftstechnologien wie Künstliche Intelligenz, Digitalisierung aber auch Straßen, staatliche Gebäude und Einrichtungen, dann werden so in Zukunftsfeldern Arbeitsplätze geschaffen, die der Markt von sich aus alleine nicht entwickeln kann.

Was halten wir am Ende dieses Kapitels über die ideale Welt und die dazu passende Ökonomie fest? Wir wollen in einer bewohnbaren Welt leben, die uns allen die Möglichkeit bietet, mit unseren Liebsten und allen anderen Men-

## 5 Alternative: Der reformierte Kapitalismus

schen in Frieden unbeschwert leben zu können. Niemand soll hungern, alle sollten auskömmlich leben können. Idealerweise sind die sozialen Unterschiede nicht so groß, dass einige verhungern während andere nicht wissen, wie sie ihr Geld ausgeben können. Wir sollten alle idealerweise eine Arbeit haben, die uns Freude macht und unseren Fähigkeiten gemäß ist. Alle sollten darüber hinaus die Chance haben, diesen Beruf zu ergreifen, unabhängig von der Herkunft und vor allem den finanziellen Möglichkeiten. Eine Ökonomie, die dazu passt, sollte also folgende Ziele verfolge: Sie sollte

- Ökologisch verträglich,
- Sozial ausgewogen sein und
- Das Glück und das Wohlbefinden aller Beteiligten sicherstellen.

Ohne eine solche Vision, ein Narrativ, werden wir nicht an einem Idealbild eines reformierten Kapitalismus arbeiten können. Darüber hinaus haben wir gesehen, dass der Markt von sich aus nicht in der Lage ist, diese Ziele zu erreichen. Wie John Maynard Keynes nachdrücklich gezeigt hat, wird dieses Narrativ nur zu erreichen sein, wenn der Staat, also wir alle, aktiv in die Wirtschaft eingreift. In welcher Form das geschehen sollte, werden wir uns zunächst grob anhand einiger Kernideen in den nächsten Kapiteln überlegen, bevor wir dann konkrete Elemente im 6. Kapitel skizzieren wollen. Dabei werden wir sicherlich auf die eine oder andere innovative Idee zurückgreifen, die wir in Kap. 4 ausführlich erläutert haben. Doch fangen wir zunächst mit den Kernideen oder auch Kernprinzipien eines reformierten Kapitalismus an.

## 5.2 Kernprinzipien eines reformierten Kapitalismus

Jeder Wirtschaftsordnung, die nachhaltig die Zukunft bestimmen und überdauern will, liegen unweigerlich klare Kernprinzipien zugrunde, der sie folgt. Dies war bereits in der Phase nach dem Zweiten Weltkrieg so, als es darum ging, mit Hilfe einer neuen Wirtschaftsordnung aus den Trümmern Nachkriegsdeutschlands wieder ein prosperierendes Land zu errichten. Der damalige intellektuelle Impulsgeber, der Kölner Wirtschaftsprofessor und spätere Staatssekretär von Ludwig Erhard im Wirtschaftsministerium, Alfred Müller-Armack, entwickelte so auch die Grundlagen der Sozialen Marktwirtschaft. In seiner bahnbrechenden Schrift „Wirtschaftslenkung und Marktwirtschaft" (Müller-Armack, 1946/1990), die später auch die Grundlage für die neue Wirtschaftsform in der 1949 gegründeten Bundesrepublik wurde, unterstrich Müller-Armack die enge Verbindung zwischen den Idealen und Zielen der Menschen mit der dazu passenden Wirtschaftsordnung. So schrieb Müller-Armack (Müller-Armack, 1946/1990, S. 72):

> „Wenn wir die Frage nach der unserer Gegenwart angemessenen Wirtschaftsordnung als das Grundproblem der heutigen Wirtschaftspolitik bezeichnen, so darf dies nicht dahin missverstanden werden, als sei gegenwärtig alles in Frage gestellt und als handele es sich für uns darum, gleichsam die letzten Ziele des Wirtschaftens neu zu bestimmen. Ich glaube, einen Vorzug unserer gegenwärtigen Situation bildet die Übereinstimmung in den Idealen und Zielen, um die es heute geht. Dass auch im Wirtschaftlichen die persönliche Freiheit und Menschenwürde wiederhergestellt wird, dass alles zu tun ist, um einen schnellen und wirksamen Wiederaufbau des Zerstörten zu erreichen, dass soziale Gerechtigkeit und wirtschaftlicher Wohlstand erstrebt werden, darüber dürfte insgesamt Einhelligkeit bestehen."

## 5 Alternative: Der reformierte Kapitalismus

Die Wirtschaftsordnung als Kernfrage der heutigen Wirtschaftspolitik. Ich würde sogar so weit gehen zu behaupten, dass es augenblicklich die Kernfrage alles zielorientierten wirtschaftlichen Handelns ist. In Zeiten, in denen das kapitalistische System insgesamt infrage gestellt (vgl. Pietsch, 2024) oder zumindest stark kritisiert wird, sind solche Überlegungen zum geeigneten Wirtschaftssystem, die Kernpunkte von Wirtschaft und Gesellschaft. Dabei geht es auch hier weniger darum, ein erfolgreiches System grundsätzlich infrage zu stellen, sondern darum, es auf Basis prinzipieller Erörterungen zu reformieren. Dabei richtet sich die anzustrebende Wirtschaftsordnung an Kernprinzipien aus, die sich durch die bereits in den vorherigen Kapiteln diskutierten Idealen und Ziele ergeben. Was nach dem Zweiten Weltkrieg entscheidend war, nämlich der schnelle Wiederaufbau Deutschlands aus den Trümmern eines langen Krieges, stellt sich heute natürlich etwa anders dar. An welchen Idealen und Prinzipien muss sich diese neue, reformierte Wirtschaftsordnung ausrichten? Woran muss sie sich messen lassen?

Wir haben bereits im vorherigen Abschn. 5.1 die Grundlagen für unsere Kernprinzipien gelegt, die wir nun noch entsprechend ausformulieren müssen. Ich sehe vor allem folgende 5 Prinzipien:

1. Vereinbarkeit von Ökonomie und Ökologie. Die Wirtschaftsordnung muss so gestaltet werden, dass die Erde bewohnbar bleibt und wir und die Generationen nach uns noch möglichst lange Freude an ihr haben.
2. Maximaler Wohlstand für alle Menschen. Es sollte möglichst allen Menschen gut gehen. Sie sollten in Freiheit leben können und ihre täglichen Bedürfnisse stillen können. Maximaler Wohlstand für alle. Gemeinwohl vor Individualwohl. Dies kann zwar im Staat nur national definiert werden, sollte aber globale Ausstrahleffekte mit sich bringen.

3. Solidarität, Gerechtigkeit und Leistungsprinzip. Die reformierte Wirtschaftsordnung sollte dafür sorgen, dass es gerecht zugeht und Werte wie Gerechtigkeit, Solidarität aber auch Leistungsbereitschaft Hand in Hand gehen. Das Wir kommt vor dem ich und das Ich darf das Wir nicht ausnutzen. Gegenseitige Solidarität, Vertrauen und Verlässlichkeit sind gefordert.
4. Glück und Zufriedenheit als Maßstab. Die geistige und physische Gesundheit der Menschen, ihr Glück und Zufriedenheit sollten durch diese reformierte Wirtschaftsordnung maximal möglich gefördert werden. Das Glück der Menschen als Maßstab, nicht das materielle Wohlbefinden alleine. Wenn es stimmt, dass wir nur ein einziges Leben haben, dann sollte es wirtschaftlich so gestaltet werden, dass wir am Ende nichts bereuen müssen.
5. Das optimale Verhältnis von Staat und Markt. Der Markt alleine kann das Gemeinwohl der Bevölkerung nicht sicherstellen. Der Staat muss wohldosiert in die Marktprinzipien eingreifen, um das Maximum an Gemeinwohl zu schaffen und weniger die Optimierung des Einzelwohls verfolgen.

Hehre Prinzipien. Zugegeben. Aber keine Wirtschaftsordnung ohne klare Prinzipien oder Ideale, an denen man den Erfolg seiner Wirkung messen kann. Was auf den ersten Blick sehr esoterisch anmutet, wird schnell konkreter, wenn man diese Prinzipien inhaltlich mit Leben füllt und weiter ausformuliert. Ich möchte das im Folgenden versuchen, ohne bereits in detaillierte, operative wirtschaftspolitische Inhalte zu gehen. Dies wird vor allem Aufgabe des Kap. 6 werden. Beginnen wir mit dem ersten Prinzip, das ich die Vereinbarkeit von Ökonomie und Ökologie nennen möchte.

## 5 Alternative: Der reformierte Kapitalismus

# Vereinbarkeit von Ökonomie und Ökologie

Es kann heute, im Jahr 2025, keinerlei Zweifel mehr darangeben, dass wir die Klimakatastrophe aufhalten müssen. Dies ist die herausforderndste Aufgabe der Menschheit. Die Verzweiflung gerade junger Menschen wächst täglich, dass wir die dringend notwendige Eindämmung der Erderwärmung auf das 1,5 Grad Ziel im Vergleich zum vorindustriellen Zeitraum unbedingt erreichen müssen. Das muss das übergeordnete Ziel von uns allen sein. Die reformierte Wirtschaftsordnung, an der wir gemeinsam intellektuell arbeiten, kann allerdings nur innerhalb der staatlichen Grenzen gelten, sollte aber als globales *Role Model* herhalten können. Wir müssen dadurch sicherstellen, dass die ökologische Katastrophe noch aufgehalten wird, konkret (vgl. auch Pietsch, 2020, S. 260 ff.).

Wir müssen die Erderwärmung stoppen, den globalen Wasserverbrauch verringern, die Bedrohung der Arten stoppen, die Verschmutzung zu Wasser, Land und Luft aufhalten und die endlichen Rohstoffe aufhören auszubeuten. Damit das gelingt, werden wir die gesamte Bevölkerung mitnehmen müssen, nicht nur diejenigen, die diese Maßnahmen und Prinzipien bereits verinnerlicht haben. So wird eine Wirtschaftsordnung nicht funktionieren, die nur auf Verbote setzt und damit einen großen Teil der Bevölkerung abhängt. Konkrete Eingriffe des Staates in die Wirtschaft wie etwa ein Verbot von Flugreisen, Autos generell oder auch Kreuzfahrten wird ebenso wenig realistisch und sinnvoll sein wie ein staatliches Verbot des Fleischverzehrs. Im Gegenteil, werden solche radikalen und die Freiheit und das Selbstbestimmungsrecht der Menschen eingreifenden Maßnahmen eher die Reaktanz und den Widerstand der Menschen anregen als ein Konsensmodell fördern. Wir könnten es uns in der Theorie, im akademischen Elfenbeinturm einfach machen und eine solche utopische Wirtschaftsordnung vorschlagen. Doch hier geht es vielmehr darum, gemeinsam zu überlegen, wie eine realistische und umsetzbare Wirtschaftsordnung in Deutschland gestaltet werden kann, die eine sinnvolle Alternative zur bisherigen sein kann. Die darüber hinaus die Mehrheit der Bevölkerung hinter sich bringt.

Es wird ebenfalls kein Königsweg sein, ein Wirtschaftsmodell vorzugeben, das unrealistischerweise schrumpft und damit die Konjunktur und den Wohlstand abwürgt. Wie ich bereits in meinem letzten Buch gezeigt habe (vgl. Pietsch, 2024, S. 143 ff.), existieren viele Gründe für einen Wachstumszwang des Kapitalismus. Unternehmen müssen genügend Geld verdienen, um ihre Beschäftigten zu finanzieren. Stillstand in der Weiterentwicklung des Unternehmens am Markt und bei den Kunden führt dazu, dass der Bedarf an den Produkten des Unternehmens nun von einem anderen Unternehmen gedeckt wird. Wettbewerber bedienen den Markt und gewinnen Marktanteile, sollte sich ein Unternehmen zu Stillstand oder gar Schrumpfen entscheiden. Kapitalgeber müssen überzeugt werden, in das Unternehmen zu investieren oder gar Aktionäre an den Dividenden beteiligt werden etc.

Dazu muss ein überzeugendes Wachstumskonzept präsentiert werden. Würden Sie als Aktionär*in in ein Unternehmen investieren, das ein Nullwachstum oder gar ein Schrumpfen des Unternehmens zum Ziel hat? Darüber hinaus führen Produktivitätsgewinne durch technologische oder sonstige Innovationen dazu, dass immer mehr Produkte mit immer weniger Menschen hergestellt werden können. Entweder wird dann mehr produziert oder Mitarbeitende werden überflüssig. Stillstand oder Schrumpfen sind keine Option. Entlassene Mitarbeitende kaufen weniger bei anderen Firmen ein, die wiederum werden weniger verkaufen, verdienen und entsprechend auch Mitarbeitende entlassen. Ein Kreislauf. Die Herausforderung unseres reformierten Kapitalismus besteht nun darin, eine wachsende Wirtschaft zu fördern, die die Erde am Ende nicht ausbeutet und weder die Klimakatastrophe weiter beschwört noch die seltenen Rohstoffe unwiederbringlich verzehrt. Wie das konkret aussehen könnte, sehen wir uns im 6. Kapitel näher an. Hier geht es lediglich darum zu überlegen, was hinter dem etwas allgemein gehaltenen Stichwort der Versöhnung von Ökologie und Ökonomie steckt.

## Maximaler Wohlstand für alle Menschen

Wiewohl dies ein Idealszenario für die ganze Welt sein dürfte, sollte unsere reformierte Wirtschaftsordnung zumindest die Grundlagen für einen maximalen Wohlstand aller Menschen legen und konkret im eigenen Staatsgebiet umsetzen können. Niemand sollte mehr verhungern oder verdursten. Jeder Mensch aber auch jede*r Bürger*in unseres Landes sollte die täglichen physischen und psychischen Bedürfnisse stillen können. Das fängt von der ausreichenden Nahrung und Kleidung an, geht über ein Dach über den Kopf bis hin zu einer bezahlbaren Gesundheitsvorsorge. Genügend zu essen und trinken zu haben, ein wohnliches Zuhause und Gesundheit sind die Grundlagen des Menschseins im 21. Jahrhundert! Bevor das nicht sichergestellt ist, brauchen wir über andere Aspekte der Wirtschaft wie etwa die soziale Gerechtigkeit gar nicht zu reden. Dies muss zuallererst garantiert werden können, um das Überleben einer Gesellschaft zu sichern.

Es ist auch keine Frage der politischen Positionierung, etwa ein „linkes" Thema. Es ist schlicht und ergreifend ein Menschenrecht! Wenn wir auch nicht proaktiv die Wirtschaftsordnung in anderen Ländern definieren können, so sollten wir doch an die vielen anderen Länder und Menschen denken, mit denen wir diese Erde teilen. Es darf weder sein, dass Hunderttausende von Kindern in unserem reichen Deutschland hungern oder hungrig zur Schule gehen, noch dass Menschen im Alter nicht von ihrer Rente leben können, wiewohl sie lange gearbeitet und in die Rentenkasse eingezahlt haben. Armut kann nach einem schweren Schicksalsschlag viele treffen, vielfach vor allem die Kinder ohne deren eigenes Verschulden. Schnelle Rezepte allerdings, die vorschlagen, einfach von den Reichen ab einem bestimmten Vermögen Geld wegnehmen zu wollen, wie etwa das Konzept des Limitarismus propagiert (vgl. Abschn. 4.3), greifen dagegen zu kurz. Auch hier wird es in der praktischen Umsetzung einer reformierten Wirtschaftsordnung darauf ankommen, möglichst alle Menschen mitzunehmen und demokratische Mehrheiten für eine solche Ordnung zu gewinnen. Es bringt nichts, ein „Wir gegen die", etwa die Reichen gegen die Armen, die Erbengeneration gegen die, die nichts erben werden, auszuspielen.

Es ist eine nette und einfache Idee, eine politische Utopie, einfach denen, die nicht wissen wohin mit ihrem Geld (auch das stimmt häufig nicht!), es wegzunehmen und denen zu geben, die hungern. Den einen tut es nicht weh, so scheint es, die anderen können dadurch schlicht überleben. So einfach und naheliegend der Gedanke ist, so unrealistisch ist seine Umsetzung. Eine Wirtschaftsordnung, die darauf beruht, dass ich willkürlich von einer vermögenden Person etwas wegnehme, um es einem sozial Benachteiligten zu geben, schafft keine Rechtssicherheit. Etwas anderes wäre es zu überlegen, welchen Beitrag die Gemeinschaft, der Staat, von denen verlangen kann, denen es finanziell gut geht, um den Wohlstand aller sicherzustellen. Starke Schultern tragen mehr als schwache. Doch der Teufel liegt im Detail. Einfache Antworten auf komplexe Fragen bringen nichts und schüren nur die Aggression und den Kampf des „Wir gegen die". Eine solche gesellschaftliche Polarisierung bringt niemandem etwas, so gut sich auch Bücher verkaufen lassen, die eine gnadenlose Umverteilung von oben nach unten propagieren. Die Misere der einen, der Armen, beseitigen und die anderen, die Vermögenden, überproportional dazu beitragen zu lassen. Daraus wird noch am ehesten ein Schuh. Wie das konkret aussehen könnte, werden wir uns im Detail und ausführlich im 6. Kapitel ansehen. Dass wir das Rad nicht jedes Mal neu erfinden müssen und zum Teil auf in der Vergangenheit oder anderswo bewährte Konzepte zurückgreifen können, werden wir ebenfalls später sehen.

## Solidarität, Gerechtigkeit und Leistungsprinzip

Das neue oder reformierte Wirtschaftssystem muss vor allem dem Umstand Rechnung tragen, dass der zunehmenden Ungleichheit in Einkommen und Vermögen entgegengewirkt wird. Entgegen der Meinung, man könne willkürlich Vermögen auf ein bestimmtes Maximum begrenzen und den Rest vom Staat konfiszieren (s. das Abschn. 4.3 über den Limitarismus), muss der reformierte Kapitalismus über realistische Maßnahmen verfügen, dieses Ungleichgewicht zu beenden. Zunächst gilt das Solidaritätsprinzip mit den Armen, Schwachen und Ausgegrenzten der Gesellschaft. Jüngere sorgen für die Älteren, Ältere geben ihre wertvolle Erfahrung an die Jüngeren weiter. Gerechtigkeit hat zwei Seiten der Medaille. Auf der einen Seite soll der, der mehr arbeitet und leistet, am Ende mehr in der Tasche haben als derjenige, der das nicht zu leisten vermag oder will. Andererseits muss auch denen geholfen werden, die sich nicht mehr selbst helfen können oder die im Wettbewerb der Leistungsstärksten am Markt durch das Rost fallen. Sie müssen unterstützt werden und die Gelegenheit haben, jederzeit wieder aus eigener Kraft aus dieser Phase herauszukommen. Stichwort: Mehr Chancen- und Bildungsgerechtigkeit.

Diejenigen, die aus eigener Kraft Unternehmen aufbauen, Arbeitsplätze schaffen und unter Inkaufnahme eines unternehmerischen Risikos im großen Stil investieren und häufig auch privat haften, müssen am Ende auch den Lohn ihrer Mühen einstreichen können. Reichtum ist nicht *per se* verwerflich und muss nicht zwangsweise begrenzt werden! Es kommt darauf an, wie er zustande gekommen ist und wie er verwendet wird. In diesem Sinne wird es darauf ankommen, die starken Schultern zur Lösung der Krise bzw. hinsichtlich der Herausforderungen der Armut und der sozial Benachteiligten überproportional zur Kasse zu bitten. Allerdings so, dass die Leistungsbereitschaft und die Lebensleistung der Menschen, die es zu Reichtum gebracht haben, nicht annulliert wird. Erfolgreiche Unternehmer*innen sollen im Gegenzug zu den Arbeitsplätzen und den Wohlstand, den sie schaffen, auch ihr erarbeitetes Vermögen mehrheitlich behalten dürfen. Dies betrifft vor allem Überlegungen zu einer Erbschafts- und Vermögenssteuer. Andererseits sind sie besonders gefordert, wenn es z. B. darum geht, die Armut im Land zu beseitigen. Der Markt wird von sich alleine heraus die sozialen Fragen nicht beantworten können. Das müssen wir alle gemeinsam und die Vermögenden entsprechend zu einem höheren Grad leisten.

Konkrete und gelebte Solidarität sorgt für eine materiell vergleichsweise sorgenfreie Jugend mit einem Dach über den Kopf, genug zum Anziehen und zu essen. Dass heute immer noch etwa 800.000 arme Kinder und Jugendliche hungrig zur Schule gehen müssen, muss sofort aufhören. Ein leerer Magen lernt genauso wenig wie ein zu voller, wie der Volks-

## 5 Alternative: Der reformierte Kapitalismus

mund sagt. Bildung muss allen zugänglich sein, im Zweifel gefördert von der Solidargemeinschaft, wenn es nicht anders geht. Kinder dürfen nicht alleine dadurch einen Vorteil haben, dass sie vermögende Eltern haben, die vielleicht zudem noch Akademiker*innen sind und ihnen den Weg in die Zukunft mühelos bahnen können. Nicht, dass das den Kindern nicht zu gönnen wäre. Doch auch die Kinder aus sozial benachteiligten Haushalten, Kinder mit Migrationsbiografie und (noch) nicht ausreichenden Sprachkenntnissen müssen besonders gefördert werden. Da gibt es noch viel zu tun und unser neues Wirtschaftssystem muss das unterstützen.

Es darf auch keine Altersarmut mehr geben. Ein Leben, das der Arbeit gewidmet war, aber in der aktiven Zeit nicht genügend eingebracht hat, um im Alter sorglos zu leben. Menschen, die ihr angestammtes Zuhause, ihre Wohnungen im Alter verlassen müssen, weil die Rente für die Miete nicht mehr ausreicht. Gerade in Metropolen wie München aber auch bereits in bestimmten mittelgroßen Städten und Gemeinden zwingen die hohen Mietpreise die Menschen, weiter rauszuziehen, um die Miete noch stemmen zu können (vgl. dazu auch die alarmierende Studie des DIW, vgl. DIW, 2024). Schlimmstenfalls müssen sie trotz körperlicher und geistiger Beeinträchtigungen weiterarbeiten. Ein menschenwürdiges Leben muss in einem so reichen Land wie Deutschland jeder leben können! Dabei haben wir noch nicht über die Alterseinsamkeit gesprochen: Menschen, deren lebenslanger Partner gestorben ist und die keinen Anschluss mehr finden an die Gemeinschaft der anderen Menschen. Sie müssen alle mitgenommen werden. Solidarität ist mehr als materielle Umverteilung. Diese Werte können natürlich von einem Wirtschaftssystem nicht verordnet werden. Doch können sie je nach Ausgestaltung der Wirtschaft zu Solidarität und Gerechtigkeit angeregt werden. Doch wir werden es später in der konkreten Definition des reformierten Kapitalismus sehen. Es gibt leider keine einfachen Antworten auf die komplexen Fragen des Lebens.

## Glück und Zufriedenheit als Maßstab

Für gewöhnlich wird das Wirtschaftswachstum am Bruttoinlandprodukt (BIP) gemessen. Konkret misst sie die jährliche Wertschöpfung eines Landes, gemessen am Gesamtwert aller Waren und Dienstleistungen, den eine Volkswirtschaft erbringt. Davon werden dann die dazu benötigten Vorleistungen oder Zulieferungen wie etwa Rohstoffe etc. abgezogen. Das Problem an dieser Wirtschaftskennzahl ist allerdings, dass sie nur materielle Größen betrachtet, die auch messbar sind. Was dagegen nicht gemessen wird, sind Faktoren wie Glück, Zufriedenheit, Sicherheit, Bildung etc. Daher wird bereits seit Jahren ein sogenannter *World Happiness Report* erstellt, der Auskunft darüber geben soll, wie sich die Bewohner*innen eines Landes *in puncto* Glück und Zufriedenheit fühlen. Gemessen werden konkret sechs Parameter (vgl. Janson, 2023): soziale Unterstützung, Einkommen, Gesundheit, Freiheit, Großzügigkeit und die Abwesenheit von Korruption. Wieder andere Indizes wie der Human Development Index (HDI) messen den Index der menschlichen Entwicklung. Vom Ökonomen und Philosophen Amartya Sen entwickelt und jährlich in den Ländern der UN gemessen (vgl. vertiefend Pietsch, 2022b, S. 275 f.), enthält der HDI drei Indikatoren (vgl. Human Development Index, 2024):

1. Gesundheit, gemessen anhand der Lebenserwartung bei der Geburt.
2. Bildung, gemessen anhand der Ausbildungsjahre, die jemand im Alter von 25 Jahren absolviert hat, addiert um

die erwarteten Ausbildungsjahre eines Kindes im Grundschulalter.
3. Lebensstandard, gemessen am Bruttonationaleinkommen pro Kopf der Bevölkerung.

Kerngedanke dieser Messungen ist, dass die Wirtschaft dem Wohl, dem Glück und der Zufriedenheit dienen soll und daher der Wohlstand nicht alleine materiell zu fassen ist. Ein Leben in Frieden und Freiheit, unbekümmert von materiellen Sorgen, eingebunden in ein Netzwerk von Menschen, die sich um einen sorgen und lieben, ist selbstverständlich der Idealfall. Daher greifen alle materiellen Messungen wie das Bruttoinlandsprodukt zu kurz. Es kann nicht sein, dass Faktoren wie physische und psychische Gesundheit keine Rolle spielen sollen. Blickt man auf die Zahl derjenigen, die mental erschöpft sind und oder bereits innerlich gekündigt haben, versteht man schnell, wie wichtig mentale und körperliche Gesundheit sind. Betrachtet man die Menge derer, die vom Dauerstress gezeichnet einem Herzinfarkt oder einem Bandscheibenvorfall entgegenlaufen, dann werden solche Faktoren bei der Bemessung des „Wohlstands" immer wichtiger. Ein neu zu konzipierendes oder mindestens zu reformierendes Wirtschaftssystem hat solche Indikatoren mit zu berücksichtigen.

## Das optimale Verhältnis von Staat und Markt

Wenn es nach dem marktliberalen Milton Friedman ginge, müsse sich der Staat möglichst aus allen wirtschaftlichen Aktivitäten heraushalten. Er sollte maximal für die äußere und innere Sicherheit durch Militär und Polizei sorgen. Natürlich müssen Recht und Gesetze befolgt werden. Doch gemäß dem Prinzip, der Markt regelt alles alleine, wenn man ihn nur frei und ungezügelt agieren lässt, sollte alles andere frei von staatlichen Eingriffen bleiben. Bestenfalls öffentliche Güter wie etwa Parks, Wälder und Seen oder auch kulturelle Einrichtungen wie Theater, Museen, Opernhäuser etc. sollten für alle frei oder subventioniert zur Verfügung stehen. Marktradikalen Beobachtern wäre auch das noch zu viel. So könnte man sich auch private Söldnerarmeen zur Unterstützung des Militärs vorstellen, ebenso wie privat getragene Theater, Museen und vieles mehr. Selbst die Bildung kann über Privatschulen und staatliche Bildungsgutscheine erfolgen. Alles ist möglich (zur Vertiefung vgl. u. a. Pietsch, 2020, S. 97 ff.). Doch wenn wir die Kriterien der Solidarität und Gerechtigkeit zugrunde legen, dann sind bestimmte staatliche Leistungen zwingend damit gekoppelt.

So müssen im Zuge der Bildungsgerechtigkeit alle Kinder die gleichen Chancen auf eine gute Bildung erhalten. Ist nur noch über den Umweg von teuren Privatschulen eine exzellente Ausbildung möglich, dann werden systematisch alle hochbegabten aber finanziell schlechter gestellten Kinder aus dem Rennen ausgeschlossen. Dies könnte bestenfalls durch Bildungsstipendien für arme, aber leistungsstarke Kinder kompensiert werden. Die materielle Grundsicherung für Kinder aus sozial schwachen Familien muss ebenso sichergestellt werden wie die Vermeidung von hungrigen Kindern in der Schule. Die fehlende Förderung durch das Elternhaus muss zumindest der Staat, also wir alle, zu einem gewissen Teil abfedern. Der Zugang zu öffentlichen Gütern wie Seen, Wälder aber auch kulturellen Einrichtungen sollten allen Menschen eines Staates gleichermaßen offenstehen. Ebenso sollten alle an einer bereits guten medizinischen Grundversorgung Anteil haben. Finanziell gut gestellte mögen sich dann privat weitere Leistungen zukaufen können. Doch die Basisversorgung sollte allen offenstehen.

## 5 Alternative: Der reformierte Kapitalismus

Und schließlich sollte der Staat dafür sorgen, dass die soziale Schere nicht zu weit auseinanderdriftet. Starke Schultern tragen mehr als schwache, aber dennoch wird das Leistungsprinzip nicht vernachlässigt. Wer mehr arbeitet, soll auch mehr erhalten, sollte sich aber mit den weniger leistungsstarken solidarisch zeigen. Der Staat hat ein Auge darauf, ohne zu stark in die Marktmechanik einzugreifen. Eine Vermögens- oder Einkommenssteuer, die ab einem Einkommen von z. B. mehr als einer Million Euro alles oder fast alles wegbesteuert, kann nicht die Lösung sein. Ebenso wenig die Enteignung von allen Menschen mit einem Vermögen von zehn Millionen Euro wie etwa die Anhänger*innen des Limitarismus fordern (vgl. Abschn. 4.3). Alles, was der Markt nicht zu leisten vermag, der ansonsten frei agiert, muss über den Umweg des Staates an die Bürger*innen zurückgegeben werden. Der Ausgleich für die sozial Schwachen bei gleichzeitiger Geltung des Leistungsprinzips.

Wenn wir die Erläuterungen der Kernprinzipien für einen reformierten Kapitalismus zusammenfassen, so müssen wir folgendes festhalten:

Das neue Wirtschaftssystem muss die Ökonomie mit der Ökologie versöhnen und darf nicht das wirtschaftliche Wachstum auf dem Rücken der Umwelt austragen. Wiewohl ein Staat alleine nicht immer den Frieden und die Freiheit der Menschen sicherstellen kann (was man unschwer an dem Ukrainekrieg und dem Konflikt im Nahen Osten erleben kann; ferner die Unfreiheit, die entstehen kann, wenn der Staat seine Bürger*innen vor der Pandemie schützen muss), ist er angehalten, die Rahmenbedingungen der Wirtschaft so zu gestalten, dass das Gemeinwohl maximiert wird. Dabei dürfen einerseits die Leistungsträger*innen nicht demotiviert werden, indem sie fast alle Erträge wegbesteuert bekommen. Andererseits müssen alle eine ausreichende materielle Basis zur Verfügung gestellt bekommen, die ihnen ein menschenwürdiges Leben ermöglicht. Dabei gilt das Prinzip, das die Leistungsfähigen und -willigen ein höheres Opfer zu getragen haben als die Schwächeren. Die Schwächeren aber dürfen sich nicht ausruhen (das machen sie auch in den allermeisten Fällen nicht, da viele um ihre Existenz ringen!), sondern müssen ihrerseits ihren Beitrag zur Gemeinschaft leisten. Über allem steht, dass die Solidarität der Menschen untereinander stärker gefördert werden muss. Wer Hilfe bedarf, muss Hilfe bekommen.

Der Maßstab für die Leistungsfähigkeit einer Wirtschaft ist allerdings nicht nur eine quantitativ materielle. Die Wertschöpfung eines Landes, gemessen am Bruttoinlandsprodukt (BIP) ist nur ein Indikator für die Zufriedenheit der Bevölkerung. Weitere, qualitative Kriterien spielen ebenfalls eine große Rolle. Die Abwesenheit von übermäßigem Stress, eine gesundheitsfördernde Arbeitsatmosphäre, die auch die ausgewogene *Work Life Balance* miteinschließt, sind ebenso wichtig wie die Frage nach der Bedeutung von Familie, Lebensglück, Zufriedenheit und Freiheit. Nur im Zusammenspiel mit diesen qualitativen Faktoren kann ein menschenwürdiges Leben entstehen, in einem Staat, dessen Wirtschaftssystem diese Prinzipien unterstützt. Nur so ist ein reformiertes Wirtschaftssystem denkbar.

Lassen Sie uns im folgenden Kapitel noch ein paar Worten zum Menschenbild in der Ökonomie verlieren. In der Theorie geistert noch immer das Bild eines vollständig informierten, rationalen Akteurs herum, der jederzeit wie der Vulkanier Mr. Spock vom Raumschiff Enterprise emotionslos entscheidet. Dieses Zerrbild eines zutiefst rationalen Menschen ist nicht nur unangemessen, es schadet auch der Diskussion über ein geeignetes Wirtschaftssystem und entsprechende wirtschaftliche Aktivitäten. Daher sollten wir uns das Menschenbild in Theorie und Praxis im Folgenden noch etwa aus der Nähe ansehen.

## 5.3 Die Gemeinschaft im Mittelpunkt. Wir statt ich

Die Wirtschaft von heute krankt daran, zumindest wenn man ihren kritischen Stimmen folgt (vgl. exemplarisch Heinisch et al., 2019, S. 69 ff., vor allem S. 83), dass in ihr die falschen Werte und Überzeugungen zur Geltung kommen. Statt Mitmenschlichkeit und Solidarität herrschen Konkurrenzdruck und Egoismus vor, statt Gerechtigkeit auch über Generationen hinweg der ungleiche Start der Menschen in ihr Leben je nach Elternhaus. Menschliche Werte wie Vertrauen, Verlässlichkeit, Kooperation und Solidarität werden, so scheint es, auf dem Altar eines immer gnadenloseren Wettbewerbs geopfert, der nur in Freund und Feind unterscheidet. Gier als Triebfeder eines zwanghaften Wachstums, der keine Alternative kennt als das unbändige Streben nach dem Höher, Schneller und Weiter. Wohlstand existiert zwar, aber nur für einige Wenige und diese ungesunde Zweiteilung in das eine reiche Prozent und die 99 % anderen wird immer gravierender. Gemeinwohl, also das Wohl aller Menschen auf der Erde, wird scheinbar der Profitabilität untergeordnet, deren Einhaltung entsprechende Boni nach sich zieht.

Selbst wenn ich mich dieser apokalyptischen Sichtweise nicht anschließen mag, so muss ich doch als Angehöriger der *Baby Boomer* Generation zugestehen, dass manche gefährlichen Tendenzen nicht von der Hand zu weisen sind. So pfeifen es bereits die Spatzen von den Dächern, dass die Ungleichheit in Deutschland aber auch anderen (west) europäischen Ländern in Einkommen und Vermögen in den letzten Jahrzehnten zugenommen hat (vgl. im Folgenden mein Werk zu den Prinzipien moderner Ökonomie, Pietsch, 2020, S. 211 ff.). Wer hat, dem wird gegeben. Dass Wachstum vor allem auf dem Rücken der Umwelt ausgetragen wird, wenn nicht rechtzeitig gegengesteuert wird, ist spätestens mit dem einsetzenden Klimawandel (fast) jedem klar. Doch der Tatbestand, der uns am meisten zu denken geben müsste, ist der um sich greifende Egoismus, das Streben nach immer Mehr und die fehlende Rücksicht und Solidarität mit meinem Gegenüber. Der Fußball-Bundestrainer Julian Nagelsmann hat es auf einer Pressekonferenz auf den Punkt gebracht, indem er zurecht mehr Gemeinsamkeit und gegenseitige Unterstützung in der Gesellschaft anmahnte (vgl. Michel, 2024). Natürlich muss man vorsichtig sein mit solchen pauschalen Urteilen. Doch es scheint klar zu sein, dass der Mensch in der Wirtschaft und vor allem sein Zusammenspiel mit den anderen Angehörigen der Spezies des *homo sapiens* vornehm ausgedrückt, zu wünschen übrig lässt.

Konkret bedeutet dies, dass wir Menschen im Mittelpunkt der Wirtschaft und damit auch der Wirtschaftsordnung stehen sollten und niemand anderes. Und zwar nicht eine zufällige Zusammenballung von Individuen mit eigenen, egoistischen Interessen, sondern eine Gemeinschaft. Die auch als Wir solidarisch und kooperativ handelt. Die Wirtschaftsordnung der Sozialen Marktwirtschaft wurde nicht deshalb erfunden und nach dem verheerenden Zweiten Weltkrieg in der Bundesrepublik umgesetzt, weil man nur die Individuen in ihrem Profitstreben im Kopf hatte. Sie sollte marktwirtschaftliche Prinzipien und Notwendigkeiten mit sozialen und kulturellen Zielen koppeln (vgl. Müller-Armack, 1946/1990, S. 116).

## 5 Alternative: Der reformierte Kapitalismus

Was die freie Marktwirtschaft nicht leisten kann, nämlich u. a. für den sozialen Ausgleich zu sorgen, das soll gefälligst der Staat, also wir alle, leisten. Das ist das Soziale in der Sozialen Marktwirtschaft. Dieses soziale Element zahlt auf das Konto der Solidarität, der Kooperation und des „Wir" ein, zu Lasten des „Ich", das nur an den eigenen Vorteil denkt. Solidarität statt Ellenbogendenken, Kooperation statt Wettbewerb um jeden Preis. Dieses „Wir", so scheint es, verblasst immer mehr hinter den Konturen einer reinen Marktwirtschaft, das mehr auf das einzelne Wohl als auf das Gemeinwohl einzahlt. Eine ungute Entwicklung, die vor allem die Jugend anmahnt (vgl. Heinisch et al., 2019, S. 69 ff.). Andererseits kann man auch die Meinung derer verstehen, die sagen, dass eine höhere Leistungsfähigkeit einzelner sich auch bezahlt machen sollte. Unternehmer*innen, die Jobs schaffen, müssen auch für ihr Risiko belohnt werden. Hart Arbeitende müssen bei gleicher Arbeit auch mehr im Geldbeutel behalten als diejenigen, die das nicht tun. Das kann man aber alles berücksichtigen und dennoch eine solidarischere Gesellschaft des „Wir" anmahnen.

Bundespräsident Frank-Walter Steinmeier hat ein kluges Buch über das „Wir" geschrieben (vgl. Steinmeier, 2024). Darin geht es vor allem um eine heterogen zusammengesetzte Gesellschaft wie die deutsche, die alle durch ein „Wir" zusammengehalten wird. Die großartige, vielfältige deutsche Fußballmannschaft der Männer hat während der Europameisterschaft gezeigt, was diese Vielfalt zu leisten imstande ist. Doch neben der Vielfalt zeichnet sich das „Wir" auch dadurch aus, dass man nicht nur gegeneinander arbeitet wie Unternehmen als Konkurrenten, sondern dass es auch um Zusammenarbeit und Solidarität geht. In den Worten Steinmeiers (Steinmeier, 2024, S. 134):

„In modernen Gesellschaften, in denen die Ähnlichkeit von Herkunft und Erfahrung nicht mehr ausreicht, um Zusammenhalt zu stiften, sind die Prinzipien der Kooperation umso wichtiger. Zusammenhalt durch Zusammenarbeit. (…) Nicht nur Mitgefühl mit fernen Menschen in Notlagen, sondern nahe Verbundenheit unter Gleichberechtigten. Damit diese Konzepte nicht nur freundliche Gedankenspiele bleiben, brauchen sie eine soziale Wirklichkeit. Die Menschen müssen sie erleben und erfahren können. Sie müssen in der Tat *zusammen*arbeiten, zusammen Probleme lösen, sich zusammen bewähren können. Und natürlich nicht nur innerhalb der eigenen sozialen Blase, sondern gemeinsam mit denen, denen wir sonst selten oder nie begegnen. Es geht um milieuübergreifende Erfahrungen und auch um ein wenig Entschleunigung des auf Karriere getrimmten Lebensprogramms."

Dieses viel zu selten vorhandene Wir-Gefühl schadet auch der Wirtschaft. Eine Wirtschaftsordnung, die Bestand haben will und sich dem Gemeinwohl aller Bürger*innen verpflichtet sieht, muss dieses Wir im Kopf haben und berücksichtigen. Es geht nicht nur um das individuelle Wohl. Es geht um uns alle. Und davon sollte die Wirtschaft handeln inklusive einer dazu passenden Wirtschaftsordnung. Keiner sollte mehr hungern müssen, jeder ein Dach über dem Kopf haben und sich ausreichend kleiden können. Bildung sollte allen offenstehen, unabhängig vom Geldbeutel und den Fördermöglichkeiten der Eltern. Es gibt in der Zivilgesellschaft viele leuchtende Beispiele des privaten Engagements für das Wir. Viele Menschen engagieren sich bereits in gemeinnützigen Organisationen oder Vereinen, seien es die Tafeln zur kostenlosen, oder gegen einen symbolischen Betrag, Ausgabe von Lebensmittel an Bedürftige. Ältere Menschen lesen Kindern vor, passen auf sie auf, fördern sie. Umgekehrt gibt es viele Jugendliche, die sich sozial engagieren und etwa während der Coronazeit älteren Men-

## 5 Alternative: Der reformierte Kapitalismus

schen Lebensmittel besorgten und nach Hause brachten. Die junge Generation kann der älteren helfen, sich im Zeitalter der Digitalisierung zurechtzufinden. Jeder hat Talente, die andere nicht haben und von denen alle profitieren können. Nicht alles muss zu Geld gemacht werden.

Vielfach wurde in der Vergangenheit von einer Ökonomisierung der Gesellschaft gesprochen (vgl. exemplarisch Krönig, 2007). Damit wurde vor allem der Umstand beklagt, dass ökonomische Prinzipien immer stärker Einzug in die Gesellschaft gehalten haben. So geht es bei Freundschaften oder Partnerschaften nicht um Altruismus und freiwillige gegenseitige Unterstützung, sondern auch um Kosten-Nutzen Relationen einer Freundschaft oder Nachbarschaft. Was bringt mir das Verhältnis? Was nützt es mir und was muss ich dafür tun? Die Messbarkeit gesellschaftlicher Vorgänge anhand einer Markt- oder Profitlogik. Nur was mir etwas einbringt und weniger kostet als es mir nützt, wird erstrebt. Freiwillige uneigennützige Aktivitäten unterbleiben. Doch spätestens die Verhaltensökonomie hat gezeigt (vgl. etwa Kahneman, 2012), dass wir soziale Lebewesen sind, die sich gegenseitig unterstützen, teilweise auch ohne Gegenleistung. Ohne dieses freiwillige Engagement für ein „Wir" wäre ein Zusammenleben auf dieser Welt nicht möglich. Gegenseitige Rücksichtnahme, Mitleid, Empathie und Kooperation. Dieses alles sind Werte, die auch und vor allem in der Wirtschaft eine Rolle spielen müssen. Wenn wir uns mit einer Wirtschaftsordnung beschäftigen, die uns in die Zukunft führen und die Kritikpunkte an der bestehenden aufgreifen soll, dann müssen wir diese Prinzipien hochhalten.

Der Träger des Alfred-Nobel-Gedächtnispreises für Ökonomie, Amartya Sen, hat es in seinem auch auf Deutsch erschienen Buch einmal die „Ökonomie für den Menschen" genannt. Für ihn hieß das vor allem, den Menschen in seiner Würde und dessen Wohl zur obersten Maxime der

Wirtschaft zu erklären. Die Wirtschaft ist für den Menschen da und nicht umgekehrt. Das bedeutet für Sen ganz konkret die Abwendung von Hungersnöten (vgl. Sen, 2000, S. 196 ff.) und die Ermöglichung eines menschenwürdigen Lebens in Frieden, Freiheit und Wohlstand für alle. Natürlich weiß Sen, dass dies lediglich ein hehres Ziel darstellt, dass kaum jemals im Leben erreicht werden kann. Doch zumindest sollte es das Ziel jeglichen ökonomischen Handelns sein. Das zentrale Thema ist für Sen dabei die individuelle Freiheit. Die Freiheit, sein Leben ohne Entbehrungen leben zu können. Auch wenn nicht alle Menschen die gleichen materiellen und geistigen Ausstattungen haben, sollten sie doch zumindest die Chance haben, sich verwirklichen zu können. Vor diesem Hintergrund ist auch die Optimierung oder Neugestaltung einer Wirtschaftsordnung zu sehen. Das Wir im Blick, der individuellen Freiheit gehorchend. In den Worten Sens (Sen, 2000, S. 353):

> „Es ist ein Merkmal der Freiheit, dass sie unterschiedliche Aspekte hat, welche auf eine ganze Reihe von Praktiken und Institutionen Bezug haben. Sie liefert keine Entwicklungssicht, welche sich in irgendein Patentrezept pressen lässt, hieße das nun Kapitalakkumulation, Öffnung der Märkte oder effiziente Wirtschaftsplanung. (…) Das organisierende Prinzip, das all die unterschiedlichen Aspekte zusammenbinde, ist das fundamentale Interesse an der fortschreitenden Vergrößerung der individuellen Freiheitsspielräume und der soziale Wille, dazu beizutragen."

Es muss uns also gelingen, eine Wirtschaftsordnung zu entwickeln oder die bestehende so weit zu reformieren, dass den Forderungen des Wir im Sinne der Solidarität, der Kooperation und Gerechtigkeit genüge getan wird. Gleichzeitig dürfen aber die Leistungsträger*innen des Systems nicht ausgeschlossen werden. Sie alle müssen Bestandteile eines

## 5 Alternative: Der reformierte Kapitalismus

neuen Zusammenspiels der Wirtschaft werden. Unternehmer*innen, Manager*innen müssen genauso mitwirken wie Studierende, Schüler*innen, Handwerker*innen oder Angehörige von Pflegeberufen oder Dienstleistern. Jung und Alt, Mann und Frau., Akademiker*innen oder nicht. Jede*r sollte mit seinen oder ihren Talenten zum Gemeinwohl beitragen können. Das Wir schlägt das ich. Diesem Prinzip wird sich unser reformierter Kapitalismus verpflichten müssen.

Doch was für die Wirtschaftspraxis gilt, muss auch für die ökonomische Theorie gelten. Das Zerrbild des Menschen als *homo oeconomicus* muss einem realistischen Menschenbild weichen. Aus dem egoistischen, alleswissenden rationalen Wirtschaftsakteur, der zumeist alleine handelt und nach seinem persönlichen Optimum entscheidet, muss ein *homo socialis* werden, der sich wie ein realer Mensch verhält und dessen Handlungen in einer sozialwissenschaftlichen, realitätsnahmen Theorien eingefangen werden kann. Denn in aller erster Linie ist die Ökonomie eine Sozialwissenschaft und handelt vom Menschen und nicht von einem Vulkanier à la Mister Spock vom Raumschiff Enterprise. Ihm waren sämtliche Emotionen suspekt. Er handelte nur nach seinem Verstand. Eine interessante, aber traurige Rolle. Die Menschen ticken in Wirklichkeit anders (ich nehme im Folgenden Anleihen an meinem 2017 erschienen Werk „Grenzen des ökonomischen Denkens", vor allem S. 15 ff. zum *homo oeconomicus* und S. 209 ff. zum neuen Menschenbild in der Ökonomie).

Die ökonomische Theorie arbeitet immer noch mit dem unrealistischen Menschenbild eines *homo oeconomicus*. Damit ist gemeint, dass der Mensch vor allem egoistisch rational handelt und seinen eigenen Nutzen maximiert. Er verfügt über feststehende Präferenzen, verfügt über eine klare, individuelle Nutzenfunktion und vollständige Information über seine Handlungsalternativen. Er (oder sie) weiß genau was er oder sie will, was ihm oder ihr das alles bringt und braucht sich nur zu entscheiden, welche Handlung aus einer Vielzahl aller Entscheidungen die beste ist. Stellen Sie sich vor, sie wollen ein neues Auto kaufen. Das Modell des *homo oeconomicus* unterstellt, dass sie alle in Frage kommenden Automodelle in und auswendig kennen inklusive Preis, Lieferzeit etc. Sie kennen ihren Budgetrahmen, können alleine entscheiden und kaufen dann das Auto, das Ihnen zum Zeitpunkt der Entscheidung am besten gefällt und das noch dazu in Ihrem Budgetrahmen passt. Emotionen spielen dabei keine Rolle. Bietet ein anderes Auto den gleichen Nutzen bei besserem Preis/Leistungsverhältnis, dann kaufen sie dieses. Das Ganze können Sie dann noch mathematisch in Formeln kleiden und in eine anschauliche Grafik gießen. Fertig ist die Heuristik, d. h. die erfahrungsgemäße Vorstellung der Ökonom*innen davon, wie der Mensch sich in wirtschaftlichen Dingen verhält.

Verhaltensökonomische Forschungen haben dagegen gezeigt, dass der Mensch nur begrenzt rational handelt, (Verlust) Risiken scheut, Mitleid empfindet und durchaus fair und altruistisch d. h. uneigennützig handelt. Entscheidungen werden häufig intuitiv, wenig rational und abhängig davon getroffen, in welchem Kontext sie gefällt werden (*Framing*). So werden Sie nachweislich auf die Frage, ob Sie glücklich mit Ihrem Leben sind, anders antworten, wenn Sie vorher oder nachher mit der Frage nach der letzten Verabredung konfrontiert waren. Stellt man die Frage nach der letzten Frage vor der Frage nach dem glücklichen Leben, dann fallen die Antworten deutlich positiver aus (man fühlt sich also glücklicher im Leben), als wenn man die Frage erst hinterher stellt. Die Vermutung liegt nahe, dass man sich in der Erinnerung an die letzte Verabredung, das eigene Leben als eher abwechslungsreich und sozial eingebunden empfindet und daher glücklicher bewertet als ohne diese Assoziation. Die ökonomische Theorie

## 5 Alternative: Der reformierte Kapitalismus

krankt schon lange daran, dass nicht nur ein vollkommen unrealistisches Menschenbild unterstellt wird, sondern, dass man zu sehr auf die Methodik der Mathematik vertraut. Der Mensch verschwindet zunehmend im Nebel ökonomischer Gleichungen. Wirtschaftliche Entscheidungen sind nur Optimierungen unter Nebenbedingungen. Formeln, Grafiken und elegante Differenzialgleichungen ersetzen den Menschen aus Fleisch und Blut. Dabei ist die Realität ganz und gar nicht so. Der untaugliche Versuch vieler Ökonom*innen, die Realität für die eleganten ökonomischen Modelle handhabbar zu machen und so mit den Naturwissenschaften gleichzuziehen, ist heute mehr denn je zum Scheitern verurteilt.

Zur Ehrenrettung muss man natürlich einräumen, dass das Konstrukt des *homo oeconomicus* lediglich eine Heuristik darstellt, das auf Erfahrungen beruht und ökonomische Aktivitäten trotz begrenztem Wissen und unvollständigen Informationen vorherzusagen versucht. Der Vorteil dieser Heuristik besteht eindeutig darin, dass sie sich relativ einfach in ökonomische Modelle einbetten lässt. Modelle sind in diesem Fall vereinfachte Abbilder der Wirklichkeit und ich kann Optimierungsüberlegungen in einfache mathematische Sprache kleiden. Doch ich kann den Menschen in seiner ökonomietheoretischen Variante als mathematischen Gebilde so nicht stellen. Im Gegenteil, ich benötige die ganze Bandbreite an sozialwissenschaftlichen und naturwissenschaftlichen Erkenntnissen, um menschliches Handeln zu erklären. Versuchen wir uns die Einflussfaktoren, die den Menschen bestimmen, einmal konkret und anschaulich vor Augen zu führen.

Wir unterliegen von Geburt an unterschiedlichen Prägungen. Die Genetik bestimmt bereits unsere körperliche und geistige Grundausstattung (u. a. wird der IQ etwa zur Hälfte von der Genetik bestimmt, vgl. etwa Welt, 2024). Es ist entscheidend, wo und in welche Familie wir hineingeboren werden. Wir können in Deutschland, einem der reichsten Länder der Erde geboren werden oder in Äthiopien oder in Thailand. Welche Eltern haben wir, wie sind sie ausgebildet, in welcher Gesellschaftsschicht befinden sie sich? Habe ich liebevolle Eltern, die ein Leben lang zusammenbleiben oder wachse ich als Sohn oder Tochter eines alleinerziehenden Elternteils auf (das selbstverständlich ebenfalls liebevoll sein kann)? Kümmert man sich von früh auf um mich und werden mir Bildungsmöglichkeiten und -anregungen von Kindesbeinen an mitgegeben? Welche Werte bekomme ich mit auf den Weg, prägt mich eine Religion oder umgekehrt, prägt mich der Gedanke, keinen Gott zu haben? Entstamme ich einer gläubigen, gutbürgerlichen Familie aus einem Akademikerhaushalt? Sind meine Eltern Angestellte, Unternehmer*innen etc.? Erfahre ich Armut oder übermäßigen Reichtum? Dazu kommen individuelle Prägungen wie die Tatsache, ob ich Einzelkind bin und konkurrenzlos aufwachse oder eines aus einer großen Schar an Kindern. Prägende Erlebnisse mit Eltern, Großeltern, Geschwister, besondere Erlebnisse oder Begegnungen mit einflussreichen Figuren innerhalb oder außerhalb der Familie, wie etwa einzelne Lehrer*innen.

Dazu kommt, wie ich aufwachse, meine Sozialisation, wie es im Soziologendeutsch so schön heißt. Kulturelle, landesspezifische Einflüsse prägen sehr früh. Manche Kinder und Jugendliche erleben die Nähe zum Meer, zur Schifffahrt. Andere wiederum wachsen in den Bergen auf. Kultur, Religion, Stadt- oder Landleben prägen die Menschen von frühester Kindheit an. Kinder mit Migrationsbiografie, die nicht in Deutschland geboren wurden, müssen sich erst an ein neues kulturelles Umfeld gewöhnen. Eine wieder andere Herausforderung haben Kinder, die sich von Geburt an rassistischen Anfeindungen ausgesetzt fühlen, etwa auf-

## 5 Alternative: Der reformierte Kapitalismus

grund ihrer Hautfarbe (vgl. u. a. Sahebi, 2024). Die Schule, die Umgebung und vor allem die Gleichaltrigen, die sogenannte *Peer Group*, prägen uns sehr früh. Heute wird das Bild noch größer durch die sozialen Medien, die über die Universalsprache Englisch eine virtuelle *Peer Group* schafft, die von Stars und Sternchen bis zu Meinungsführen, den „Influencern", bis zu bestimmten, interessegeleiteten Foren reicht. Dort können sich Gleichaltrige über bestimmte Themen, Trends etc. austauschen und das Meinungsbild formen. Später kommen Freunde, Familie hinzu, die uns in unserem ökonomischen Verhalten beeinflussen. Individuelle Persönlichkeitsfaktoren und das individuelle Budget spielen ebenfalls eine Rolle, ob ich eher den Versuchungen eines Statuskaufs erliege, d. h. der Konsum von Luxusartikeln à la Gucci, Dior, Hermès etc., um sich von der Masse abzuheben oder sich auf Augenhöhe mit den Reichen und Schönen zu wähnen.

Kurzum, die Tatsache, dass der Mensch unterschiedlich aufwächst und sich entwickelt, führt dazu, dass man bestenfalls bei bestimmten Handlungen einen Trend vorhersagen kann aber nicht für einzelne Personen. Das rationale Verhaltensmodell des *homo oeconomicus* existiert so nicht und stellt auch keine Hilfe bei der Vorhersage ökonomischer Verhaltensmuster dar. Um das Ganze etwas anschaulicher und konkreter zu gestalten, lassen Sie uns einzelne ökonomische Marktkonstellationen durchkonjugieren und überlegen, wie ein natürlicher Mensch im Gegensatz zu einem modellierten rationalen *homo oeconomicus* reagieren würde (zu den Details inkl. Beispielen vgl. Pietsch, 2017, S. 94 ff.). So wird in der ökonomischen Theorie der Gütermärkte lediglich davon ausgegangen, dass der Preis Angebot und Nachfrage steuert und der Gleichgewichtspreis dann gegeben ist, wenn sich Angebot und Nachfrage entsprechen. Ich muss mir lediglich überlegen, ob ich ein bestimmtes Produkt gemäß meinem individuellen Budget kaufen kann. Doch in der Realität sieht es ganz anders aus.

Nehme ich z. B. ein Autokauf als Beispiel. Neben dem Preis ist für mich die Marke relevant, vorhergehende Produkterfahrungen, Ratschläge von Freund*innen und Familie, Testberichte, individuelle Produktwahrnehmung, emotionale Nähe zu einem bestimmten Produkt etc. Der Kaufprozess als solcher ist ein extrem komplexer Vorgang, der mit Einstellungen, Präferenzen, emotionalen Vorgängen und vielem mehr verbunden ist. Jedes Marketinglehrbuch ist voll mit der Beschreibung dieser spezifischen Kaufrealität. Mit dem rationalen *homo oeconomicus* hat das jedenfalls nur bedingt etwas zu tun. Kennt man sich dagegen in der Psychologie, in den sozialen Mechanismen der Konsumentenbeeinflussung aus aber auch in zum Teil naturwissenschaftlich geprägten Verhaltensprozessen, dann kann man ökonomische Prozesse noch besser verstehen.

Warum kaufe ich für ein Vielfaches des realen Warenwerts einen Luxusartikel, obwohl der gleiche Artikel ohne besonderen Markennamen zum Teil für ein Bruchteil des Preises zu haben ist. Der US-amerikanische Soziologe und Ökonom Thorstein Veblen erkannte den Mechanismus als den „Snob-Effekt" (zu den Hintergründen und Details vgl. Pietsch, 2022b, S. 183 ff.). Je höher der Preis eines Luxusgutes, desto höher die Nachfrage. Menschen haben das Bedürfnis, sich von ihren Mitmenschen abzuheben und wollen durch einen solchen Statuskonsum beweisen, dass sie finanziell in einer anderen Liga spielen oder umgekehrt mithalten können. Der Konsum ist nur bedingt ökonomisch ausgerichtet, sondern vor allem sozial bestimmt. Dior-Schuhe eignen sich genauso zum Gehen wie einfache Schuhe im Discounter. Doch sie zeigen den (vermeintlichen) sozialen Status des/r Träger*in an.

## 5 Alternative: Der reformierte Kapitalismus

Neben dem Gütermarkt ließen sich weitere Beispiele dafür finden, warum die einfache ökonomische Theorie so nicht greift. Unternehmer*innen und Top Manager*innen handeln nicht nur nach dem Prinzip der Gewinnmaximierung wie es die ökonomische Theorie beschreibt. Unternehmer*innen haften für ihre Unternehmen mit dem eigenen Geld, sie sichern die Arbeitsplätze und schaffen neue. Sie erfinden zum Teil neue Produkte, Dienstleistungen und Prozesse und kreieren auch neue Märkte. Start-up Unternehmen, die in den vergangenen Jahren vielfach aus dem Boden gestampft wurden, sind häufig der Nachhaltigkeit verpflichtet, verzichten zum Teil auf übermäßigen Gewinn zugunsten der Mitarbeitenden. Alle unternehmerischen Aktivitäten immer noch auf die Gewinnmaximierung zu reduzieren, greift zu kurz und karikiert die handelnden Unternehmer*innen oder die leitenden Manger*innen zu geistlosen Akteur*innen, die sich diesem Pauschalziel unterwerfen. Im Gegenteil sind sie (fast) alle beseelt, die unternehmerischen Aktivitäten mit Verantwortung und Nachhaltigkeit zu gestalten, die Belegschaft fest im Blick.

Die ökonomische Theorie des Arbeitsmarkts konzentriert sich fast ausschließlich auf die Kennziffer Arbeitslosigkeit als Ergebnis von Angebot und Nachfrage nach Arbeitskräften (vgl. Pietsch, 2017, S. 113). Dabei spielen viele weitere Faktoren eine Rolle. So wird die Nachfrage nach Arbeitsplätzen nicht nur von ökonomischen Faktoren bestimmt, etwa dem Zwang, Geld zu verdienen. Die individuelle Lebenssituation wird immer wichtiger. Angehörige der Generation Z wollen verstärkt gemeinsam die Kinder großziehen, nehmen gemeinsam Auszeiten (*Sabbaticals*) oder reduzieren die Arbeitszeit. Homeoffice-Lösungen werden zumindest temporär immer mehr zum Standard. Der Standort spielt eine immer geringere große Rolle. Diese Generation ist weniger mit Karriere oder monetären Anreizen zu ködern als mit der Arbeitsatmosphäre, der Unternehmenskultur und der Flexibilität der Arbeitszeitgestaltung. Sie arbeiten dann, wenn die Kinder schlafen oder von zu Hause aus, wenn die Kinder krank sind. Dies sind künftig die entscheidenden Fragen.

Passt die Unternehmenskultur, der Freiraum des individuell gewünschten Arbeitens, dann fällt das Gehalt immer weniger ins Gewicht. Manche wollen auch nur bis Mitte Vierzig arbeiten und sich dann selbst verwirklichen. Dieser Entwicklung kommt man mit dem starren Modell des *homo oeconomicus* nicht bei. Ganz zu schwiegen von den psychischen Folgen der Arbeit, sei es *Burn-out*, d. h. ausgebrannt sein aufgrund von Überforderung und/oder zu viel Stress oder andererseits *Bore-out*, die permanente Unterforderung und innere Kündigung. Alle diese Faktoren spielen sich heute auf dem Arbeitsmarkt ab. Für alles dies hat die ökonomische Theorie keine Lösung und macht sich somit selbst überflüssig. Wenn ich darüber nachdenke, wie ich die Arbeitslosigkeit besiegen kann, dann spielen mehrere Faktoren zusammen, nicht nur das Angebot und die Nachfrage auf dem Arbeitsmarkt, gemessen am (Gleichgewichts) Lohn. Auch der Geldmarkt wird nicht nur von Angebot und Nachfrage über den Zinssatz definiert, sondern auch, zu welchem Zweck ich das Geld halte, etwa für die Liquidität, Spekulation, für das tägliche Leben wie der Ökonom John Maynard Keynes differenzierte, und wieviel an Geld ich überhaupt brauche. Es wird ökonomisch immer vorausgesetzt, dass ich immer mehr Geld haben möchte, immer reicher werden möchte und die Gier nie aufhört. Doch alles dies ist nur ein Teil der menschlichen Eigenschaften. Der Mensch ist viel vielschichtiger und differenzierter als es das Modell des *homo oeconomicus* vorgibt. Er handelt nämlich häufig nicht ökonomisch-rational (vgl. Pietsch, 2020, S. 187):

## 5 Alternative: Der reformierte Kapitalismus

So ließe sich ökonomisch-rational nicht erklären, warum zwei der reichsten Männer der Welt, Bill Gates und Warren Buffet, fast ihr gesamtes Vermögen spenden werden und damit ihren Kindern nur einen Bruchteil überlassen werden. Väter und Mütter nehmen geplante Auszeiten zur Familienerziehung, um ihre Kinder zu betreuen und aufwachsen zu sehen, wiewohl dies zum Teil enorme Einbußen in Einkommen und Karriere nach sich zieht. Sie reisen um die Welt und verwirklichen sich, gehen frühzeitig in Rente, um das Leben zu genießen. Im Sinne der lebenslangen Einkommensmaximierung wäre das nachgerade kontraproduktiv. Dass die Nachfrage nach Statusprodukten des Luxussegments ökonomisch unsinnig ist, vor allem dann, wenn die Preise weiter steigen, haben wir vorhin schon erwähnt. Aktienkurse bewegen sich zum Teil jenseits der betriebswirtschaftlichen Realität: Aktienkurse sinken, obwohl ein Unternehmen am Jahresende einen hohen Gewinn ausweist. Einzig und alleine deshalb, weil der Gewinn unter den Erwartungen lag. 50 % der Ökonomie sei Psychologie behauptete der frühere Wirtschaftsminister und „Wirtschaftswunderkanzler" Ludwig Erhard nicht umsonst (vgl. Kazim & Witte, 2007).

Am Ende dieses Kapitels halten wir fest, dass eine Wirtschaftsordnung den Menschen fest im Blick haben sollte. Dies gilt erst recht, wenn wir das vorherrschende System reformieren wollen. Dabei hilft es nicht, dass die ökonomische Theorie noch heute im Jahr 2025, von einem rationalen Akteur ausgeht, der alles andere als einem realistischen Menschen gleicht. Dieses Modell hilft selbst als Heuristik nicht mehr weiter. Selbst Trends werden hiermit nicht erkannt, da die menschlichen Verhaltensweisen immer stärker von dem Modell abweichen. Damit wird es immer unbrauchbarer. Stattdessen sollten wir uns zur Erklärung wirtschaftlicher Phänomene der breiten Palette an sozial- (aber auch geistes- und naturwissenschaftlicher) Erkenntnissen bedienen. Konkret: Psychologische, soziale, aber auch verhaltensökonomische Erklärungsmuster bilden den Menschen viel genauer ab als es unrealistische Menschenbilder vom Schlage eines *homo oeconomicus* könnten. Geschweige denn eine mathematische Gleichung oder nette Grafiken.

Noch viel wichtiger erscheint mir allerdings, dass der reale Mensch im Mittelpunkt steht und die Ökonomie sich um ihn bemüht und nicht umgekehrt. Wir müssen die Wirtschaft und damit die Wirtschaftsordnung so ausgestalten, dass sie dem allgemeinen Wohl der Bevölkerung dient: Es muss die Grundbedürfnisse decken helfen, die soziale Ungleichheit verringern, die Umwelt schonen und ein auskömmliches Leben für alle ermöglichen. Dies ist zwar für unsere Zwecke zunächst nur national auszugestalten, denn Wirtschaftsordnungen wie die Soziale Marktwirtschaft sind auf ein Staatsgebiet begrenzt. Doch sollte unsere zu konzipierende Wirtschaftsordnung als Vorbild auch für andere Länder dienen können und sollte entsprechend attraktiv ausgestaltet sein. Bevor wir aber in konkrete Ausgestaltungsformen dieses reformierten Kapitalismus einsteigen, lassen Sie uns einen kurzen Augenblick darüber nachdenken, wie realistisch unsere Kernprinzipien und Prämissen sind, die wir in den vorangegangenen Unterkapiteln skizziert haben.

## 5.4 Utopie oder Realität?

*Utopia* nannte der englische Staatsmann und Lordkanzler unter Heinrich dem VIII., Sir Thomas More (lateinisch: Thomas Morus, vgl. Morus, 1516/1996), seine gesellschaftskritische Schrift in Kurzform. Darin beschrieb er 1516 in Anlehnung an Platons Schrift *Timaios* (vgl. Hülser,

## 5 Alternative: Der reformierte Kapitalismus

1991, Band VIII, S. 197 ff.) einen fiktiven Inselstaat mit einer gänzlich anderen Gesellschaftsstruktur wie sie in seinem Heimatland England zu Beginn des 16. Jahrhunderts vorherrschte. Er kritisierte die damals dominierende Armut und identifizierte als Urheber dieses Zustands vor allem den Adel mit seiner Gier nach Profit und Ländereien (vgl. Precht, 2017, S. 108 ff.). More skizzierte in seinem Utopia-Roman (aus altgriechisch *ou topos,* d. h. Nicht Ort, also einen Ort, den es (noch) nicht gibt) als Gegenentwurf einen fiktiven, kommunistisch organisierten Inselstaat (vgl. auch Precht, 2017, S. 109):

Güter sind allen Bewohner*innen gemeinsam. Das Leben spielt sich vor allem im Kreis der Familie ab. Die Wirtschaft produziert für den eigenen Bedarf, die Bevölkerungsgröße ist fest definiert. Kinder werden in einem egalitären, d. h. jedem offenstehenden Bildungssystem geschult und das gemeinsame Lernen gefördert. Alle sind von Geburt an krankenversichert. Die Arbeitstage bestehen nur aus sechs Stunden, zumeist Handwerker und Bauern. Männer und Frauen arbeiten gleichermaßen. Es herrscht die Regierungsform der Republik statt der elitären Aristokratie oder gar Monarchie. Der Staat ist säkular, der für die Bürger*innen vorsorgt. Der Mensch ist in diesem Staatswesen frei und selbstbestimmt. Weder Kleriker noch profitsüchtige Adlige sind von den Arbeitsergebnissen der Bevölkerung abhängig. Eine sehr prophetische Sicht aus heutiger Sicht und dennoch treffen viele Punkte den Nagel der heutigen Gesellschafts- und Wirtschaftssituation genau auf den Kopf. Und das vor über 500 Jahren! Sir Thomas More hat damit eine neue literarische Gattung begründet, die Utopie.

Thomas More hat in einer ironischen und satirischen Weise die Fragen zu beantworten versucht, die damals in England am drängendsten erschienen. Wie könnte ein friedliches Gemeinwesen aussehen, in dem alle Bürger*innen frei und ohne Korruption leben können und der Adel ohne seine Privilegien auskommen muss. More kritisierte u. a. die unbegründete Verehrung der Reichen und Mächtigen nur aufgrund der Tatsache, dass sie reich sind und über mehr materielle Mittel als man selbst verfügt (Morus, 1516/1996, S. 65, Teil III., Kap. 15):

> „Noch viel mehr aber wundern und empören sie sich über den Unverstand derer, die jenen Reichen, ohne ihnen etwas zu verdanken oder zu schulden, aus keinem anderen Grunde, als weil sie eben reich sind, geradezu göttliche Ehren erweisen und das, obwohl sie jene genau als so schmutzige Geizhälse kennen, dass sie mit völliger Gewissheit von dem riesigen Haufen Goldes zu ihren Lebzeiten niemals auch nur einen einzigen Groschen bekommen werden."

Nicht umsonst hat der verstorbene, langjährige Sozialpolitiker der CDU, Heiner Geißler, diesen Titel für sein 2009 erschienenes Buch „Ou Topos" gewählt (vgl. Geißler, 2009). Er prangerte in diesem Buch ebenfalls den Kapitalismus und seine Negativfolgen (vgl. Geißler, 2009, S. 96 ff.) für den Menschen und die Gesellschaft an und formulierte seinerseits eine Vision, eine Utopie für die Gesellschaft der Zukunft (u. a. Geißler, 2009, S. 140 ff.).

Die Funktion einer Utopie ist vor allem die, Kritik an den herrschenden Verhältnissen zu üben und eine Alternative aufzuzeigen, selbst wenn die Wahrscheinlichkeit ihrer Realisierung zumindest zeitnah nicht gegeben zu sein scheint. Heute erscheint uns die Utopie von Thomas Morus vergleichsweise aktuell. Die Diskussionen um ein kommunistisches System mit Gemeinschaftseigentum, geregelten Tagesabläufen und (kürzeren) Arbeitstagen. Ein egalitäres Bildungssystem, ein harmonisches Leben in der Familie in Selbstbestimmung. Vorrang der Gemeinschaft vor dem

## 5 Alternative: Der reformierte Kapitalismus

Profitdenken und der egoistischen Selbstverwirklichung. Dies ist dann auch das Ziel einer solchen Utopie. Aufzuzeigen, wie es auch sein könnte: Ein fiktiver Ort in der Zukunft mit einer möglichen Gesellschafts- und Wirtschaftsform, in der der Mensch nicht vergessen wird und alle davon profitieren. Jeder und jede bringt seine und ihre Fähigkeiten eine. Niemand wird zurückgelassen. Der selbstsüchtige Kapitalismus wird zurückgelassen. Ein fiktiver Ort.

Die entscheidende Frage für mich ist, inwieweit eine solche Utopie reichen sollte und wieviel zeitnahen Realismus sie beinhalten sollte. Hilft es mir in der Definition der Zukunft, mögliche Wirtschaftsszenarien an die Wand zu malen, die mit nahezu hundertprozentiger Sicherheit niemals umsetzbar sein werden? Was hilft mir die Diskussion rund um einen Limitarismus (vgl. Abschn. 4.3), in der gefordert wird, die Vermögen auf zehn Millionen bzw. noch besser: eine Million pro Person staatlich zu begrenzen? Alle Leser*innen, die die Nachrichten täglich verfolgen, wissen, dass es weder rechtlich noch gesellschaftlich möglich und auch opportun ist, dem reichsten Promille dieser Erde einfach das Vermögen zu entziehen. Dies wäre bestenfalls in einer Diktatur möglich, in der wir uns aber Gott sei Dank nicht befinden. So spannend ich die intellektuelle Diskussion finde, – und bei allem Respekt vor dem erkenntnisreichen und interessanten Buch von Ingrid Robeyns –, so wenig zielführend halte ich solche Diskussionen. Ich würde die Wette halten, dass in den nächsten hundert Jahren kein Mensch in der westlichen Welt an eine solche Enteignung großen Stils auch nur ansatzweise denken wird! Eine solche Utopie bringt uns kurz- und mittelfristig zumindest nicht weiter.

Ähnlich verhält es sich mit einem schrumpfenden Kapitalismus. So nachvollziehbar ich das Konzept eines idealisierten „De-Growth"-Konzeptes finde, d. h. Produktion für den eigenen Bedarf, genügsam leben, reparieren und weiterverwenden, weniger statt mehr etc. Diese Utopie wird auch in hundert Jahren das bleiben, was es ist, eine Utopie. Kapitalismus braucht für sein Weiterexistieren zwingend Wachstum: Zum Ausgleich der Produktivitätssteigerung, zum Erhalt der Arbeitsplätze, damit die Anteilseigner*innen weiter investieren etc. Denken Sie nur daran, wie lange ein Vorsitzender der Geschäftsführung oder Vorstandschef an der Spitze des Unternehmens bleiben könnte, wenn er das Ziel des Schrumpfens ausgäbe? Wenn ich also das System des Kapitalismus *per se* nicht abschaffe, dann muss ich permanentes, profitables Wachstum als zwingenden Bestandteil, akzeptieren. Schaffe ich das kapitalistische System ab, dann könnte ich theoretisch auf Wachstum verzichten. Theoretisch. Dann bin ich wieder bei der Alternative eines sozialistischen oder kommunistischen Modells. Und das funktioniert bestimmt nicht.

Es ist der Menschheitstraum seit den Zeiten der Genesis von Adam und Eva, dass alle friedlich, glücklich und harmonisch zusammenleben. Niemand muss Angst vor dem Morgen haben. Alle unterstützen sich gegenseitig, anstatt gegeneinander zu kämpfen. Für die materielle Grundausstattung aller Bewohner*innen ist gesorgt. So oder so ähnlich muss sich das auch Thomas More gedacht haben. Eine großartige Idee und Menschheitsvision. Realistisch ist es leider nicht. Dafür wissen wir, dass der Mensch als Wesen zu ambivalent ist. Er vereint Gutes und Böses. Brave Familienväter können zu Mördern werden. Ehemänner können nach Jahrzehnten friedlichen Zusammenlebens und Duldens von Sadismen seitens der Ehefrau plötzlich zu Straftätern werden. Die wunderbar geschriebenen Bücher des Bestsellerautors Ferdinand von Schirach sind voll von solchen surreal anmutenden Geschichten, die das Leben schreibt. Der Mensch ist ambivalent.

## 5 Alternative: Der reformierte Kapitalismus

Daher muss man meines Erachtens die Kernideen für eine Vision des friedlichen Zusammenlebens ohne materielle Sorgen mitnehmen und versuchen, eine realistische Version zu skizzieren, die auch kurz- bis mittelfristig umsetzbar ist. Eine realistische Vision oder Utopie kann sehr inspirierend sein. Wenn ich mir als Kind vornehme, einmal Arzt zu werden, dann kann ich als sehr fleißiger Schüler mit der richtigen Fächerkombination und etwas Glück, intellektuelle Fähigkeiten vorausgesetzt, dieses Ziel durchaus erreichen. Wenn man etwas unbedingt will, kann man es mit Fleiß, Ausdauer und unbändigem Willen letztlich erreichen. Verfüge ich aber über keinerlei finanzielle Mittel und habe ich die Gelegenheit und die intellektuellen und materiellen Ressourcen nicht, eine weiterführende Schule zu besuchen, dann wird der erreichbare Traum, Arzt zu werden, schnell eine demotivierende, da unerreichbare Utopie. Visionen müssen daher realistisch sein.

In den Vorschlägen einer kommunistischen, schrumpfenden Wirtschaft bei gleichzeitiger Enteignung der großen Vermögen, also eine Kombination aus allen innovativen Vorschlägen für ein neues Wirtschaftssystem, müssen auch die demokratischen Verhältnisse Berücksichtigung finden. Was ist in einem politischen Gemeinwesen machbar, in dem die Interessen von vielen Bürger*innen zu einem Gesamtkonzept integriert werden müssen? Wie groß ist die Wahrscheinlichkeit, ein solches innovatives Konzept umzusetzen, wenn ich die Mehrheit der Bevölkerung gegen mich habe? Millionäre gibt es relative wenige. Man schätzt, dass im Jahr 2024 etwa 555.000 von ihnen in Deutschland leben (vgl. Böff, 2024). Doch ist ihre politische Macht überproportional groß im Vergleich zum Rest der Bevölkerung. Sie verfügen über mächtige Lobbygruppen und Beziehungen zu den richtigen Parteien. Gegen sie ist eine Politik nur schwer durchzusetzen. Das heißt nicht, dass man es nicht versuchen könnte. Doch realistisch ist das nicht. Enteignungen zur Begrenzung von großen Vermögen über zehn Millionen, wie das Konzept des Limitarismus vorsieht, sind so wenig wahrscheinlich und rechtlich ausgeschlossen. Natürlich, werden Sie jetzt einwenden, könne man ja nach Politik gegen die Mächtigen und Reichen betreiben. Natürlich! Theoretisch jedenfalls. Praktisch wird eine solche Politik an Grenzen stoßen und den sozialen Frieden herausfordern.

Ein Wirtschaftssystem des schrumpfenden Kapitalismus setzt voraus, dass eine demokratische Mehrheit die Plausibilität eines solchen Modells akzeptiert. Doch das ist nicht der Fall. Fabian Lindner, Professor für Internationale Ökonomie an der Hochschule für Technik und Wirtschaft in Berlin, bringt es auf den Punkt (Lindner, 2023):

„So verdienstvoll die Auseinandersetzung mit der Frage der Ungleichheit ist, die auch Postwachstums-Anhänger:innen umtreibt (…), so sehr ist doch zu vermuten, dass eine Stagnation und erst recht eine Schrumpfung der Wirtschaft eher zu einer Zunahme als zu einer Abnahme der Ungleichheit führen dürfte. Wenn der Übergang in eine schrumpfende oder stagnierende Wirtschaft mit weniger Einkommensungleichheit friedlich und demokratisch gelingen soll, müsste ein enormer politischer Konsens hergestellt werden, der aber vollkommen unrealistisch ist."

Es fällt zudem schwer, sich nach den ernüchternden Erfahrungen des sozialistischen Wirtschaftsmodells in Osteuropa eine erfolgversprechende kommunistische Variante der Ökonomie vorzustellen. Selbst China, in der Vergangenheit Verfechter eins sozialistischen Wirtschaftssystems, hat zum Kapitalismus gewechselt und etwa eine Milliarde Menschen aus der Armut gehievt (vgl. Fratzscher, 2024a). Eine Utopie muss daher, so das Fazit, realistisch sein und

## 5 Alternative: Der reformierte Kapitalismus

auf die realen Gegebenheiten der Ökonomie eingehen. Es bringt nichts, sich immer und immer wieder mit Planmodellen eines Postwachstums- Schrumpfungskapitalismus oder gar kommunistischer Provenienz herumzuschlagen. Sie werden dadurch nicht realistischer. Der Realität nähert man sich eher dadurch an, dass man den Kapitalismus reformiert in Richtung der Ideale, die wir in Abschn. 5.1 bereits formuliert haben: Wohlstand für alle, wie in damals Ludwig Erhard weise definiert hatte, Reduzierung der sozialen Ungleichheiten und Bekämpfung der drohenden ökologischen Katastrophe.

Dies alles kann man aber dem Markt nicht alleine überlassen. Genauso wenig wie der Markt die soziale Komponente abfangen kann, sprich die Sozialleistungen für die aus unterschiedlichsten Gründen vom Markt zu kurz gekommenen, genauso wenig kann der Markt alleine diese Ziele erreichen. Der Staat muss hier punktuell und gezielt eingreifen. Der Ökonom und Chef des DIW, Marcel Fratzscher, formuliert zurecht (Fratzscher, 2024a):

„Kapitalismus bedeutet nicht, dass die dezentralen Entscheidungen Einzelner im Markt immer und überall besser sind als staatliche Allokationen und Entscheidungen. Denn allzu häufig scheitert der Markt, wenn Menschen und Unternehmen zulasten anderer den Markt dominieren oder große Risiken nur durch die Gesellschaft als Ganzes getragen werden können. Ein Marktversagen rechtfertigt nicht die Abschaffung des Marktes, sondern erfordert ein Eingreifen des Staates, um ein solches Versagen zu verhindern."

Daher möchte ich im Folgenden einen reformierten Kapitalismus entwickeln, der realistisch gestaltet ist und andererseits so konkret angelegt ist, dass diese Elemente auch umsetzbar sind. Dabei werden die Vorschläge auf einem bestimmten Detaillierungsgrad stehenbleiben. Ich bin kein Politiker und habe mir nicht die Aufgabe gestellt, einen reformierten Kapitalismus in den operativen Einzelheiten zu beschreiben. Das ist die Aufgabe der Fachleute in der Politik. Mir geht es vor allem um eine vergleichsweise konkrete Diskussionsbasis, wie ein erfolgreiches Wirtschaftssystem durch Arbeit an der berechtigten Kritik noch besser werden kann. Denn nur so erhalten wir am Ende eine konkrete Idee darüber, warum das mängelbehaftete System des Kapitalismus heute dennoch überleben wird, wie ich es im Buchtitel bereits angedeutet habe. Sehen wir uns im Folgenden nun die aus meiner Sicht wesentlichen Elemente eines reformierten Kapitalismus an.

# 6
# Elemente der Umsetzung eines reformierten Kapitalismus

## 6.1 Ökologisch verträglich. Freiwilliger Verzicht statt Verbote

Ideen zur Verheiratung von Ökologie und Ökonomie gibt es viele (vgl. exemplarisch eine meiner letzten Veröffentlichungen, Pietsch, 2022c, S. 179 ff.). Wichtig sind vor allem zwei Dinge: Sie müssen so konkret und operativ umsetzbar wie möglich und sie müssen auch tatsächlich umgesetzt werden! Es hilft nichts sich vorzunehmen, theoretisch die Wirtschaft ökologischer zu gestalten, wir müssen es auch großflächig und gemeinsam mit allen Beteiligten umsetzen. Konkret geht es dabei erstens um den Staat, der die Rahmenbedingungen setzen muss. Zweitens die Unternehmen, die ihre Geschäftsprozesse nach allen Regeln der Kunst detailliert und konsequent auf ökologische Potenziale durchforsten müssen. Dabei ist vor allem darauf zu achten, die Kreativität und die Motivation aller Mitarbeitenden in diesem Prozess mit einzubinden, um die maximale Durchschlagskraft zu gewährleisten. *Drittens* schließlich sind alle privaten Haushalte, also wir alle, aufgefordert, sich an einer konsequenten und durchorganisierten ökologischen Ausrichtung zu beteiligen.

Dabei lohnt es sich an dieser Stelle über zwei konkurrierende Kernprinzipien nachzudenken: Staatlich verordnete Verbote per Gesetz im Vergleich zu freiwilligen Anreiz- und Belohnungssystemen. Der Mensch, wir alle, lässt sich ungern in seinem täglichen Verhalten einschränken. Psychologische Experimente haben gezeigt, dass Einschränkungen von Wahlmöglichkeiten beim Menschen eine Reaktanz hervorrufen (vgl. im Folgenden Dickenberger, 2022). Dabei bezeichnet man Reaktanz in der psychologischen Theorie als

> „… eine motivationale (Motivation) Erregung mit dem Ziel, die bedrohte Freiheit wiederherzustellen." (Dickenberger, 2022).

Nehmen wir an, wir würden Kurzstreckenflüge oder Verbrennermotoren bei Autos von heute auf morgen verbieten, würden sich nicht nur diejenigen zu Worte melden, die davon direkt betroffen wären, sondern auch alle Menschen, denen ein solches Verbot prinzipiell zu weit geht. Menschen wehren sich gegen eine solche Einschränkung häufig, indem sie dieses verbotene Verhalten dennoch an den Tag legen oder u. a. mit Aggressivität gegenüber denjenigen, die sie für die Verantwortlichen der eingeschränkten Freiheit halten (vgl. Dickenberger, 2022). Diese Theorie und ihre Reaktion darauf gilt natürlich nicht nur für Verbote, sondern auch für Gebote wie uns die Reaktionen auf das von der Bundesregierung erlassene Heizungsgesetz schmerzlich in Erinnerung ruft (exemplarisch Emmrich, 2023):

> „Maximaler Zeitdruck bei maximaler Verwirrung. … Fristen, Übergangsfristen und Ausnahmen von Fristen. Wärmequellen und Wärmenetze, Effizienzpflicht und Sanierungs-

## 6 Elemente der Umsetzung eines reformierten ...

zwang. Debatten über Altersgrenzen von Heizungen, Häusern und Hausbesitzern. Ganz zu schweigen von der Frage, wer eigentlich welche Förderung bekommen könnte. Die halbe Republik war gezwungen, sich innerhalb von Tagen zum Heizkesselexperten fortzubilden."

Fairerweise muss man zugestehen, dass dahinter eine gute Absicht stand, nämlich die Folgen des Klimawandels u. a. durch eine effiziente Heizung abzufedern. Abgesehen von der Kurzfristigkeit und der Verwirrung traf hier vor allem das Phänomen des Reaktanz Effekts voll zu. Darüber hinaus stellte es Eigentümer*innen von älteren Häusern häufig vor finanziell unlösbare Aufgaben.

Neben diesem Modell der Ge- und Verbote existiert eine weitere Möglichkeit, eine Verhaltensänderung bei den Menschen zu erzeugen: Der schlagende Beweis des besseren Arguments, d. h. Überzeugung, und ein entsprechendes Anreiz- und Belohnungssystem. Psychologisch funktioniert ein Anreiz- und Belohnungssystem wie folgt. Anreize setzen auf die Kraft von stimulierenden Faktoren, die bestimmte Verhaltensweisen fördern und andere, unerwünschte, vermeiden helfen (vgl. Liebig, 2022). Koppelt man diese Anreize noch mit einem Belohnungs- bzw. Sanktionssystem, dann kann dieser Mechanismus sehr effizient sein. So haben Abwrackprämien dazu beigetragen, dass ältere, umweltschädigende Autos schneller aus dem Markt geholt werden konnten. Staatliche Bonuszahlungen beim Erwerb von Elektrofahrzeugen haben die Hochlaufkurve der alternativen Antriebe deutlich beschleunigt etc. Wir alle kennen das auch bei Kindern. Wird ein bestimmtes Verhalten gelobt, dann steigt die Wahrscheinlichkeit, dass das Kind diese Verhaltensweisen wiederholt. Umgekehrt sorgen wir mit Strafen dafür, dass unerwünschte Verhaltensmuster sukzessive zurückgedrängt werden, sofern die Erläuterung des Fehlverhaltens dem Kind eingängig ist.

Daher macht es sicherlich Sinn, verstärkt auf ein Anreiz- und Belohnungssystem zu setzen, wenn man ökologieorientierte Verhaltensänderungen hervorrufen will und weniger mit Ge- und Verboten arbeitet. Zeitgleich sollte eine gezielte Informationskampagne mit Breitenwirkung die Bevölkerung über die Folgen umweltschädigenden Verhaltens aufklären. Damit bewirkt man eher ein Umdenken in weiten Teilen der Bevölkerung und kann dazu aufrufen, freiwilligen Verzicht bei bestimmten umweltschädlichen Produkten zu üben oder bestimmte Verhaltensweisen zu ändern. Manchmal allerdings kommt man an Verboten bestimmter Stoffe nicht vorbei, wie die Diskussion um Fluorchlorkohlenwasserstoffe (FCKW)-freie Sprays in der Vergangenheit gezeigt hat. Da sie nachweislich die Ozonschicht schädigen, wurden sie 2010 weltweit mit einem Produktionsstopp belegt. Bereits 1987 wurde im sogenannten Montreal-Protokoll das Ende der FCKWs beschlossen (vgl. Stein, 2023). Dies sollte allerdings *ultima ratio* sein, also nur dann, wenn ich nicht mehr weiterweiß.

Wir haben vorhin die drei Bereiche aufgezählt, die bei der Gestaltung einer ökologischen Wirtschaft eine wesentliche Rolle spielen: Staat, Unternehmen und private Haushalte, also wir alle. Sehen wir uns im Folgenden ausgewählte Elemente und Maßnahmen an, wie der Übergang zu einer klimaneutralen Wirtschaft gelingen kann. Behalten wir dabei unsere Überlegungen zu einem Anreiz- und Belohnungssystem im Hinterkopf. Bevor wir allerdings die einzelnen Bereiche systematisch durchgehen und überlegen, welche Rolle den einzelnen Sektoren bei der ökologischen Transformation des Kapitalismus zukommt, lohnt sich ein Blick über die Landesgrenze: Nach Dänemark.

In der Überlegung zu innovativen und effizienten Ansätzen eines gelungenen Übergangs von einer Wirtschaftsform zu einer anderen, hilft es immer, den Blick über den

## 6 Elemente der Umsetzung eines reformierten …

(geografischen) Tellerrand Deutschlands zu werfen. So gilt unser nördlicher Nachbar Dänemark als Vorreiter einer gelungenen ökologischen Transformation der Wirtschaft (vgl. im Folgenden Umweltdialog, 2023). Dänemark hat bereits in den 1970er-Jahren erkannt, dass es mit der Umweltbelastung und dem drohenden Klimawandel so nicht mehr weitergehen kann. Ausgangspunkte waren vor allem der Bericht des *Club of Rome* mit der Endlichkeit natürlicher Ressourcen und die Ölkrise 1973 (vgl. dazu vor allem Beule, 2023). Damals stiegen die Ölpreise dramatisch an und das Angebot wurde gleichzeitig zum Teil politisch verknappt, was allen Akteuren schlagartig die Abhängigkeit der Ressource Öl deutlich vor Augen führte. Gleichzeitig wurde die schädigende Wirkung fossiler Rohstoffe gesehen. Der Ölpreis stieg innerhalb kürzester Zeit auf das Vierfache.

Spätestens seit damals hat sich die dänische Regierung verpflichtet, die $CO_2$-Emissionen zu minimieren und den Anteil an erneuerbaren Energien so schnell wie möglich hochzufahren. Da Dänemark mit seinen Küsten und kleineren Insel ein sehr windreiches Land ist, wurde vor allem die Windenergie stark ausgebaut. Heute bezieht Dänemark mehr als 40 % seiner gesamten Energie aus Windkraft (vgl. Umweltdialog, 2023, vor allem im Folgenden). Diesem Ziel der Maximierung erneuerbarer Energien hat die dänische Regierung alle Maßnahmen untergeordnet. Alle Unternehmen, ob groß oder klein wie zahlreiche Start-ups belegen, wurden mit Anreizen bestärkt, Lösungen zur Steigerung von Energieeffizienz zu entwickeln und die $CO_2$-Emissionen dramatisch zu reduzieren. So wurde z. B. in der Hauptstadt Kopenhagen ein intelligentes Stromnetz installiert, mit dessen Hilfe sich überschüssige Energie aus Windkraft speichern und bei steigender Nachfrage an die Verbraucher*innen verteilen lässt.

Kopenhagen, anders als die meisten Hauptstädte Europas, will bereits im Jahr 2025 (!) klimaneutral sein. Dazu wurden eine Reihe von Maßnahmen und Konzepten entwickelt (vgl. im Folgenden Umweltdialog, 2023). Verbesserte Energieeffizienzstandards in Gebäuden, grüne Verkehrslösungen, d. h. Fahrräder werden zum bevorzugten Verkehrsinstrument in Kopenhagen mit entsprechender Infrastruktur an Fahrradwegen und der Verkehrsführung, lokal erneuerbare Energieproduktion, neue Grünflächen in der Stadt zur Aufnahme von $CO_2$ etc. Wichtig ist dabei, dass die Bürger*innen alle mitgenommen werden inklusive deren Engagement und Kreativität. So werden Ideen der Bürger*innen mit aufgegriffen bei der nachhaltigen Stadtplanung und -entwicklung. Konkrete Stichworte sind hier Stadtbauernhöfe, Gemeinschaftsgärten und vieles mehr.

Doch fast noch viel wichtiger als konkrete Initiativen ist die Einstellung und das gesellschaftliche Engagement der gesamten Bevölkerung Dänemarks. Von klein auf lernen bereits die Schulkinder, wie wichtig ein nachhaltiger Lebensstil ist und wie wichtig eine gesunde Natur für uns alle ist. Die Bildung setzt daher in Dänemark vom Kindergarten angefangen bis hin zur Schule auf altersspezifische Konzepte zur Vermittlung eines Umweltbewusstseins. So etwas kann nicht von oben verordnet werden, sondern basiert auf Wissen und Vorbild der Eltern. Entsprechend ausgeprägt ist das Umweltbewusstsein in der gesamten Bevölkerung Dänemarks. Dänemark fördert konsequenterweise auch die ökologische Landwirtschaft und steigert nahezu jährlich deren Anteil. Bis 2030. So das ambitionierte Ziel, soll eine vollständig ökologische Landwirtschaft entstehen. Die Zeichen dafür stehen gut.

Auch die dänische Wirtschaft wird für dieses nachhaltige Konzept eingespannt. Angefangen von großen Konzernen bis zu kleineren Start-Ups sind nahezu alle dänischen

## 6 Elemente der Umsetzung eines reformierten ...

Unternehmen eingebunden, wenn es darum geht, nachhaltige Konzepte zu entwickeln und konkret umzusetzen. So wird die Lieferkette auf Nachhaltigkeit hin durchforstet, Abfälle konsequent auf ein Minimum reduziert und es wird konsequent auf erneuerbare Energien gesetzt. Die Brauerei Carlsberg etwa oder der Windenergieanlagenhersteller Vestas haben sich verpflichtet, ihren Umweltausdruck zu minimieren bzw. bis 2040 $CO_2$-neutral zu sein. Neben der umweltpolitischen Agenda stellt sich Dänemarks Wirtschaft auch ganz in das Zeichen des Gemeinwohls. Außer dem Umweltschutz steht auch die Bekämpfung von Armut, die Förderung von Bildung und Gesundheit und die Gleichstellung von Männern und Frauen auf der Agenda ganz oben. Mit dem Ziel alleine ist es zwar nicht getan. Doch scheinen die Bestrebungen unserer nördlichen Nachbarn so konsequent verfolgt zu werden, dass die Zielerreichung realistisch erscheint. Ohne ambitionierte Ziele kein Fortschritt!

Der entscheidende Punkt dabei ist aus meiner Sicht, dass die Bevölkerung von der Regierung und den staatlichen Stellen in die Erarbeitung eines solchen Konzepts proaktiv eingebunden wird und ein Großteil der Bevölkerung auch tatkräftig unterstützt. Dies setzt einen Einstellungswandel voraus, der durch Bildung, intensive Diskussionen einzelner Bevölkerungsteile und einem offenen Austausch über die Notwendigkeit einer ökologischen Transformation eher erreicht wird als durch Ge- bzw. Verbote. Wenn wir im Folgenden einen ökologisch verträglichen Kapitalismus konzipieren wollen, müssen wir wie oben bereits erwähnt, an drei Stellhebeln ansetzen, dem Staat, den Unternehmen und den privaten Haushalten. Lassen Sie uns auf den folgenden Seiten diese einzelnen Stellhebel einmal durchkonjugieren.

## Der Staat

Aufgabe des Staates ist es vor allem, den Rahmen für die Wirtschaft zu setzen. Wie wir am Beispiel Dänemarks gesehen haben, legt die Bildung bereits der Kleinsten in unserer Gesellschaft die Grundlagen für eine ökologische Umgestaltung der Wirtschaft. Lehrpläne müssen angepasst werden. Natur muss wieder erlebbar werden. Ich erinnere mich noch lebhaft an den Biologieunterricht in der Grundschule des Gymnasiums. Anstelle von Buchseiten mit abfotografierten Pflanzen- und Baumarten in alten Schulbüchern haben wir uns mit unserem damaligen Lehrer die heimischen Pflanzen vor Ort angesehen. Wir haben sie gepflückt und analysiert, sie bezeichnen gelernt und die einzelnen Bestandteile begutachtet. Jedes Kind in Deutschland sollte nicht nur die Artenvielfalt kennenlernen, sondern auch um deren Bedrohung wissen. Vor allem, was gegen das Artensterben getan werden kann und vor allem, welche dramatischen Folgen es nach sich ziehen wird, wenn wir jetzt nicht gegensteuern.

Dabei soll es sich nicht um einen Unterricht handeln, der die Apokalypse und damit den drohenden Untergang der Erde herbeibeschwört und den Kindern regelrecht Angst macht und eine schwarze Zukunft malt. Im Gegenteil, sollten nüchtern die Zahlen, Daten und Fakten erläutert werden und wie dort heute gegengesteuert werden kann. Der Klimawandel ist Fakt und sollte ebenfalls als solcher in das Bildungscurriculum unserer Kinder und Enkelkinder integriert werden. So werden mündige Bürger erzogen, die die nötige Sensibilität für Umweltfragen von Kindesbeinen an mitbekommen. Nicht nur in der Schule, sondern auch in den Familien sollten diese Fragen der Umwelt aktiv diskutiert werden. Selbstverständlich werden nicht alle einer Meinung sein. Das müssen sie auch nicht.

Eine lebhafte Diskussion lebt von unterschiedlichen Positionen, die aufeinanderprallen. Diese Diskussion müssen wir aushalten und im Gegenteil sogar noch fördern.

Der Staat hat viele Aktionsfelder zur Verfügung. Analog der Vorgehensweise in einem Unternehmen kann er sich ambitionierte Ziele setzen. Wann sollte die Klimaneutralität erreicht werden und vor allem auf welchem Weg? Entscheidend ist dabei, möglichst alle Beteiligten mitzunehmen. Dass der Staat, in Deutschland bestehend aus Bund, Ländern und Gemeinden eine sogenannte Task Force einrichtet, d. h. eine Arbeitsgruppe, bestehend aus Wissenschaftler*innen, Spezialist*innen und politischen Entscheidungsträger*innen, ist nachvollziehbar. Angereichert sollten diesen Arbeitsgruppen werden durch eine repräsentativ zusammengesetzte Gruppe von Bürger*innen, die ihre Sorgen und Nöte bzw. Bedenken bei der praktischen Umsetzung ökologischer Fragen äußern können. Je breiter der Diskurs, desto eher ergibt sich die Möglichkeit, alle mitzunehmen auf dem großen Pfad der Transformation in Richtung einer ökologischen Wirtschaft. Inhaltlich liegen die meisten Punkte bereits auf dem Tisch. Es kommt auf den allgemeinen Konsens und die konsequente Umsetzung an.

Im Folgenden möchte ich Anleihen nehmen an zwei Quellen. Zum einen an einem meiner früheren Veröffentlichungen, wo ich mich intensiv mit der ökologischen Transformation der Wirtschaft beschäftigt habe (vgl. Pietsch, 2022c, S. 179 ff.) und zum anderen anhand des Bayerischen Klimaschutzprogramms von 2022 (vgl. Klimaschutzprogramm, 2022), das sehr praktisch zeigt, wie der Staat ökologieorientiert die heimische Wirtschaft steuern kann. Das bedeutet keinerlei parteipolitische Präferenz für die Bayerische Staatsregierung, sondern soll lediglich anhand eines sehr konkreten Beispiels zeigen, welche Einflussmöglichkeiten der Staat bei der Gestaltung eines nachhaltigen Wirtschaftsprogramms hat. Gleichzeitig sind meines Erachtens in dem bayerischen Nachhaltigkeitsfahrplan inhaltlich alle wesentlichen Hebel zur stärkeren ökologischen Ausrichtung der Wirtschaft abgebildet. Das Bayerische Klimaschutzprogramm von 2022, im Folgenden BKP genannt, definiert fünf konkrete Aktionsfelder, anhand derer dem Klimawandel, der natürlich auch Bayern betrifft, mit staatlicher Unterstützung entgegengewirkt werden kann.

Erstens Erneuerbare Energien und Stromversorgung, zweitens natürliche $CO_2$-Speicher (Wald, Moore, Wasser), drittens Klimabauen und Klimaarchitektur, viertens smarte und nachhaltige Mobilität und fünftens CleanTech, Klimaforschung und Green IT (vgl. Klimaschutzprogramm, 2022, S. 1–3). Das BKP legt einen klaren Zeitplan fest, bis zu dem die Klimaneutralität des Staates selbst, der natürlich Vorbild für die Bevölkerung aber auch für die Unternehmen sein sollte, erreicht werden soll. 2023 für die Bayerische Staatsregierung und 2028 die gesamte Staatsverwaltung (vgl. Klimaschutzprogramm, 2022, S. 6). Wesentlich hierbei ist vor allem, dass die Umsetzungsmaßnahmen möglichst quantifizierbar und somit messbar sind, etwa in eingesparten Treibhausgasemissionen (in Tonnen $CO_2$ pro Jahr, vgl. Klimaschutzprogramm, 2022, S. 9). Ferner sollten die angestoßenen Maßnahmen in ihrer Wirkung auf das Ziel regelmäßig verfolgt und ggfs. angepasst werden, ein sogenanntes Ziel- und Maßnahmenmonitoring (vgl. Klimaschutzprogramm, 2022, S. 9).

Zur Konkretisierung der einzelnen Aktionsfelder wurden z. B. im Aktionsfeld 1 zu den erneuerbaren Energien und Stromversorgung 35 Einzelmaßnahmen definiert (vgl. Klimaschutzprogramm, 2022, S. 12 ff.). Hier findet sich beispielsweise eine Investitionsförderung von Wasserkraftanlagen, ein Masterplan Geothermie, d. h. wie ich die in

## 6 Elemente der Umsetzung eines reformierten …

der Erdkruste gespeicherte natürliche Wärme zum Heizen, zur Erzeugung elektrischen Stroms etc. nutzen kann. Ferner wird überlegt, wie Rohbiogas genutzt und verwendet werden kann. Ähnliches gilt für Windstromerzeugung und Solarthermie, d. h. die Nutzung der Sonnenenergie etwa durch Solarkollektoren, und die gezielte Aufbereitung nachwachsender Rohstoffe. Gleichzeitig kann das Verhalten von Unternehmen gezielt im Sinne einer nachhaltigen Wirtschaft gesteuert werden. So existiert im Rahmen des BKP ein Sonderprogramm „Energieeffizienz im Unternehmen" (vgl. Klimaschutzprogramm, 2022, S. 17), das vor allem bei kleineren und mittleren Unternehmen für $CO_2$-sparende Investitionen, etwa in Gebäude oder generell Unternehmensprozesse einen staatlichen Zuschuss vorsieht. Zudem werden innovative Projekte zur Dekarbonisierung staatlich gefördert, um den Anreiz zu verstärken, solche Konzepte zu entwickeln, zu pilotieren und idealerweise großflächig auszurollen (vgl. Klimaschutzprogramm, 2022, S. 19). Unternehmen erhalten darüber hinaus ein sogenanntes „Ökodarlehen" im Rahmen eines Umweltkreditprogramms (vgl. Klimaschutzprogramm, 2022, S. 26), wenn Umweltschutzmaßnahmen und -projekte entwickelt und umgesetzt werden. Darüber hinaus können zinsvergünstigte Darlehen der LfA Förderbank Bayern in Anspruch genommen werden, wenn Unternehmen auf energieeffizientere Energieversorgung umsteigen (vgl. Klimaschutzprogramm, 2022, S. 30).

Gleichzeitig geht der Bayerische Staat in Vorleistung und treibt die Klimaneutralität in den eigenen Behörden voran (vgl. Klimaschutzprogramm, 2022, S. 21 ff.). Potenziale zur Emissionsreduzierung werden konsequent und im Detail erhoben und dokumentiert. Staatliche Gebäude erhalten sukzessive eine Fotovoltaik-Anlage, mit deren Hilfe

Sonnen- bzw. Lichtenergie mittels Solarzellen in elektrische Energie umgewandelt werden kann. Staatliche Gebäude werden energetisch saniert, um den strengen Umweltauflagen zu genügen. Land- und forstwirtschaftliche Maschinen, sogar staatliche Kantinen sind ebenso wenig von der Transformation verschont wie Schulen, die sich mit Projekten zur Klimaneutralität bewerben können. Kommunaler Klimaschutz sollte ebenfalls selbstverständlich werden und wird entsprechend gefördert. Bildungseinrichtungen werden gezielt eingebunden, um auch die Kleinsten von der Bedeutung des Klimaschutzes zu überzeugen. Entsprechende Projekte und Initiativen werden ebenfalls vom bayerischen Staat bezuschusst (vgl. Klimaschutzprogramm, 2022, S. 29).

Im Aktionsfeld 2, der Förderung natürlicher $CO_2$-Speicher, wird vom Land Bayern eine umfangreiche Waldumbauoffensive gestartet, die bis 2030 die etwa 700.000 Waldbesitzer Bayerns inklusive kommunale Wälder beraten und schulen, Waldumbauprojekte finanziell fördern und klimaneutrale Konzepte bereitstellen (vgl. Klimaschutzprogramm, 2022, S. 33 f.). Bis Ende 2024 sollen zudem etwa 30 Mio. Bäume im Staatswald gepflanzt werden, Moore renaturiert und die Klimaresilienz der Gewässer erhöht werden (vgl. Klimaschutzprogramm, 2022, S. 34 ff.). Man kümmert sich sowohl um die Sicherstellung der Trinkwasserversorgung als auch um die Vorsorge gegen Trockenheit und Dürre aber auch im umgekehrten Fall um das Risikomanagement Starkregen (Hochwasserchecks, vgl. Klimaschutzprogramm, 2022, S. 41 ff.). Die Ökofläche in Bayern soll bis 2030 von 11 % der landwirtschaftlichen Nutzfläche auf 30 % steigen. Agrarwissenschaftliche Einrichtungen, die sich mit der klimaverträglichen Landwirtschaft beschäftigen, werden künftig ausgebaut (vgl. Klimaschutzprogramm, 2022, S. 48).

## 6 Elemente der Umsetzung eines reformierten …

Für das Aktionsfeld 3, das sich mit dem klimagerechten Bauen und der entsprechenden Architektur auseinandersetzt, soll ebenfalls eine Task Force etabliert werden mit möglichst breiter Beteiligung aus Theorie und Praxis (vgl. im Folgenden Klimaschutzprogramm, 2022, S. 51 ff.). Klimaneutrale Modellbauten und -vorhaben, der Städtebau generell werden gezielt gefördert. Die Bayerische Architektenkammer berät kostenlos zu Energie und Nachhaltigkeit. Es erfolgt eine umfangreiche staatliche Förderung von energetischer Sanierung, Förderung urbaner, grüner Infrastruktur, mehr Raum in den Städten für nicht motorisierten Verkehr, sprich Fußgänger und Radfahrer. Darüber hinaus Förderung des Holzbaus inklusive des Angebots an Fachberatung, Weiterbildungs- und Qualifizierungsprogramme. Flachdächer sollen begrünt (*Urban Gardening*), ganze Dörfer und Gemeinden klimaneutral weiterentwickelt werden. Gebaut werden soll künftig mit recycelten Baustoffen und vieles mehr.

Im Aktionsfeld 4, smarte und nachhaltige Mobilität, soll der öffentliche Personennahverkehr bedarfsorientiert weiterentwickelt werden (vgl. Klimaschutzprogramm, 2022 im Folgenden S. 63 ff.). Um die einzelnen Pendler (u. a. auch Schüler*innen, Studierende, Auszubildende) verstärkt in den öffentlichen Personen-Nahverkehr (ÖPNV) zu integrieren, sollen attraktive Jahrestickets angeboten werden, der emissionsfreie ÖPNV („Klimabusse") vorangetrieben und ausgebaut werden. Gleiches gilt für Fahrradwege mit entsprechender Infrastruktur und der vermehrten Schaffung von Park und Ride-Möglichkeiten. Gleichzeitig pilotiert die Region Memmingen für Bayern die Zukunft der Mobilität. Wie können künftig die verschiedenen Verkehrsträger so miteinander vernetzt und einzeln optimiert werden, um möglichst reibungslos und klimaneutral zusammenwirken zu können?

Auch vor der Elektrifizierung (zunächst) einzelner regionaler Eisenbahnstrecken soll nicht Halt gemacht werden. Selbst der Campingtourismus soll nachhaltiger werden und vor allem mit Elektromobilität auskommen. Um den LKW-Verkehr zunehmend emissionsfrei zu gestalten, setzt man hier eher auf den Wasserstoffantrieb. Folglich wird massiv in die Wasserstoffinfrastruktur investiert, was mittelfristig auch PKWs zugutekommt. Der Wasserstoffantrieb soll zu einer weiteren Variante der emissionsfreien Mobilität neben der Elektromobilität werden. Auch in diesem Aktionsfeld soll der Staat mit gutem Beispiel vorangehen. Staatsregierung und -bedienstete sollen ihre Flugreisen auf ein Minimum reduzieren, bis zu zwei Drittel der Staatsflotte auf alternative Antriebe umgestellt werden. Dazu dient der forcierte Ausbau der Ladesäuleninfrastruktur in Bayern, vor allem im Zeitraum bis 2030.

Das Aktionsfeld 5 schließlich, das sich mit CleanTech, Klimaforschung und Green IT beschäftigt, wird inhaltlich anhand von 44 konkreten Einzelmaßnahmen beschrieben (vgl. Klimaschutzprogramm, 2022, S. 76 ff.). Sie reichen von der Forschung klimatoleranter Bäume, der Klimaforschung in den bayerischen Nationalparks über die Schaffung eines bayerischen Zentrums für Klima-Resilienz und Klimaforschung zum Klimadialog mit Wirtschaft und Kommunen oder Weiterbildungsangebote für Lehrkräfte zur Stärkung des Klimabewusstseins. Angebote gibt es hierbei für alle Zielgruppen, von den „Ökokids" über wissenschaftliche Initiativen („KI für Klimaschutz in Bayern") bis hin zur Klimaanpassung in der Pflege. Selbst an Maßnahmen der sogenannten „Green IT", vor allem digitale Anwendungen in Rechenzentren, ist gedacht.

Ich bin überzeugt, dass andere Bundesländer und der Bund selbst ein ähnliches Maßnahmenpaket entwickelt haben und es sich zum Teil in der Umsetzung befindet.

Wichtig bei der ökologischen Transformation der Wirtschaft ist vor allem, dass es eine klare Vision, ein Zukunftsbild gibt, an das möglichst alle glauben und erstreben. Die Klimaneutralität bis zum Zeitpunkt X ist sicher die Grundlage, angereichert von Ideen, wie eine nachhaltige Mobilität, Umwelt und Unternehmen aussehen könnten. Klare und möglichst messbare, quantifizierbare Ziele helfen, das Zukunftsbild in verschiedenen Bereichen zu definieren. Eine klare, abgestimmte Strategie mit nachvollziehbaren und detaillierten, konkreten Maßnahmen pro Ziel hilft, dem Ziel schrittweise nahezukommen. Auf dem Weg zum Ziel muss der Fortschritt der Maßnahmen regelmäßig überprüft und im Zweifel korrigiert werden. Bisweilen sind die Ziele zu ambitioniert. Manchmal sind auch die entwickelten und umgesetzten Maßnahmen nicht zielführend. Man sollte im Sinne eines Transformationscockpits wie ein Pilot die Wesentlichen Kennziffern im Blick haben, um rechtzeitig gegensteuern zu können.

Entscheidend ist dabei, dass alle wesentlichen Akteure rechtzeitig und umfassend eingebunden werden. In den Kommunen sind Vertreter*innen von Politik, Wirtschaft und Wissenschaft genauso an den runden Tisch zu bringen wie engagierte Bürger*innen, die nicht nur Expertise aus den unterschiedlichen Lebensbereichen einbringen, sondern auch viele Ideen und Initiativen, die dann gemeinsam vorangebracht werden können. Nicht alles muss der Staat vorgeben. Manchmal reicht es auch, wenn der Staat den Rahmen setzt und die eine oder andere Initiative politisch und/oder finanziell fördert. Was die Zivilgesellschaft, also wir alle, letztlich in der Lage ist zu erreichen, wurde bereits vielfach unter Beweis gestellt (vgl. etwa den Bericht des Bundesministeriums für Arbeit und Soziales, Die Zusammenarbeit mit der Zivilgesellschaft, Zivilgesellschaft, 2024). Existiert eine klare und von der Mehrheit der Bevölkerung mitgetragene Vision inklusiver aller Maßnahmen und Kontrollinstrumente, dann kann eine Transformation der Wirtschaft in Richtung Nachhaltigkeit erfolgreich sein. Entscheidend ist allerdings, dass die Veränderungen mit der Bevölkerung und nicht gegen sie stattfinden.

## Die Unternehmen

Man kann sehr viel von den nachhaltigsten Unternehmen der Welt (vgl. im Folgenden Poll, 2024) lernen, wenn es darum geht, Unternehmen in Richtung Klimaneutralität zu bringen. So hat es beispielsweise die Firma Sims Ltd. aus Sydney in Australien geschafft, das nachhaltigste Unternehmen der Welt zu werden. Sims sammelt, sortiert und recycelt Metalle z. B. Aluminium, Edelstahl inklusive Industrieabfällen und Elektronikschrott und nimmt damit aktiv teil an der Kreislaufwirtschaft. Metalle werden wiederverwendet und nach der Nutzung nicht mehr achtlos weggeworfen. Das gesamte Geschäftsmodell des Unternehmens zielt darauf ab, möglichst keinen Abfall entstehen zu lassen und den entstandenen anderer Unternehmen wiederzuverwerten. Ebenfalls in Sydney ansässig ist die Firma Brambles Ltd., die sich zur Aufgabe gemacht hat, die globalen Lieferketten durch Recycling von Logistikpaletten und -behälter klimaneutraler zu gestalten. Ein wichtiger Akteur in der Kreislaufwirtschaft von der Produktion zur Wiederverwertung. Auch das drittplatzierte Unternehmen, die dänische Firma Vestas Wind Systems, ist bereits vom Geschäftsmodell auf Nachhaltigkeit ausgerichtet: Es produziert Windkraftanlagen. Ähnlich das deutsche Unternehmen Nordex, auf Platz fünf der globalen Rangliste, das sich auf Windenergie- und Windkraftanlagen spezialisiert hat.

Aber es gibt durchaus eine Vielzahl von Unternehmen, die unterhalb des bereits auf Nachhaltigkeit angelegten Ge-

## 6 Elemente der Umsetzung eines reformierten …

schäftsmodells ihre Unternehmensprozesse und -aktivitäten in Richtung maximale Nachhaltigkeit durchforsten. TravelPerk, die Buchungsplattform für Geschäftsreisen, hat 2024 68 Statistiken zur Nachhaltigkeit von Unternehmen zusammengestellt. Die Übersicht ist vor allem deshalb sehr interessant, als sie nicht nur offenbart, welche Strategien und Maßnahmen Unternehmen in Richtung Nachhaltigkeit verfolgen, sondern auch darüber, in welchem Ausmaß diese Aktivitäten auch tatsächlich gelebt werden (vgl. im Folgenden TravelPerk, 2024). So fehlt etwa 40 % der Unternehmen eine ausgewiesene Nachhaltigkeitsstrategie, obwohl 90 % der Firmenlenker*innen diese für wichtig halten. Der Beginn einer Nachhaltigkeitsstrategie beinhaltet in aller erster Linie eine klare Aussage darüber, was ich bis wann erreichen will. Im Falle der Nachhaltigkeit vor allem soll die Klimaneutralität bis zu einem bestimmten, sehr konkret und ambitioniert festgelegten Zeitpunkt erreicht werden. Erst auf dieser Basis kann es gelingen, mit Hilfe einer umfassenden Nachhaltigkeitsstrategie dieses konkrete Zielbild oder auch Vision zu erreichen.

Immerhin etwa zwei Drittel der Unternehmen sind auf nachhaltigere, etwa recycelte Materialien und emissionsärmere Produkte, umgestiegen. Ferner versuchen sie mit Hochdruck, ihre Energieeffizienz zu verbessern. Weltweit über 3000 Unternehmen orientieren sich an der Dekarbonisierung und der Kohlenstoffemissionsreduktion an der Klimawissenschaft: Sie nehmen an der sogenannten *Science Based Targets Initiative* (SBTI) teil. Besonders bemerkenswert ist, dass sich Stand Januar 2024 bereits über 4500 Unternehmen als sogenanntes „B Corps" Unternehmen haben zertifizieren lassen. Um ein solches Zertifikat zu erhalten, sind die höchsten Standards im Bereich Ökologie und soziale Standards einzuhalten. Diese individuelle Nachhaltigkeitseinschätzung erhält man, indem das Unternehmen flächendeckend anhand von detaillierten Kriterien bewertet wird (vgl. B Corp Deutschland 2024, B Impact Assessment). So wird z. B. danach gefragt, ob sich das Unternehmen in der Vergangenheit an der Definition von Umwelt- und sozialen Standards der Branche beteiligt hat. Wie wird etwa sichergestellt, dass die Nachhaltigkeitsagenda ganz oben auf der Entscheidungsliste steht und u. a. explizit in der Unternehmensmission formuliert wird? Inwieweit ist die Nachhaltigkeit in den Unternehmens-, Bereichs- und Abteilungszeilen verankert etc? Die eigene Bewertung der Unternehmen wird ergänzt um die externe Sicht. Mitarbeitende, die umliegende Stadt und Gemeinde aber auch die Kund*innen bewerten das Unternehmen aus Nachhaltigkeitsgesichtspunkten heraus (vgl. B Corp Deutschland 2024, B Impact Assessment).

Unternehmen durchforsten ihre gesamte Wertschöpfungskette auf der Suche nach Nachhaltigkeitspotenzialen. Angefangen von weniger und/oder emissionsärmere Transport und Logistik (*local for local*) über die Reduktion von Dienstreisen (55 % der Unternehmen praktizieren das bereits). Fast die Hälfte aller Unternehmen entwickeln neue klimafreundliche Produkte und Dienstleistungen und verlangen etwa von ihren Vorlieferanten die Einhaltung bestimmter Nachhaltigkeitsziele. 46 % der Unternehmen haben damit bereits begonnen. 37 % der Unternehmen sind bereits dazu übergegangen, die Vergütung ihrer Führungskräfte mit dem Erreichen von ökologischen Zielen zu verknüpfen. Der Kreativität sind keine Grenzen gesetzt. Sämtliche Unternehmensprozesse in der Entwicklung, der Produktion, in Vertrieb und Verwaltung sind flächendeckend zu analysieren, inwieweit nicht nachhaltiger entwickelt, produziert und vermarktet werden kann. Je konkreter die Messkriterien und die angestrebten Ziele, desto leichter lässt sich der Erfolg oder auch Misserfolg der Maßnahmen bewerten und ggfs. anpassen. Konkrete Maßnahmen mit

## 6 Elemente der Umsetzung eines reformierten ...

einer klaren Zeitleiste und eindeutigen persönlichen Verantwortlichkeiten helfen, die angestrebten Ziele pro Abteilung zu erreichen. So wird eine nachhaltige Vision eines Unternehmens Wirklichkeit.

Warum ist das konsequente und ambitionierte Verfolgen von Nachhaltigkeitszielen für Unternehmen wichtig? Dafür gibt es neben der gesellschaftlichen Aufgabe einer maximalen Schonung der Umwelt vor allem drei Gründe.

Erstens Kund*innen bewerten Unternehmen und deren Produkte und Dienstleistungen immer stärker auf Basis ökologischer und sozialer Themen (vgl. im Folgenden TravelPerk, 2024). So zeigen 88 % der Kund*innen eine höhere Loyalität gegenüber den Unternehmen, die sich für soziale und ökologische Belange einsetzen. 81 % wollen in den nächsten 5 Jahren mehr umweltfreundliche Produkte kaufen, 83 % bevorzugen eine Marke mit besserer Nachhaltigkeitsbilanz. Zumal gemäß Befragung mehr als die Hälfte der Verbraucher*innen bereit ist, für ein wiederverwendbares Produkt mehr zu zahlen als ein reines Wegwerfprodukt. Ein Preisaufschlag von bis zu 35 % wird von 70 % der Kund*innen akzeptiert.

Zweitens Mitarbeitende wollen in einem Unternehmen arbeiten, dass im Idealfall als Vorreiter in Bezug auf Umwelt- und sozialen Standards gilt (vgl. im Folgenden TravelPerk, 2024). So gaben mehr als 70 % der Mitarbeitenden von großen US-Unternehmen an, dass sie sich eher für ein Unternehmen mit ausgeprägter Umweltagenda entscheiden würden. Knapp 70 % der befragten Mitarbeitenden würden sich auch durch die umfangreiche Umweltagenda des Unternehmens dazu bewegen lassen, langfristig im Unternehmen zu verbleiben. Niemand möchte gerne in einem Unternehmen arbeiten, dass als Klimakiller gilt. Bemerkenswert ist hierbei jedoch, dass sich etwa ein Drittel der Mitarbeitenden durch eine ausgewiesene Nachhaltigkeitsagenda des Unternehmens noch mehr in die Arbeit investieren würden. Die Motivation, für ein nachhaltiges Unternehmen zu arbeiten, zahlt sich also motivatorisch aus. Schließlich würden sich knapp zwei Drittel der Befragten auch intensiv weiterbilden in Sachen Nachhaltigkeit, um sich künftig noch effizienter in dieser Hinsicht einbringen zu können. In der Quintessenz erleichtert eine Nachhaltigkeitsstrategie, die auch das hält, was sie verspricht und nicht zu einem Feigenblatt verkommt, die Rekrutierung von hoch motivierten Mitarbeitenden, verstärkt deren Loyalität zum Unternehmen und steigert sogar deren Motivation und Wissensbedarf.

Drittens Die Nachhaltigkeitsstrategie zahlt proaktiv auf das finanzielle Ergebnis des Unternehmens ein. Es lohnt sich für die Unternehmen also auch finanziell, wenn sie in die Ökologie investieren (vgl. im Folgenden TravelPerk, 2024). So kommen 180 (von 200 ausgewerteten) wissenschaftliche Studien zu dem Ergebnis, dass hohe ESG- (*Environmental, Social and Governance*) Standards die Kapitalkosten senken. 160 von 200 wissenschaftlichen Studien kommen zu dem Ergebnis, dass die Aktienkursentwicklung eindeutig positiv mit den Nachhaltigkeitsaktivitäten des Unternehmens zusammenhängt. Gleichzeitig wird den nachhaltigen Unternehmen auch ein geringfügig höherer Betriebsgewinn und eine höhere Rendite bescheinigt. Außerdem hilft die konsequent umgesetzte Nachhaltigkeitsstrategie den Unternehmen, beträchtliche Kosten zu sparen. So sind Gewinnsteigerungen bis zu 60 % möglich, wie eine McKinsey-Studie gezeigt hat (vgl. TravelPerk, 2024). Walmart konnte alleine durch Kraftstoffeffizienz in einem Jahr elf Millionen US-Dollar einsparen. General Electric konnte in 9 Jahren, von 2004 bis 2013, durch die Verringerung von Treibhausgasemissionen um 32 % und des Wasserverbrauchs um 45 % sage und schreibe 300 Mio. US-Dollar einsparen.

In der Summe können wir festhalten, dass Unternehmen auf allen Ebenen ihrer Tätigkeit einen großen Schritt in Richtung Nachhaltigkeit gehen können. Angefangen vom Geschäftsmodell wie etwa ein Hersteller von Windkraftanlagen oder anderen erneuerbaren Energien über einzelne Unternehmensprozesse bis zu den noch so kleinen konkreten Einzelmaßnahmen vor Ort. Wichtig ist wie bereits erwähnt, dass das Top Management des Unternehmens sich an die Spitze der Transformation des Unternehmens in Richtung Nachhaltigkeit bewegt. Ausgehend von einem klaren Zielbild (für alle, die den Begriff der Vision nicht mögen) über eine klare Nachhaltigkeitsstrategie mit eindeutigen Zielen für alle Bereiche des Unternehmens, in deren Entwicklung nicht nur das Management, sondern auch die einzelnen Mitarbeitenden vor Ort eingebunden sind. Daraus abgeleitete Maßnahmen sind so weit wie möglich zu konkretisieren, zu detaillieren und zu quantifizieren. Eine regelmäßige Kontrolle der Wirksamkeit der Maßnahmen hilft, die Ziele zu erreichen. Dabei helfen klare Verantwortlichkeiten und eine gemeinsam definierte, ambitionierte, aber realistische Zeitleiste. Der Lohn dafür sind hoch motivierte Mitarbeitende, eine positive Sicht der Kund*innen auf das Unternehmen und schließlich die Steigerung des Unternehmensgewinns und der Rendite mit einer gesellschaftlich guten Sache.

## Die privaten Haushalte

Natürlich können auch die Bürger*innen, also wir alle, einiges tun, um die Umwelt zu schonen. Neben der eigenen Kreativität kann man heute schon auf unterschiedliche Checklisten zugreifen, wie man als Bürger*in täglich das Klima schonen kann. So hat die Stadt Leipzig mit den Verantwortlichen ein sogenanntes „Klimasparbuch" entwickelt mit praktischen Tipps für ein nachhaltigeres Leben im Alltag (vgl. Stadt Leipzig, 2024). So werden wesentliche Bereiche des täglichen Lebens dargestellt und Hinweise zur Verfügung gestellt, wie sich die Emissionen reduzieren lassen und gleichzeitig Geld sparen lässt. Häufig kann man ökologische Fragen mit sozialen Anliegen kombinieren. Der wesentliche Aspekt dabei ist, dass es eine Hilfestellung darstellt, ein Gerüst, an dem man sich freiwillig entlanghangeln kann, ohne Sanktionen befürchten zu müssen. Nicht alle Aspekte und Maßnahmen lassen sich von jedem umsetzen. Manche Maßnahmen sind schlicht nicht möglich oder werden als übertrieben abgelehnt. Jeder und jede kann so überlegen, inwieweit er oder sie sich daran beteiligen möchte.

Die hilfreichen Tipps reichen vom richtigen Umgang mit der Beleuchtung über Waschen, Kochen und Heizen über Heimelektronik und Computer bis hin zu Konsum, Ernährung und Verkehr (vgl. Stadt Leipzig, 2024). Viele Dinge leuchten intuitiv ein wie die Vermeidung von Dauerbeleuchtung und den Einsatz einer Energiesparlampe. Andere wiederum erschließen sich nicht automatisch wie, dass Gardinen und Vorhänge bis zu 50 % des Tageslichts absorbieren oder helle Wände und Möbel das Licht besser reflektieren und sich so deutlich Strom sparen lässt. Wer dies als übertrieben ansieht, der sollte am Ende des Monats nach Einführung solcher Maßnahmen seine Stromrechnung begutachten. Beim Waschen in der Maschine macht es sicher Sinn, die Trommel voll zu beladen und entsprechend weniger häufig bei niedrigerer Temperatur zu waschen.

Computer und Smartphones sollten nicht im Standby Modus gehalten werden. Die Heizung kann optimiert werden, indem man mit niedrigeren Temperaturen heizt, abgedichtete Fenster und Türen zu Hause hat etc. Selbst unsere Ernährung beeinflusst die Klimabilanz. Regionales

Obst und Gemüse und biologische Lebensmittel sind besser als etwa tierische Lebensmittel. Doch auch hier gilt die freiwillige Einschränkung! Niemand sollte gezwungen werden, auch nicht durch gesellschaftlichen Druck, auf bestimmte geliebte Speisen und Getränke zu verzichten. Schließlich kann man ab und zu das (E-) Auto stehen lassen, zu Fuß gehen oder das Fahrrad bewegen, öffentlich mit Bus und Bahn unterwegs sein. Wenn man, wie in den ländlichen Bereichen, auf das Auto angewiesen ist, kann man auch Car Sharing betreiben oder Fahrgemeinschaften bilden. Es bleibt jedem selbst überlassen, inwieweit er oder sie sich an den nachhaltigen Maßnahmen teilnehmen möchte. Ein staatlich verordneter Zwang wäre eher kontraproduktiv und schürt eher die Reaktanz der Bevölkerung. Dann gerade nicht. Wir können auf Verpackungen verzichten, Stofftaschen statt Plastiktüten, Mehrwegbehälter und vieles mehr.

Wer den Umweltschutz es noch radikaler betreiben möchte, der kann sich auch an den 10 Tipps für den Klimaschutz im Alltag orientieren, wie sie die Klimaschutz- und Friedensorganisation Greenpeace vorschlagen (vgl. Greenpeace, 2024). So können wir alle morgen zu Ökostrom wechseln, mit Fahrrad, Bus oder Bahn zur Arbeit fahren oder auf Kurzstreckenflüge verzichten. Wir können mehrheitlich auf Fleisch- und Milchprodukte verzichten, auf Bio-Lebensmittel aus der Region. Elektronische Geräte werden nach der Energieeffizienz ausgesucht und Kleidung aus zweiter Hand gekauft. Selbst bei der Nutzung von Computern und Smartphones kann man über den Helligkeitsregler noch ein Quäntchen Strom herausholen. Der Kreativität sind keine Grenzen gesetzt. Und noch einmal:

Selbst wenn man weiß, dass wir in Deutschland „nur" für einen Bruchteil der weltweiten $CO_2$-Emissionen verantwortlich sind, können wir alle helfen, dem Ziel einer nachhaltigen Wirtschaft nachzukommen. Der Weg dorthin sollte allerdings nicht über Verbote, sondern durch eine verstärkte Aufklärung mit Hilfe der Wissenschaft und der Bildungsangebote passieren, d. h. Überzeugung und kostenmäßige Anreize für eine nachhaltigere Wirtschaft. Ich halte die Diskussion zwischen $CO_2$-Handel mit Zertifikaten und $CO_2$-Steuer für müßig. Beide Wege können zum Ziel führen, bedient aber unterschiedliche Philosophien und Ideologien. Die einen setzen auf staatliche Verbote bzw. Instrumentarien, die anderen auf den Markt. Wesentlich ist aus meiner Sicht der Punkt, dass wir alle mehr für den Klimaschutz leisten können und müssen. Den Weg dorthin können wir gemeinsam konstruktiv, aber auch kontrovers diskutieren. Am Ende muss allerdings ein klarer Fahrplan stehen, der operativ messbar und kontrollierbar ist. Nur wenn wir alle in die gleiche Richtung marschieren, aus Überzeugung, nicht über staatlichen Zwang, dann können wir einen großen Schritt in Richtung nachhaltige Wirtschaft gehen. Wir müssen dann nur noch die anderen großen Länder wie China, Indien etc. überzeugen, den Weg mit uns gemeinsam zu gehen!

## 6.2 Sozial ausgewogen. Das Lebenszyklusmodell

Wir werden zufällig und ohne unser eigenes Zutun in diese Welt hineingeboren. Niemand von uns kann beeinflussen, ob er oder sie in eine große Familie oder bei einem alleinerziehenden Elternteil geboren wird und aufwächst. Wir könnten in jedem Teil dieser Erde geboren sein, in Afrika, in Asien, in Europa, in Australien oder Amerika. Die Familie könnte reich oder arm, liebevoll oder nicht, gebildet oder eher weniger gebildet sein. Je nach Konstellation wachsen wir geliebt und behütet, materiell umsorgt oder auch nicht auf. Wir sind Einzelkinder, eines von zwei Kindern oder stammen aus einem kinderreichen Haushalt. Unsere Beziehung zu den Eltern spielt gerade in den ersten Jahren eine entscheidende Rolle. Gleiches gilt für unsere Geschwister. Wir können ebenso wenig beeinflussen, ob wir gesund auf die Welt kommen oder mit einer Erbkrankheit, einem Gendefekt oder einer Behinderung. Wir können uns weder den Kulturkreis und damit zumeist die religiöse Prägung aussuchen noch unsere Muttersprache oder einen großen Teil unserer Talente und Charaktereigenschaften. Vielfach sind sie eine Kombination aus Vererbung, Sozialisation, d. h. wie wir aufwachsen und bestimmter, lebensprägender Ereignisse im Leben. Dies alles sind Bedingungen und mehr oder minder glückliche Umstände, die man gemeinhin mit dem Stichwort individuelles Schicksal bezeichnet.

Neben diesen zufallsgesteuerten Tatsachen, die wir nicht beeinflussen können, treten weitere Aspekte hinzu, die wir definitiv beeinflussen können, etwa unseren Lebensweg im Beruf, in der Familie und in der Gesellschaft. Vielfach prägen diese zufälligen, von uns unabhängigen Tatsachen, allerdings stark unser Leben, ohne dass wir uns dagegen wehren können. Ein Kind aus einer reichen Familie hat bereits zu Beginn des Lebens erhebliche Startchancen. Es wächst in einer materiell abgesicherten Umgebung auf, wohnt in großzügigen Verhältnissen. Die täglichen Sorgen und Nöte der materiellen Existenzabsicherung betreffen diese Kinder nicht. Ihnen fehlt es nicht an Spielzeug, an Schulmaterial oder sonstigen Hobbies und Beschäftigungsmöglichkeiten. Die Ferien verbringt man entspannt in zumeist exklusiven Orten. In der Schule, zumeist in privater Hand, trifft man seinesgleichen, die alle eine ähnliche, materiell unbeschwerte Kindheit verbringen und sich um ihre Zukunft zumeist keine Sorgen zu machen brauchen. Das elterliche Vermögen aber auch deren Umgangsformen und Netzwerke zeichnen den Weg des Kindes vor. Unternehmer\*innen bahnen ihren Kindern den Weg in die Nachfolge, Akademiker\*innen zum Studium, die Erbengeneration steht auf den Schultern der Eltern. Vieles, was man theoretisch beeinflussen könnte im Leben, wie etwa Kindheit, Ausbildung und Berufsweg ist durch eine solche zufällige Prägung bei der Geburt bereits vorgezeichnet.

Die Journalistin Julia Friedrichs hat sich in ihrem neuen Buch mehrere Monate in die Welt der Superreichen begeben und hat mit einigen von ihnen persönlich gesprochen. Sie lässt einen ihrer Protagonisten exemplarisch darüber berichten, was eine solche Prägung für reiche Kinder in ihrem Leben bedeuten kann (Friedrichs, 2024, S. 104):

> „Und noch etwas sei eine Konsequenz dieser permanenten Fünf-Sterne-Umsorgung: Wem immer alles abgenommen würde, wer ständig von freundlichen Dienstleistern signalisiert bekäme, dass jedes Bedürfnis angemessen und erfüllbar sei, dem fehle auf Dauer die „Resilienz" (…) die Fähigkeit, mit kleinen Widrigkeiten im Alltag umzugehen. (…) Sie haben einfach keine emotionale Erfahrung damit, mit Ablehnung umzugehen."

Dies ist kein Vorwurf an die Eltern von materiell privilegierten Kindern. Im Gegenteil, alle Eltern wollen für ihre Kinder nur das Beste und das ist jedem einzelnen von ihnen von Herzen zu gönnen. Mein Punkt ist ein anderer.

Durch die Gnade der zufälligen Geburt in eine reiche Familie wird ein Automatismus in Gang gesetzt, der kaum zu durchbrechen ist. Wer einmal reich geboren wurde, findet sich selten am Ende seines Lebens im unteren Ende der Gesellschaft wieder und umgekehrt. Kinder, die in arme Familien hineingeboren werden, beginnen ihr Leben mit einem

## 6 Elemente der Umsetzung eines reformierten … 

harten Kampf. Sie müssen Dinge, die anderen, materiell besser gestellten Kindern nahezu automatisch mitgegeben werden, erst erkämpfen. Wer es dann allerdings schafft, von unten nach ganz oben zu kommen, der hat dann aber nicht nur einen harten Kampf hinter sich, sondern auch eine gnadenlose Selektion überlebt. Das Geld ist bei armen Kindern immer knapp, angefangen von dem Geld für das tägliche Frühstück über die Schulmaterialen hin zu den Schulausflügen oder auch der Infrastruktur zu Hause. Während der Corona-Pandemie war Homeschooling gefragt, was vor allem einen leistungsfähigen Computer, ein lokales Internet (WLAN) voraussetzte und idealerweise Eltern, die die Zeit und die Fähigkeiten hatten, ihre Kinder zu unterstützen. Der Gründer des christlichen Kinder- und Jugendwerks, die Arche, Bernd Siggelkow, beschreibt zusammen mit dem Journalisten Wolfgang Büscher in seinem berührenden Buch die Situation armer Kinder in Deutschland (Siggelkow & Büscher, 2024, S. 75 ff.):

> „In Deutschland leben rund 4,5 Mio. Kinder in oder in der Nähe von Armut. (…) Sie haben kein Geld für Bildung, für Urlaub in einem anderen Land, nicht einmal für Kino, Theater, Restaurantbesuche oder viele andere Dinge, die für die meisten von uns normal sind. (…) Die Wahrscheinlichkeit, ein Gymnasium zu besuchen, liegt bei 21,5 %, wenn ein Kind bei einem alleinerziehenden Elternteil ohne Abitur aufwächst, aus dem untersten Einkommensviertel kommt und einen Migrationshintergrund hat. Demgegenüber liegt sie bei 80,3 %, wenn das Kind bei zwei Elternteilen mit Abitur aufwächst, aus dem oberen Einkommensviertel kommt und keinen Migrationshintergrund hat."

Häufig sind die Eltern oder auch das alleinerziehende Elternteil gezwungen, die materielle Versorgung der Familie sicherzustellen und hat wenig Zeit, sich um die Ausbildung der Kinder zu kümmern. Kommen sie gar noch aus einem anderen Kulturkreis, wird es sogar noch schwerer, in der Schule mitzukommen, da häufig die Sprachkenntnisse nicht ausreichen. Die Eltern können ihre Kinder in diesem Fall wenig bis gar nicht unterstützen. Viele schaffen es nicht auf die weiterführenden Schulen wie etwa das Gymnasium und erreichen im schlimmsten Fall keinen Schulabschluss. Dies ist natürlich keine Frage des Geldes alleine, sondern auch der Unterstützung durch die Eltern, deren Bildung und richtigerweise auch der Eigeninitiative der Kinder selbst. Ich will hier keinen Stereotypen Vorschub leisten oder Lebensläufe von Kindern holzschnittartig wiedergeben. Mein Punkt ist schlicht der, dass die zufällige Geburt und die Umstände des Aufwachsens vielfach das Leben bereits vorbestimmen und es relativ schwer ist, dort auszubrechen. Dass meine Schilderung keine ausgedachte Erzählung ist, zeigt diese Passage des glänzend geschriebenen Buches der Zeit-Journalistin Anna Mayr, die selbst in prekären Verhältnissen aufgewachsen ist und ihre damalige Situation und die ihrer Leidensgenoss*innen treffend charakterisiert (Mayr, 2020, S. 102 f.):

> „Aber es ist die Armut, die krank macht. Armut nimmt Familien die Handlungsfähigkeit. Armut sorgt dafür, dass manche Kinder zum Ballettunterricht gehen können und andere nicht, dass manche Kinder in Häusern mit Gärten aufwachsen und andere nicht, dass manchen Eltern einen Freundeskreis haben, der den Kindern zum Geburtstag gratuliert, ihnen Geschenke macht, und andere nicht. Dass manche Kinder am Leben teilnehmen und manche nicht."

Es endet aber nicht in der Kindheit und Jugend. Das Berufsleben wird ebenfalls stark von der Herkunft bestimmt. Nicht nur die individuelle Ausbildung der Eltern beeinflusst den schulischen Werdegang der Kinder, sondern auch deren Netzwerk und das Auftreten. Jede Gesellschaft verfügt über ungeschriebene Regeln des Umgangs untereinander. Nicht nur altehrwürdige Adelsfamilien verfügen über zum Teil unsichtbare Regeln des Umgangs untereinander, eine Art *Comment*, ein Begriff aus dem traditionellen Studentenleben. Auch die Oberschicht ist leicht an bestimmten Verhaltensmustern und äußeren Erkennungszeichen auszumachen. Das Aufwachsen in materiell gut bis sehr gut gestellten Familien prägt ein Leben lang: Man fährt in die gleichen Urlaubsziele, betreibt den gleichen Sport, trägt die gleiche Markenkleidung mit lässiger Eleganz. Zum Teil trägt man bewusst andere, sehr exklusive Marken eher dezent, um sich von den demonstrativ zur Schau getragenen Marken anzuheben. Es existiert eine klassenbewusste und -spezifische Geisteshaltung, die die Journalistin und Bestseller-Autorin Julia Friedrichs das *„Millionaire Mindset"* nennt (vgl. Friedrichs, 2024, S. 111 ff.). Die Berufswahl richtet sich häufig an den elterlichen Berufen aus, die zumeist Erfolg versprechen. Arztkinder werden häufig wieder Mediziner, Kinder aus Rechtsanwaltsfamilien wieder Rechtsanwälte, Unternehmerkinder wieder Unternehmer etc. Leben am Vorbild. Dagegen ist nichts einzuwenden. Doch der Ausbruch aus diesen Schichtenmodellen und klassenbezogenen Lebensläufen ist sehr schwer.

Im Alter unterscheiden sich die Gruppen aus reichen und armen Elternhäusern wiederum, indem die einen zumeist auf eine erfolgreiche Berufskarriere zurückblicken können oder zumindest reich geerbt haben und die anderen nicht. Eine abgezahlte Immobilie ist im Alter Gold wert. Gleiches gilt für eine auskömmliche Rente, von der man nach einem arbeitsreichen Leben gut leben kann. Wenn dann noch Geld übrig ist, um seinen Hobbies zu frönen oder mindestens einmal im Jahr in den Urlaub zu fahren, dann ist das Glück perfekt. Die Ironie dabei ist allerdings:

Häufig findet man die Kombination, dass diejenigen, die eine abgezahlte Immobilie geerbt haben auch noch eine vergleichsweise hohe Altersrente beziehen, da sie ein erfolgreiches Berufsleben hinter sich gebracht haben. Altersarmut ist in Deutschland weit verbreitet und eine Schande für ein solch reiches Land. Häufig reicht es in diesem Land nicht einmal für ein Dach über den Kopf oder bei Kindern aus armen Familien für ein Frühstück. Es stellt sich die philosophisch anmutende Frage, inwieweit solche gesellschaftlichen Unterschiede – hier der unbekümmerte Reichtum, da verzweifelte Menschen in Armut – so tatsächlich nebeneinander existierten sollte, ohne dass uns das etwas angeht. Sollten wir nicht in einem reformierten Kapitalismus stärker in die Speichen des Zufalls eingreifen?

Selbst der renommierte Philosoph und Soziologe Jürgen Habermas äußert sich in einem autobiografischen Gesprächsband skeptisch, ob das individuelle Schicksal und der individualistische Freiheitsgedanke nicht zu Lasten der Gesellschaft gehen (Habermas, 2024, S. 176 f.):

> „… Das in unseren kapitalistischen Gesellschaften immer noch hartnäckig wuchernde libertäre Freiheitsverständnis halte ich beispielsweise für eine exemplarische Verzerrung, denn es betont den individualistischen Aspekt der Freiheit auf Kosten des solidarischen Moments der Gleichbehandlung aller."

Das bedeutet in der Konsequenz, dass wir die Solidarität mit denen, die vom Zufall nicht gerade begünstigt wurden, stärken müssen und behutsam in die Speichen des Schicksals eingreifen sollten. Wir sollten an der einen oder anderen Stelle nachbessern, um auch denjenigen, die vom Schicksal nicht begünstigt wurden unter die Arme greifen. Wie dies genau gelingen kann und wie weit wir dabei gehen sollten, werden wir uns im Folgenden genauer ansehen.

## 6 Elemente der Umsetzung eines reformierten … 195

Dieses ist die Ausgangslage, mit der wir es in Deutschland zu tun haben. Wenn wir nun in unserem reformierten kapitalistischen Modell einen gewissen sozialen Ausgleich schaffen wollen, müssen wir alle gemeinsam anpacken. Das bedeutet konkret, dass wir nicht mehr alles dem Zufall überlassen können, sondern bewusst von staatlicher Seite in diese individuellen Lebensentwürfe helfend eingreifen müssen. Nicht alles muss staatlich verordnet werden. Vieles kann auch aus Eigeninitiative durch die sogenannte Zivilgesellschaft, also wir alle, gemeinsam erreicht werden. Ansonsten müssen wir uns gemeinsam den Lebenszyklus der Menschen ansehen und überlegen, wo der Staat gezielt den benachteiligten Gruppen unter die Arme greifen kann. Ich nenne daher meinen Ansatz das sogenannte „Lebenszyklusmodell". Wir müssen uns überlegen, in welcher Lebensphase wir den Menschen mit welchen gezielten Maßnahmen helfen können. Dabei müssen wir unterscheiden in Maßnahmen, die es bereits gibt und die wir entsprechend ändern können und diejenigen, die wir neu etablieren müssen.

Folglich möchte ich dieses Kapital, das sich mit der sozialen Dimension des reformierten Kapitalismus beschäftigt, in einzelne Teile untergliedern. Zum einen möchte ich verschiedene Maßnahmen diskutieren, wie der Staat, orientiert am Lebenszyklus der Menschen, in Kindheit und Jugend, in der Erwachsenenphase, der Familiengründung und schließlich der Altersphase, helfend eingreifen kann, um das Leben aller Beteiligten einfacher zu gestalten. Dann möchte ich mir mit Ihnen gemeinsam ansehen, welche der Maßnahmen neu entwickelt werden müssen. Häufig hilft auch ein Blick über die Ländergrenzen, etwa nach Skandinavien, wo bestimmte soziale Elemente bereits verwirklicht sind. Man muss das Rad nicht immer neu erfinden. Schließlich können wir uns überlegen, was die Zivilgesellschaft, also wir alle darüber hinaus noch leisten können, um möglichst allen Bürger*innen gleiche Startchancen zu geben. Wir werden damit die ungleichen Lebensläufe nicht komplett nivellieren können, aber zumindest den größten Ungleichheiten entgegenarbeiten können. Da wir den kompletten Lebenszyklus betrachten, werden nicht nur einseitig die vielfach bemühte Vermögens- und höhere Erbschaftssteuer bemühen müssen, die häufig mit Forderungen nach einer höheren Steuer für Topeinkommen eingehergeht. Das wäre viel zu kurz gesprungen. Wir fangen viel früher an, nämlich beim Kleinkind und überlegen, was wir bereits in jungen Jahren tun können, um die Lebensläufe der Menschen positiv zu beeinflussen und ein Stück mehr Gerechtigkeit zu entwickeln. Wenn uns das gelänge, wären wir auch in der sozialen Dimension eines reformierten Kapitalismus besser aufgestellt. Fangen wir also bei der Kindheit und Jugend an.

## Kindheit und Jugend

Armut in der Kindheit und Jugend ist besonders verheerend, weil sie jungen Menschen von Anfang an den Chancen beraubt, gleichberechtigt an der Gesellschaft teilzunehmen, wie wir oben bereits gesehen haben. Was Kinderarmut konkret bedeutet, hat die Deutschland-Geschäftsführerin der Tafel, einer gemeinnützigen Hilfsorganisation, die nicht mehr verwendete Lebensmittel an Bedürftige kostenlos oder gegen geringes Entgelt verteilt, Sirkka Jendis, plastisch geschildert (Jendis, 2024, S. 88):

> „Kinderarmut macht sich nicht nur zwischen dem ersten und letzten Läuten der Schulglocke bemerkbar. Sie zeigt sich auch in beengten Wohnverhältnissen und fehlenden Rückzugsorten, an denen in Ruhe und konzentriert gelernt

werden kann. Manchmal ist einfach kein Platz da, um Freund*innen zu sich nach Hause einzuladen; manchmal schämen sich Kinder auch für die Lebensverhältnisse beziehungsweise die Wohnsituation, in der sie aufwachsen. Oder sie sagen Einladungen zur Geburtstagsfeier von Schulfreund*innen kurzfristig ab, weil kein Geld da ist, um ein Geschenk mitzubringen. Kinderarmut lässt soziale Netzwerke und damit soziale Teilhabe schrumpfen, was die Chancen, wichtige soziokulturelle Erfahrungen zu sammeln, weiter mindert. Das berühmte „Vitamin B" für Beziehungen macht tatsächlich schon früh im Leben den Unterschied."

Die Bundesregierung hat eine sogenannte „Kindergrundsicherung" beschlossen, die ab dem 01.01.2025 in Deutschland eingeführt werden soll. Damit sollen vor allem Kinder vor der Armut geschützt werden und bessere Startchancen im Leben erhalten wie das zuständige Ministerium für Familie, Senioren, Frauen und Jugend (BMFSFJ) auf ihrer Homepage beschreibt (vgl. im Folgenden Kindergrundsicherung, 2023). Damit sollen fünf zentrale Einzelleistungen, Kindergeld, Kindergeldzuschlag, Kinder-Regelsatz, Teile des Bildungs- und Teilhabepakets, in eine finanzielle Zuwendung gebündelt werden. Es werden schätzungsweise etwa 5,6 Mio. Kinder von der Kindergrundsicherung profitieren können. Das Kindergeld wird künftig durch den Kindergarantiebetrag abgelöst. Familien mit geringem oder keinem Einkommen erhalten dann zusätzlich einen Kinderzusatzbetrag, der sich nach dem Einkommen der Familie richtet. Wer weniger verdient, wird stärker gefördert.

Die Kindergrundsicherung ist an die Preis- und Einkommensentwicklung gekoppelt, was natürlich Sinn macht. Steigen die Preise überproportional oder sinkt das Einkommen der Eltern, dann muss die Kindergrundsicherung entsprechend höher ausfallen und umgekehrt. Schreibt man das Existenzminimum von Kindern, um den nötigsten Bedarf von Kindern an Lebensmitteln, Kleidung etc. abzudecken, um 15 % fort, wie das Ministerium unterstellt, dann können die Kinder je nach Alter ab dem 01.01.2025 zwischen 530 € (0–5 Jahre) und 636 € erhalten. Durch die Kindergrundsicherung steigt vor allem das für die armen Kinder und Jugendlichen verfügbare Geld an. So bekommen Jugendliche zwischen 14 und 17 Jahren 60 € monatlich mehr. Junge Erwachsene erhalten zwischen 18 und 24 Jahren 42 € mehr als sie mit Bürgergeld und Kinderzuschlag bekommen hätten (vgl. im Folgenden Kindergrundsicherung, 2023). Dies ist auf jeden Fall bereits ein Schritt in die richtige Richtung, wenn es tatsächlich so kommt.

Kritik kommt dagegen vom renommierten Armutsforscher Christoph Butterwegge (vgl. Mayerhofer, 2023). Die Kindergrundsicherung sei nichts anderes als eine Verwaltungsreform mit der Zusammenfassung bisheriger Leistungen. Die vorgesehenen 2,4 Mrd. € seien nur ein Tropfen auf den heißen Stein. Zur nachhaltigen Bekämpfung der Kinderarmut benötige man eher 20 Mrd. € (!). Zudem sorge der Kinderfreibetrag dafür, dass Topverdiener*innen monatlich stärker entlastet werden als Normal- oder Geringverdiener*innen durch das Kindergeld. Natürlich kann man jede Reform kritisieren und man kann natürlich auch die politischen und wirtschaftlichen Zwänge nicht ausklammern. Eine solche Kindergrundsicherung muss auch gegenfinanziert werden, d. h. andere Positionen im Bundeshaushalt müssen entsprechend reduziert oder ganz gestrichen werden. Es gilt hier das Nullsummenspiel, nachdem eine Erhöhung im Haushalt eine gleichzeitige Verringerung einer anderen Ausgabe beinhaltet. Ferner lässt sich trefflich darüber streiten, inwieweit der Staat, also wir alle, die Situation von armen Kindern und Jugendlichen alleine lösen muss und inwieweit die Eigeninitiative und der Markt dabei eine Rolle spielen sollten.

## 6 Elemente der Umsetzung eines reformierten ...

Ohne vertieft in diesen Streit zwischen Markt und Staat eingehen zu wollen (vgl. u. a. Pietsch, 2023, S. 143 ff.) könnte man sich in einem reformierten Modell des Kapitalismus auch eine gezielte Bildungsförderung von Kindern und Jugendlichen vorstellen, die neben finanziellen Aspekten wie der Kindergrundsicherung, die individuelle Begabung im Auge hat. Der liberale Ökonom Milton Friedman, ein grundsätzlicher Anhänger des Marktes und kein Freund von Staatsinterventionen, brachte in seinem Buch „Kapitalismus und Freiheit" die Rolle der Bildungsgutscheine ins Gespräch (Friedman, 1962/2016, S. 113):

„Der Staat könnte ebenso gut das unabdingbare schulische Minimum dadurch erreichen, dass er den Eltern Gutscheine gibt, die es bis zu einer bestimmten Summe pro Kind und Jahr eingelöst werden können, um dafür „staatlich anerkannte" Ausbildungsleistungen einzukaufen. Die Eltern wären dann in ihrer Entscheidung frei, diese Summe und möglicherweise eigene Mittel für den Kauf von Erziehungsleistungen auszugeben, die sie in einer „staatlich anerkannten" Institution eigener Wahl bekommen. (…) Die Rolle des Staates würde sich darauf beschränken, dafür zu sorgen, dass alle Schulen einen bestimmten Mindest-Standard aufweisen."

Auf diesem Gedanken möchte ich aufsetzen und ihn umwandeln in die Idee eines sogenannten Bildungsstipendiums für arme Kinder und Jugendliche. Diese könnten durch ein solches Bildungsstipendium im Laufe ihrer schulischen Karriere gezielt gefördert werden. Während Milton Friedman allen Kindern die Möglichkeit geben wollte, durch diese Bildungsgutscheine ebenfalls von staatlich anerkannten Privatschulen zu profitieren, könnte man diese auf die armen Kinder und Jugendlichen begrenzen. So könnte man den Chancennachteil bei der Geburt ein Stück weit kompensieren. Was fehlt, wenn Kinder und Jugendliche aus sozial benachteiligten Familien eine für sie geeignete Bildung anstreben? Meistens liegt es an der nicht ausreichenden Förderung und den finanziellen Mitteln. Konkret ausgedrückt fehlt die nötige Infrastruktur wie etwa Laptops, Computer mit entsprechenden Druckern oder gar Internet. Bisweilen fehlen schlicht die Mittel für Bücher und sonstige Arbeitsmaterialien. Kinder mit Migrationsbiografie oder anderem kulturellen Umfeld fehlen zu Beginn die ausreichenden Sprachkenntnisse. Manche wiederum werden nicht ausreichend gefördert oder geraten alleine dadurch in Nachteil, dass Kinder aus besserverdienenden Haushalten durch gezielte Nachhilfe in einzelnen Fächern unterstützt werden. Der Gründer der Arche, ein christliches Kinder- und Jugendwerk vor allem für sozial benachteiligte Kinder und Jugendliche, Bernd Siggelkow, bringt es in seinem Buch mit dem Journalisten Wolfgang Büscher auf den Punkt (Siggelkow & Büscher, 2024, S. 235):

> „Wenn wir in unsere Kinder investieren, zum Beispiel durch Zeit, Geld, Bücher, Nachhilfeunterricht, lange und intensive Gespräche, dann ist die Chance groß, dass sie einen vernünftigen Schulabschluss machen. (…) Ohne Zeit und Geld in die Hand zu nehmen, werden wir die Kinder aus nicht immer einfachen Familien kaum aus ihrer Bildungsmisere herausholen. Noch einmal, man kann es nicht oft genug betonen: Ohne Geld in die Hand zu nehmen, werden Millionen Kinder in Deutschland scheitern – das ist für uns ein Verbrechen an der jungen Generation."

Selbst wenn man es nicht ganz so dramatisch formuliert, wird es ohne zusätzliche finanzielle Mittel nicht gelingen, die von Geburt vorhandenen Startnachteile ärmerer Kinder und Jugendlicher auszugleichen. Natürlich werden viele jetzt einwenden, dass nicht alles ungünstigen Umständen zuschulden ist. Jeder und jede muss natürlich auch seinen

## 6 Elemente der Umsetzung eines reformierten ...

eigenen Anteil an der Bildung und der beruflichen Entwicklung leisten. Doch zu glauben, dass man alles aus eigener Kraft schaffen kann, unabhängig von den sozialen und familiären Umständen, ist eine Mär. Aus vereinzelten Beispielen von Leuten, die buchstäblich vom Tellerwäscher zum Millionär aufgestiegen sind, auf die Grundgesamtheit zurückzuschließen, wäre eine völlige Verkennung gesellschaftlicher Realitäten in Deutschland. Ich habe in meinen Publikationen häufiger darauf hingewiesen (vgl. exemplarisch Pietsch, 2023, S. 126 ff.) und möchte es an dieser Stelle nicht weiter kommentieren.

Neuerdings schlagen die sogenannten „Wirtschaftsweisen" ein „Kinderstartgeld" vor (vgl. Krüger, 2024). Kinder ab sechs Jahren sollen vom Staat monatlich 10 € erhalten, die ihre Eltern dann für sie in Aktien, Anleihen oder andere Wertpapiere anlegen sollen. Diese Maßnahme gelte weniger dem Vermögensaufbau, sondern eher dem frühzeitigen Aufbau praktischen Wissens über die Finanz- und Kapitalmärkte. Wird keine Anlageentscheidung getroffen, wird das Geld in einem Fonds angelegt, der zu hundert Prozent aus Aktien besteht. Die angesammelte Summe soll dann zum 18. Geburtstag, also nach 12 Jahren, an die dann jungen Erwachsenen ausgezahlt werden. Kosten für den Staat: Etwa 1,5 Mrd. € jährlich. Kritik kommt u. a. vom Sozialverband „Der Paritätische". Die Vorschläge der Ökonom*innen gingen an der Lebenswirklichkeit der armen Kinder vorbei. Niemand, dem für das tägliche Leben das Nötigste fehlt, entwickelt durch ein solches Kinderstartgeld Finanzkompetenz. Wichtiger als solche Finanzprodukte seien Bildung und Teilhabe armer Kinder. Zur Ehrenrettung der Wirtschaftsweisen sei angemerkt, dass die Idee zu finanzieller Förderung von Kindern prinzipiell zu begrüßen ist. Dazu ist jede Idee willkommen. Allerdings ist tatsächlich zu bezweifeln, ob ein solcher Vorschlag die Kinderarmut nachhaltig besiegt und sich so ökonomische Kompetenz aufbauen lässt. Die Frage ist, ob man das Geld nicht wirklich lieber in Bildung investiert.

Wir benötigen dringend „Bildungsstipendien", wie ich sie nennen würde. Dies beginnt bereits im Kindergarten und reicht von der Grundschule über die weiterführenden Schulen zur Universität. Nicht alles kann man durch Geld erreichen oder einkaufen wie etwa: Zugang zu guten Schulen inklusive staatlich anerkannten Privatschulen mithilfe von Stipendien, Infrastruktur, geeignete Arbeitsmaterialien, Nachhilfe etc. Und es muss nicht immer alles Geld kosten: Studierende geben Kindern und Jugendlichen aus benachteiligten Familien kostenlos Nachhilfe wie etwa Studenten bilden Schüler e.V. (studytutors) aber auch Kinder- und Jugendwerke wie die Arche (vgl. Siggelkow & Büscher, 2024, S. 121). Ältere Mitbürger*innen können quasi nach dem Prinzip „Rent-a-Oma oder Rent-a Opa" Kindern vorlesen oder bei den Hausaufgaben helfen. Zeit, die vielleicht die Eltern nicht haben, weil sie ihren Lebensunterhalt und den ihren Kindern sichern müssen. Sicher können nicht alle Defizite von Kindern aus sozial benachteiligten Kindern ausgeglichen werden: So fehlt häufig eine positive Bildungs- und Berufsperspektive oder ein entsprechendes förderliches Vorbild im nahen persönlichen Umfeld (vgl. Siggelkow & Büscher, 2024, S. 121).

Siggelkow und Büscher unterscheiden drei Fördergruppen von Kindern (vgl. Siggelkow & Büscher, 2024, S. 120 ff.):

### Erstens

Kinder, die einen behördlich festgestellten Förderbedarf aufweisen und die besonders gefördert werden müssen. Die Schule alleine schafft das mit vorhandenen Kapazitäten nicht. Sie sind teilweise bereits froh, wenn sich der Unterrichtsausfall in Grenzen hält. Diese Kinder müssen gezielt in ihrer Lese- und Rechtschreibekompetenz gestärkt werden. In Mathematik geht es um die Verfestigung der Grundrechenarten etc.

## Zweitens

Kinder, die zwar geistig in der Lage wären, auf weiterführende Schulen zu gehen, denen im familiären Umfeld die Vorbilder fehlen und bei denen die angestrebte Bildungskarriere nicht ausreichend familiäre Unterstützung findet. Solchen Kindern ist bereits mit Aufzeigen ihrer Möglichkeiten, des Vertrauens in sich selbst und vor allem mit ausreichend Zeit einer Bezugsperson geholfen, die diese Kinder und Jugendliche zum lebenslangen Lernen motiviert. Es muss nicht alles in solchen Einrichtungen wie der Arche passieren, sondern kann auch von älteren Mitbürger*innen geschehen, die sich aktiv in der Bildung solcher Kinder engagieren. Möglichkeiten gibt es genug.

## Drittens

Kinder mit Migrationsbiografie ohne ausreichende Deutschkenntnisse, deren Sprachdefizite binnen kürzester Zeit aufgeholt werden müssen. Diese Kinder und Jugendliche benötigen ebenfalls zusätzliche Förderstunden, die nicht immer kostenlos über die engagierte Zivilgesellschaft, also von uns allen, geleistet werden können.

Allen ist geholfen, wenn der Staat entsprechend auch in diese Kinder und Jugendliche investiert in Form von Bildungsstipendien und engagierten Bürger*innen im Rahmen der Zivilgesellschaft. Dies würde einer sozialen Marktwirtschaft wie der unsrigen gut zu Gesicht stehen und hätte auch wirklich den Namen, den sie verdient. Lassen wir zum Abschluss dieses Abschnitts über arme Kinder und Jugendliche noch einmal den Arche-Gründer zu Wort kommen (Siggelkow & Büscher, 2024, S. 244 f.):

> „Was bedeutet Armut für Minderjährige? Sie sind Benachteiligungen ausgesetzt, die sich auf ihr späteres Erwachsenenleben auswirken können (…) Diese Kinder zeigen uns immer wieder soziale und emotionale Auffälligkeiten. Unsere Mitarbeitenden sind da stark gefordert, denn nur durch intensive Arbeit am einzelnen Kind können diese Defizite ausgeglichen werden. Das kostet auch enorm viel Geld. Viele Kinder in den Archen haben einen geringen Wortschatz und erkranken auch häufig an Depressionen, häufiger als Kinder aus dem Bildungsbürgertum, die im Wohlstand aufwachsen dürfen. (…) Jedes benachteiligte Kind ist ein Kind zu viel. Für die Kinder bedeutet Armut meist den Weg in ein sorgenvolles und unglückliches Leben, geprägt von Krankheit und dauerhafter Arbeitslosigkeit."

Dies alles muss in einem so reichen Land wie Deutschland nicht sein! Doch auch bei den Erwachsenen gibt es in diesem Lebenszyklusmodell genügend Einwirkungsmöglichkeiten eines sozial reformierten Kapitalismus. Dies wollen wir uns im nächsten Abschnitt ansehen.

## Erwachsene

Seit mehr als 50 Jahren existieren verschiedene Arten der Ausbildungsförderung für Erwachsene und Jugendliche, deren wichtigster Grundpfeiler im sogenannten „Bundesausbildungsförderungsgesetz", kurz BAföG, festgeschrieben ist (vgl. im Folgenden Bundesregierung, 2024). Dieses Gesetz ermöglicht es auch Kindern und Erwachsenen aus einkommensschwachen Haushalten, finanziert durch staatliche Zuschüsse, eine qualifizierte Ausbildung oder Studium aufzunehmen. So wird ein Stück weit mehr Chancengerechtigkeit erreicht. Die wesentlichen Elemente sind ein Grundbedarfssatz, der die Kosten der Lebenshaltung decken soll plus eine Wohnkostenpauschale inklusive eines Zuschlags für die Kranken- und Pflegeversicherung. In dem am 25. Juli 2024 in Kraft getretenen 29. Bafög-Änderungsgesetz wurden die Grundbedarfssätze um fünf Prozent erhöht, eine einmalige Studienstartbeihilfe in Höhe von 1000 € gezahlt und die Freibeträge erhöht. So wurde in der Konsequenz der Förderungshöchstbetrag auf 992 € angehoben und der Wohnbedarfszuschlag auf 380 €. Dies bietet jungen Erwachsenen aber auch allen Erwachsenen unter 45 Jahre die Möglichkeit, auch wenn sie aus sozial benachteiligten Haushalten kommen, eine gute Ausbildung zu erhalten. Zudem wird nun u. a. ein Semester länger gefördert. Ein gutes Instrument prinzipiell.

Doch leider halten die Förderungsbeträge nicht der Realität in Deutschland stand. Die größten Universitäten gibt es naturgemäß in den großen Metropolen wie Berlin, Hamburg und München. Wer etwa die Mietsituation und die Mietpreise in einer Stadt wie München kennt, weiß natürlich, dass eine Wohnkostenpauschale von 380 € nur einen Bruchteil der Warmmiete wird abdecken können. Zugegeben, nicht jeder will in München studieren, doch bleiben die hohen Mieten in den Metropolen nach wie vor eine große Hürde für die Studierenden aus ärmeren Verhältnissen. Nicht zu Unrecht fordern die Expert*innen vom Deutschen Gewerkschaftsbund wie etwa Sonja Bolenius eine deutliche Erhöhung des Bafög-Höchstsatzes. Denn derzeit läge dieser Höchstsatz deutlich unter dem Existenzminimum. Bildung sei, so die Sachverständige, damit nicht unabhängig vom Geldbeutel der Eltern möglich (Deutscher Bundestag, 2024). Auch der Experte von Deutschen Studierendenwerk, Bernhard Börsel, plädiert für einen Höchstsatz mindestens auf der Höhe des Existenzminimums. Gleichzeitig fordert er zurecht eine Dynamisierung des Freibetrags, von Bedarfssätzen und Krankenversicherungszuschlägen. Ähnliches gilt, so mag man ergänzen, für die Wohnkostenpauschale, da sie vom Studienort abhängig ist und deutlich unterschiedlich ausfallen kann. Zudem, so Wolf Dermann von der gemeinnützigen GmbH „Arbeiterkind" seien die Schulden der Bafög-Empfänger*innen nicht gedeckt. Die Gefahr besteht also, dass Studierende aus ärmeren Haushalten am Ende ihres Studiums vor einem riesigen Schuldenberg stünden, den sie im Laufe ihres Erwerbslebens nur schwer abtragen können.

Niemand wird bestreiten, dass Studierende aus vermögenden oder gut situierten Haushalten einen enormen Vorteil genießen. Häufig zahlen die Eltern ihren Kindern die Miete oder kaufen gar im extrem eine Wohnung in der Universitätsstadt. Viele Privatuniversitäten mit exzellenter Ausbildung sind zumeist auch diesen Kindern aus reichen Haushalten vorbehalten, wo sie dann exklusive Netzwerke knüpfen können. Ein enormer Startvorteil, der allerdings den Eltern nicht zu verdenken ist. Alle Eltern wollen für ihre Kinder nur das Beste und die beste Ausbildung. Wenn sie es sich leisten können, umso besser. Allerdings sollten die Studierenden aus ärmeren Verhältnissen zumindest so viel finanzielle Unterstützung vom Staat erhalten, dass sie ebenfalls eine gute Ausbildung genießen können. Zudem sollte man den Gedanken an Stipendien für besonders leistungsfähige Studierende aus ärmeren Verhältnissen nicht vernachlässigen. Ähnliches geschieht etwa in den USA bei den Eliteuniversitäten wie Harvard, Standford, Princeton oder Yale. Bafög ist sicher ein bewährter Ansatz zur Förderung von Studierenden und Auszubildenden aus

## 6 Elemente der Umsetzung eines reformierten ...

sozial benachteiligten Haushalten. Doch hier gibt es im Sinne eines sozial reformierten Kapitalismus sicher noch Luft nach oben.

Viele junge Erwachsene aus den bildungsfernen und vor allem sozial schwachen Haushalten beginnen ihren Start in das Berufsleben in eher schlecht bezahlten Berufen. So setzt sich dann der Kreislauf fort, der bei den Eltern begonnen hat. Der Armutsforscher Christoph Butterwegge hat den Zusammenhang zwischen Kinderarmut in einkommensschwachen Familien und schlecht bezahlten Jobs klar herausgearbeitet. So schreibt er gemeinsam mit seiner Frau Carolin (Butterwegge & Butterwegge, 2021, S. 250):

> „Kinderungleichheit erwächst aus einer Ungleichverteilung der Ressourcen von Haushalten mit Kindern, die maßgeblich vom Erwerbseinkommen der Eltern(teile) bestimmt wird. Deshalb fängt die Bekämpfung der Kinderarmut im Erwerbsleben an. Da Kinderarmut fast immer auf Elternarmut zurückzuführen ist, die aus einer exkludierten oder Randstellung am Arbeitsmarkt resultiert, konzentrieren sich erfolgversprechende Gegenstrategien auf Maßnahmen, welche nicht armutsfeste Löhne und Gehälter so anheben, dass man „von Arbeit wieder leben" und eine Familie mit seinem Einkommen unterhalten, fördern und sozial absichern kann."

Im Klartext bedeutet das, dass vor allem gering bezahlte Tätigkeiten mit einem Mindestlohn vergütet werden müssen. Menschen müssen von ihrer Arbeit leben können. Knapp zehn Jahre nach der Einführung des Mindestlohns bleibt er als Konzept umstritten (vgl. im Folgenden Sonnenberg, 2024). Bei seiner erstmaligen Einführung lag der Mindestlohn in Deutschland bei 8,50 € und liegt heute beim Abfassen dieser Zeilen bei 12,41 € (ab dem 01.01.2024). Im europäischen Vergleich liegt Deutschland dabei auf Platz vier. Kritiker*innen prognostizierten hohe Arbeitsplatzverluste, da die gestiegenen Lohnkosten zu einer hohen Belastung für Unternehmen werden könnten. Es führe auch dazu, dass der Lohnabstand zwischen den niedriger bezahlten Jobs und den besser bezahlten, zumeist besser qualifizierten Jobs wiederhergestellt werden müsse. In der Konsequenz steige das Lohnniveau für die Betriebe flächendeckend an und somit die Kosten generell. In der Konsequenz hieße das eine Zunahme der Arbeitslosigkeit und steigere die Armut eher, als dass es sie verringere. Zumal die höheren Kosten über angehobene Preise an die Verbraucher*innen weitergegeben werden. Tendenziell heize das die Inflation an und würde den Nettolohnzuwachs durch den Mindestlohn nahezu kompensieren. Zudem fürchtet man den relativen hohen bürokratischen Aufwand, um die Durchsetzung des Mindestlohns flächendeckend kontrollieren zu können. Schließlich würde das Konzept des Mindestlohns die Tarifautonomie aushöhlen, da der Staat zunehmend die Lohnpolitik bestimme und nicht Arbeitgeber*innen und Arbeitnehmer*innen.

Befürworter des Mindestlohns halten diesem Konzept zugute, dass die Menschen in diesem Niedriglohnsektor wie Friseure, Pflegekräfte. Angestellte in der Gastronomie und Touristik etc. nun eher von ihrem Gehalt leben können und ihre Existenz sichern. Zudem gäbe es einen Anreiz, mehr zu konsumieren, was wiederum die Wirtschaft ankurbele. In der Summe hat sich das Konzept des Mindestlohns bewährt. Viele Arbeitsplätze gingen nicht verloren. Die Verbraucherpreissteigerungen hielten sich auch in Grenzen. Allerdings stellt sich der bürokratische Aufwand zur Einführung und Kontrolle einer flächendeckenden Durchsetzung des Mindestlohns als vergleichsweise hoch heraus. Die strittige Frage ist dagegen mittlerweile eher die Höhe des Mindestlohns. Sozialverbände fordern für ihre

Mitglieder einen Mindestlohn von 14 €. Gewerkschaften wie Verdi fordern sogar einen Mindestlohn von 15 € (vgl. Verdi, 2024). In der Begründung verweisen die Repräsentant*innen von Verdi auf eine EU-Richtlinie, die einen Mindestlohn in Höhe von 60 % des sogenannten Median-Einkommens vorsieht. Das Median-Einkommen besagt, dass oberhalb bzw. unterhalb dieses Medianwertes jeweils die Hälfte der Einkommen liegen. Vereinfacht gesagt ist es das mittlere Einkommen. Die Argumentation von Verdi stützt sich vor allem auf die generell gestiegenen Löhne und die erhöhten Preise für Lebensmittel und Energie.

Im Zuge eines sozial reformierten Kapitalismus sollte sicherlich dieses Konzept des Mindestlohns beibehalten werden. Wiewohl die Position von beiden Seiten, Arbeitnehmer wie Arbeitgeber, nachvollziehbar ist – die einen wollen höhere garantierte Löhne in den gering bezahlten Berufen, die anderen die Lohnkostenbelastung möglichst geringhalten – gilt das Prinzip der gesellschaftlichen Solidarität. Der Mindestlohn muss so gestaltet werden, dass Menschen davon würdig leben können, zumal sie zumeist ganztägig beschäftigt sind und ihre Familien ernähren müssen. Selbstverständlich besteht die Gefahr, mit permanent höher gesetzten Mindestlöhnen das Lohn- und Gehaltsgefüge durcheinanderzuwirbeln und einen Überbietungswettbewerb anzukurbeln. Gleichzeitig könnte eine Preis- Lohnspirale in Gang gesetzt werden. Höhere Mindestlöhne werden über gestiegen Preise an die Verbraucher*innen weitergegeben. Die Gefahr einer Inflation steigt, die die Nettolohnzuwächse einer Mindestlohnsteigerung wieder zunichtemachen. Dennoch muss in einer Abwägung zwischen Solidarität mit den Niedriglohnempfänger*innen und dem Kostendruck der Unternehmen im Zweifel die Solidarität gewinnen. An diesen Lohnempfänger*innen hängen zum Teil ganze Familien, die aus der Armut geholt werden müssen. Das schafft der Mindestlohn nicht alleine, liefert allerdings einen entscheidenden Baustein.

Eine weitere Möglichkeit, Armut bei Erwachsenen zu bekämpfen ist das sogenannte „Bürgergeld". Wenn wir hier in diesem Abschnitt überlegen, wie die soziale Dimension des Kapitalismus künftig aussehen sollte, kommen wir an dieser neu eingeführten Regelung nicht vorbei. Das Bürgergeld stellt eine staatliche Beihilfe dar, die das Existenzminimum einer Person absichern soll (vgl. im Folgenden Landeszentrale für politische Bildung Baden-Württemberg, Lpb, 2024). Damit soll sichergestellt werden, dass alle Menschen in Deutschland gemäß dem Paragrafen 1 des Grundgesetzes menschwürdig leben können. Ein hehres Ziel, was sicherlich alle Menschen sofort unterschreiben würden. Strittig ist vor allem das vermeintlich dahinterstehende Menschenbild. Doch davon gleich mehr. Alleinstehende Personen erhalten 563 €, ein Paar in Bedarfsgemeinschaft 1012 €. Damit sollen vor allem die Bedarfe des täglichen Lebens abgedeckt werden wie etwa Ernährung, Kleidung, Mobiliar und Strom. Voraussetzung ist, dass das 15. Lebensjahr vollendet wurde, man erwerbsfähig, hilfsbedürftig und seinen Aufenthaltsort in der Bundesrepublik Deutschland hat. Kinder, die in Bedarfsgemeinschaft mit der betroffenen Person leben, haben ebenfalls ein Anrecht auf Bürgergeld.

Das Bürgergeld wird ebenfalls in einzelne Verwendungsbereiche unterteilt. So werden für eine alleinstehende Person 21,48 € für monatliche Gesundheitspflege reserviert. Für Bekleidung und Schuhe 46,71 € und für Bildung ganze 2,03 €. Allerdings werden in einem sogenannten Bildungspaket bestimmte Aspekte der Bildung gefördert wie etwa das Mittagessen, Lernförderung, 15 € für Kultur und Sport, etwa für die Mitgliedschaft in einem Sportverein, Ausflüge

## 6 Elemente der Umsetzung eines reformierten ...

oder Schultransport. Die Hilfsbedürftigkeit wird anhand des monatlichen Einkommens und Vermögens berechnet. Nach Ablauf einer einjährigen Karenzzeit darf kein Haushaltsmitglied mehr als 15.000 € Vermögen besitzen, der sogenannte Freibetrag, um in den Genuss von Bürgergeld zu gelangen. Bestimmte Vermögensposten wie ein angemessener Hausrat, Auto, selbstgenutztes Wohneigentum etc. werden als Schonvermögen aus der Betrachtung herausgelassen. Ein menschenwürdiges Leben beinhaltet eben auch eine bestimmte Grundausstattung an Gütern, die man mit Vermögen noch sehr beschönigend bezeichnet. Dass sich mit dem Bürgergeld mehr schlecht als recht über die Runden kommt, zeigen die exemplarisch angeführten Beträge und die Gesamtsumme sehr deutlich. Vor allem, wenn man in einer Metropole lebt.

So viel zu den ausgewählten Zahlen und Fakten des Bürgergelds. Dennoch kursieren viele verschiedene Stereotype und pauschale Vorwürfe gegenüber dem Bürgergeld (vgl. dazu BMAS, 2024). So wird allenthalben unterstellt, dass sich mit dem Bürgergeld die Arbeit nicht mehr lohne. Doch das renommierte ifo-Institut für Wirtschaft hat errechnet, dass trotz der deutlichen Anhebung der Regelsätze des Bürgergelds ein deutlicher Abstand zur Lohnarbeit besteht (vgl. ifo, 2024). Natürlich ist der Lohnabstand immer eine Frage der Lohnentwicklung. Was allerdings in dieser pauschalen Betrachtung übersehen wird: Die allermeisten Menschen wollen arbeiten, denn Arbeit erbringt nicht nur Geld und sichert das Existenzminimum ab, sondern befriedigt und stiftet Sinn im Leben. Kaum ein Mensch möchte auf das Gefühl verzichten, ein wertvoller Teil der Gesellschaft zu sein und etwa von seinen Talenten einbringen zu können! Ein weiteres Vorurteil gegenüber Bezieher*innen des Bürgergeldes ist die Aussage, dass Menschen ihre Jobs kündigen würden, wenn sie die Aussicht auf

Bürgergeld hätten. Auch das stimmt nicht. Seit Einführung des Bürgergeld sind weniger Menschen aus ihren Jobs ins Bürgergeld gegangen. Außerdem erhalten Menschen die sozialversicherungspflichtig beschäftigt waren und ohne ersichtlichen Grund kündigten, zunächst eine Sperre, was die Bürgergeldsumme reduziert (vgl. Lpb, 2024).

Schließlich geistert das Vorurteil herum, Bezieher*innen von Bürgergeld seien faul und könnten nicht zur Arbeit gezwungen werden. Sanktionen existierten sowieso keine. Es sei quasi ein bedingungsloses Grundeinkommen. Alles falsch! Es gibt 5,6 Mio. Bezieher*innen von Bürgergeld. Etwa vier Millionen sind erwerbsfähig. Mehr als die Hälfte davon, also über zwei Millionen Menschen sind in sogenannter „ungeförderter Erwerbstätigkeit". Schule und Studium, arbeitspolitische Maßnahme wie Umschulung, Weiterbildung, erziehen Kinder, pflegen Angehörige oder stehen aufgrund von gesundheitlichen Einschränkungen dem Arbeitsmarkt nicht oder nur geringfügig zur Verfügung. Wer eine zumutbare Arbeit nicht annimmt, dem können bis zu zwei Monate des Bürgergeld-Regelbedarfs komplett entzogen werden. Sanktionen gibt es also. Die Anzahl der Komplettverweigerer hält sich in sehr geringen Grenzen. Das Bürgergeld stellt auch kein bedingungsloses Grundeinkommen dar, da dieses allen Bürger*innen zustünde, unabhängig von Einkommen und Vermögen. Das Bürgergeld dagegen sichert das menschenwürdige Existenzminimum für Hilfsbedürftige ab. Hilfsbedürftig ist nach dieser Definition, wer nicht in der Lage ist, seinen Lebensunterhalt aus eigenem Einkommen oder Vermögen zu bestreiten.

Wenn wir also über die soziale Dimension des Kapitalismus diskutieren, müssen wir auch das Bürgergeld in heutiger Form bewerten. Zieht man die untauglichen Versuche ab, das Bürgergeld zu diffamieren und betrachtet man die

## 6 Elemente der Umsetzung eines reformierten ...

Zahlen und Fakten, dann müssen wir uns als Gesellschaft folgende Frage stellen: Wieviel ist uns die Einlösung des Versprechens eines menschenwürdigen Lebens wert? Menschen, die wirklich in Not sind und unserer Hilfe benötigen, wieviel sind wir bereit, diesen Menschen für ein menschenwürdiges Leben zuzugestehen? Dass man sich mit 563 € kein Leben in „Saus und Braus" wird leisten können, kann sich wohl jeder klardenkende Mensch vorstellen. Gleichzeitig muss die Geldsumme so gestaltet sein, dass ein Mensch davon auskömmlich leben kann. Man sollte einigermaßen über die Runden kommen, auch wenn für das Alter oder dringend notwendige Ersatzinvestitionen kaum Geld übrig bleiben wird. Neben den gängigen Vorurteilen (s. o.) wird sogar Kritik an der Höhe des Bürgergeld geübt. Es solle sogar gekürzt werden (vgl. Hyun, 2024). Richtig ist, dass die Regelsätze regelmäßig überprüft werden müssen, um die realen Lebenshaltungskosten immer mit den geplanten abzugleichen. Dass ein solches Instrumentarium sinnvoll ist, liegt auf der Hand. Niemand soll in einem reichen Land menschenunwürdig leben müssen. Es muss nur besser kommuniziert werden! Gleichzeitig sollte weiter daran gearbeitet werden, den Abstand zwischen Bürgergeld und Arbeitslohn deutlich zu erhöhen. So könnte man die Diskussion darüber, dass Arbeit sich nicht mehr lohne, schnell das Wasser abgraben.

Armut zeigt sich aber auch beim Wohnen. In Deutschland fehlten Ende 2023 bereits 700.000 Wohnungen, insbesondere bezahlbare Wohnungen und Sozialwohnungen (vgl. im Folgenden Weber-Moritz, 2023). Bis 2027 sollen sogar bis zu 830.000 Wohnungen fehlen, was bedeutet, dass bis zu 1,7 Mio. Menschen auf der Suche nach bezahlbarem Wohnraum sind. Die Baukosten sind in den letzten 5 Jahren um über 40 % gestiegen. Die Zinsen sind immer noch vergleichsweise hoch. Noch nie war Bauen teurer in

Deutschland. Da sich das Angebot an Wohnungen vor allem in den Metropolen schlechter entwickelt als die Nachfrage, steigen die Mietpreise unaufhörlich an. Diese sind schon für die Mittelschicht immer schwerer zu stemmen, geschweige denn für den armen Teil der Bevölkerung. In den Metropolen wie Berlin und München sind die Mieten alleine im Jahr 2023 um 27 bzw. 21 % gestiegen! Aber auch ländliche Gegenden sind vom Mietanstieg betroffen, auch wenn es mit um die zehn Prozent deutlich geringer ausfällt. 3,1 Mio. Haushalte in Deutschland geben bereits heute rund 40 % für die Kaltmiete inklusive Heizkosten aus. Man kann sich leicht ausrechnen, dass dann nicht mehr viel zum Leben übrig bleibt. 2022 waren von den etwa 295.000 neu gebauten Wohnungen nur weniger als ein Zehntel bezahlbare Sozialwohnungen.

Gerade hier zeigt sich die Notwendigkeit eines sozial reformierten Kapitalismus: Wohnen ist ein Lebensrecht! Wohnungen müssen gerade für den ärmeren Teil der Bevölkerung wieder erschwinglicher werden. Möglichkeiten gäbe es viele ohne Anspruch auf Vollständigkeit (vgl. auch Pietsch, 2023, S. 148 f., Weber-Moritz, 2023), etwa mehr Mittel für den sozialen Wohnungsbau. Investition des Bundes, der Länder und Gemeinden in öffentlichen Wohnungsbau. Jeder, der privat oder als Unternehmen Wohnungen baut und diese zu bezahlbaren Preisen, also deutlich unter dem Marktpreis, anbietet, sollte vom Staat subventioniert werden u. a. durch zinsgünstige Darlehen. Mietbudgets im Rahmen des Bürgergelds und sonstige Sozialleistungen sollten ebenfalls vor dem Hintergrund dieser dramatischen Mietsteigerungen überdacht werden. Es kann ebenfalls nicht sein, dass zumeist ältere Menschen ihre über Jahrzehnte gemieteten Wohnungen verlassen müssen, um dann nach der Sanierung die dramatisch gestiegenen Mietpreise nicht mehr entrichten zu können! Auch hier gilt, nicht alles muss vom Staat finanziert werden. Manche*r private Immobilienbesitzer*in könnte auf darauf verzichten, seine Mieteinnahmen nach dem ökonomischen Prinzip zu maximieren und den Mieter*innen entgegenkommen mit einem moderaten Preis (bzw. die Mietsteigerungen unterdurchschnittlich ausfallen lassen). Möglichkeiten gäbe es genügend.

## Familienphase

Die Chancengleichheit armer Kinder im Vergleich zu den Sprösslingen vermögenderer Eltern hängt vor allem davon ab, inwieweit sie bereits frühkindlich gefördert werden. Ein Blick nach Schweden zeigt, wie diese aussehen könnte (vgl. im Folgenden Alltag in Schweden, 2024). Dort existiert eine ganztägige Kindertagesstätte, die sogenannten *Dagis*. Dort können Kinder zwischen einem und fünf Jahren zwischen 7:00 Uhr morgens bis um 18:00 Uhr betreut und gefördert werden. Es sind kommunale Einrichtungen, die von den Gemeinden betrieben werden und für Schwedens Kinder ausreichend Platz bieten. Fahrdienste sorgen dafür, dass auch weiter entfernt lebende Kinder in die jeweils nächstgelegene Kindertagesstätte gelangen können. Die Gebühren für die Dagis richten sich an dem Bruttoeinkommen der Eltern aus und reichen von drei Prozent für das erste Kind, aber maximal umgerechnet 130 € pro Monat, über zwei Prozent für das zweite und ein Prozent für das dritte Kind. Ab dem vierten Kind sind diese Einrichtungen kostenlos für die Eltern. Eine solche Einrichtung würde auch in Deutschland dafür sorgen, dass ärmere Kinder gezielt gefördert werden und es ausreichend Platz für alle gäbe. Man könnte sie sogar (zumindest für die sozial schwächeren Haushalte) kostenlos anbieten. Eine Investition in die Infrastruktur staatlicher Kindergärten würde sich vor allem für die ärmeren Kinder lohnen. Wer einmal versucht hat, in einer der großen Metropolen in Deutschland einen (bezahlbaren) Kindergartenplatz für seine Kinder zu finden, weiß wovon hier die Rede ist.

Ähnliches gilt für flächendeckende Ganztagsschulen (vgl. u. a. Jendis, 2024, S. 83 ff.). Anstelle einer reinen Nachmittagsaufsicht wie es heute noch häufig bei den Ganztagsschulen aufzufinden ist, könnte ein intensiver Musik- und Kunstunterricht ausgerichtet werden. Zur Vorbereitung der Lebenspraxis schaden bestimmt Lektionen in gesunder Ernährung, Sport, oder Garten-, Technik- oder Handwerksprojekte nicht. Sogar Einführungskurse in Wirtschaft wie das Führen eines Girokontos oder die Grundbegriffe der Wirtschaft haben noch niemandem geschadet. Alles dies wäre in einer staatlichen Ganztagsschule möglich (und wird bereits heute an ausgewählten Schulen praktiziert) und würde vor allem den ärmeren Kindern und Jugendlichen zugutekommen. Die Geschäftsführerin der Tafel, Sirkka Jendis, bemerkt vollkommen zurecht (Jendis, 2024, S. 84):

> „Dafür bräuchte es Sozialpädagog*innen, Psycholog*innen, Sozialarbeiter*innen, Logopäd*innen, generell mehr Unterstützung und die finanziellen Voraussetzungen, auch gezielt für Kinder aus prekären Verhältnissen. Die Folgekosten, die uns erwarten, wenn wir alles so lassen, wie es ist, werden um ein Vielfaches höher liegen. All diese Ideen würden nicht nur die soziale Ungleichheit nivellieren. Ich bin davon überzeugt, dass nicht nur die bisher benachteiligten, sondern *alle* Kinder und unsere Gesellschaft als Ganzes davon profitieren würden."

Auch hier gäbe es Möglichkeiten für die Zivilgesellschaft, den ärmeren Mitbürger*innen, in diesem Fall Kinder und Jugendliche, unter die Arme zu greifen. Der Philosoph Richard David Precht schlug in seinem Buch über die Pflicht zurecht vor, dass man ein soziales Pflichtjahr für alle jungen Menschen nach der Schule und ein soziales Jahr für alle Menschen im Rentenalter einführen müsse (vgl. Precht, 2021, S. 144). Ob es gleich ein Pflichtjahr sein muss oder im Rahmen der individuellen Lebensplanung freiwillig absolviert wird, sei einmal dahingestellt. Es wäre allerdings der Gesellschaft insgesamt und vor allem im Kampf gegen die Armut wesentlich geholfen, wenn viele Menschen sich in der frühkindlichen Bildung in verschiedenen Rollen engagieren würden. Das könnten kostenlose Nachhilfestunden sein und/oder einfach ein Vorlesen oder schlicht gemeinsame Spiele oder Basteln. Möglichkeiten der bürgerschaftlichen Unterstützung gäbe es viele. Die Hilfe käme vor allem denjenigen Kindern und Jugendlichen zugute, die es sich ansonsten finanziell nicht leisten können. Ein Stück weit mehr Solidarität und Chancengerechtigkeit!

## Alter

Ist Armut generell eine Tragödie, stellt die Armut im Alter den Endpunkt einer Reihe von Demütigungen, Scham, Stress und Einsamkeit dar (vgl. auch Jendis, 2024, S. 157). Analysen mit Hilfe des Deutschen Alterssurveys zeigen (vgl. Velimsky & Faden-Kuhne, 2024), dass Altersarmut nicht nur für ein geringeres Selbstwertgefühl und eine niedrigere Lebenszufriedenheit sorgt, sondern natürlich auch dramatische Auswirkungen auf die Lebenssituation hat. So leiden arme Menschen im Alter vor allem unter ihrer beengten Wohnsituation, wenig sozialen Kontakten und sind sogar mit höherer Wahrscheinlichkeit Opfer von Altersdiskriminierung. Wäre dies nicht schon genug an Leid, kommen noch Depressionen, Einsamkeit und das Gefühl, sozial isoliert zu sein hinzu. Häufig fehlen auch soziale Dienstleistungen vor Ort, ein/e Ansprechpartner*in für die Sorgen und Nöte der betroffenen Menschen. Bisweilen hilft auch ein einfacher Internetzugang, um diese älteren Menschen wieder an der Gesellschaft teilnehmen zu lassen (vgl. Velimsky & Faden-Kuhne, 2024).

Vor allem am Ende eines Lebens, in dem nicht selten hart gearbeitet wurde aber dennoch das Geld im letzten Lebensabschnitt nicht ausreicht, eine würdevolle Rente zu genießen. Der neueste Bericht des paritätischen Gesamtverbands (vgl. Schneider, 2024, insbesondere S. 4 ff.) zeigt die traurige Realität in Deutschland. Waren 2006 etwas über zehn Prozent der Rentner*innen arm, gilt das in 2024 für 18,7 % aller Rentner*innen. Ein Anstieg um gut 8 Prozentpunkte innerhalb von 18 Jahren! Die Altersarmut ist vor allem weiblich. 20,2 % der Frauen über 65 in Deutschland gelten als arm, während es bei den Männern „nur" 15,4 % sind. Häufig trifft es alleinerziehende Frauen, die früher mehr als ein Kind erzogen haben, gering gebildet sind und häufig einen Migrationshintergrund aufweisen (vgl. die Statistik in Schneider, 2024, S. 4 f.). Die Statistik erzählt bereits einen Großteil der Geschichte, warum es überhaupt zur Altersarmut kommt. Wer als Frau Kinder erzieht und so einen wertvollen Beitrag für die nächste Generation und die Gesellschaft, also für uns alle, erbringt, kann nicht gleichzeitig in Vollzeit arbeiten. Kommen dann noch ein vergleichsweiser niedriger Bildungsstand hinzu und/oder mangelnde Sprachkenntnisse, dann stehen lediglich Jobs im Niedriglohnsegment zur Verfügung. Von der auskömmlichen Rente im Alter kann in diesen Fällen nicht die Rede sein.

Ayaan Güls von der Stiftung für Zukunftsfragen im Hamburg bringt es auf den Punkt, wenn sie schreibt (Güls, 2023):

## 6 Elemente der Umsetzung eines reformierten ...

„Verschiedene Faktoren tragen zur wachsenden Sorge um Altersarmut bei. Erstens haben viele Bürger Schwierigkeiten, während ihrer Erwerbsphase ausreichend Rücklagen für das Alter zu bilden, sei es aufgrund niedriger Löhne, unstetiger Erwerbsbiografien, steigender Lebenshaltungskosten oder eines hohen Lebensstandards. Zweitens haben wirtschaftliche Krisen (u. a. bedingt durch Corona, Kriege und Inflation) sowie der Wandel in der Arbeitswelt (u. a. Kurzarbeit, Jobverlust, mehr prekären Arbeitsverhältnisse), das Vertrauen in die zukünftige Alterssicherung zunehmend untergraben. Drittens trägt auch die öffentliche Diskussion über Altersarmut dazu bei, welche angesichts einer steigenden Lebenserwartung, einer immer älter werdenden Bevölkerung und der derzeitigen Gefahr einer Rezession nicht unberechtigt ist."

Altersarmut trifft Menschen vor allem auch dann, wenn sie nicht mehr alleine und ohne Hilfe leben können. Pfleger*innen in den Pflegeheimen leisten einen großen Dienst an den älteren Menschen. Sie kümmern sich intensiv um diese Menschen, die nicht mehr alleine leben können. Außerdem helfen sie ihnen, ihr tägliches Leben zu meistern und sind Ansprechpartner*innen für viele Senior*innen, die in dieser Phase einsam sind. Diese wertvolle Arbeit ist kaum mit Geld zu bezahlen. Und dennoch sind die Mitarbeitenden in den Pflegeheimen für den herausragenden Stellenwert ihrer Arbeit in Deutschland immer noch zu gering entlohnt. Wenn die Berufe bzw. die Tätigkeiten in Deutschland nach ihrem gesellschaftlichen Beitrag bezahlt würden, müsste das Pflegepersonal mit an oberster Stelle stehen! Doch Pflegeheime sind entsprechend teuer und Altersarmut schlägt auch hier durch.

Im Jahr 2023 kostete ein Pflegeheim in Deutschland durchschnittlich 2548 € (vgl. Jendis, 2024, S. 165). Das war bereits eine deutliche Steigerung im Vergleich zum Vorjahr. Es ist damit zu rechnen, dass die Kosten weiter ansteigen werden. Der Eigenanteil für die Pflege beträgt durchschnittlich 1245 € im ersten Jahr, wobei die Kosten für die Unterkunft und Verpflegung, Renovierungskosten und die anteiligen Ausbildungskosten für das Pflegepersonal noch gar nicht enthalten sind (vgl. Jendis, 2024). Solche Beträge sind bereits mit durchschnittlichen Renten kaum finanzierbar. Die Pflegeversicherung zahlt je nach Pflegegrad nur einen Teil der gesamten Aufwendungen, der meist deutlich unterhalb der tatsächlichen Kosten liegt. Dies ist kein Vorwurf an die Pflegekassen, sondern beschreibt schlicht die Realität des Pflegesystems in Deutschland. Es kann eine Hilfe zur Pflege beantragt werden, die von der finanziellen Bedürftigkeit abhängig ist. Dabei finden die Einkommen und Vermögen der Pflegebedürftigen und des Lebenspartners Anrechnung, abzüglich eines Vermögensfreibetrags von 10.000 € für Alleinstehende und 20.000 € für Verheiratete. Kinder mit einem Jahreseinkommen oberhalb von 100.000 € werden entsprechend ebenfalls berücksichtigt bzw. zur Kasse gebeten. Die Arbeiterwohlfahrt weist sicherlich nicht zu Unrecht darauf hin, dass wer noch nicht in Altersarmut lebte, spätestens mit dem hohen Eigenanteil zur Pflege dort enden würde (vgl. Arbeiterwohlfahrt, 2024).

Die Bundesregierung hat versucht, mit ihrer jüngsten Rentenreform der künftig weiter steigenden Altersarmut entgegenzuwirken (vgl. vor allem im Folgenden Fratzscher, 2024b). Im Rahmen dieser Reform wurde u. a. die Stabilisierung des Rentenniveaus auf 48 % des Durchschnittseinkommens beschlossen. Dies allerdings zum Preis einer deutlichen Erhöhung der Beitragssätze zur Rente von 18,6 auf 22,3 %, was zu einer starken Belastung von Unternehmen und Beschäftigten führt. Vor allem jüngere Menschen müssen diese gestiegenen Beitragssätze lange Zeit mitfinanzieren. Künftig wird zudem die Entwicklung der Rentenhöhe an die Entwicklung der Löhne und nicht nur an die Infla-

## 6 Elemente der Umsetzung eines reformierten …

tion gekoppelt. Richtigerweise wurde auch das Renteneintrittsalter nicht weiter erhöht, da bereits heute nicht in allen Berufszweigen bis 67 Jahren gearbeitet werden kann.

Bereits 2021 wurde von der damals aktuellen Bundesregierung die Grundrente eingeführt, die vor allem Beschäftigten mit niedrigen Löhnen und Gehältern und einer Mindesterwerbstätigkeit von 33 Jahren einen Zuschlag zahlt. Hauptsächlich Frauen sind Nutznießerinnen dieser Grundrente, die allerdings deutlich weniger oft bezogen wird als prognostiziert. Viele Frauen erhalten diese Grundrente aber erst gar nicht, da ihre Männer in der verpflichtenden Einkommensprüfung höhere Ansprüche haben. Doch vor allem alleinerziehenden Frauen ist durch die Grundrente zumindest ein Stück weit geholfen. Es wird in Zukunft darum gehen, vor allem die Frauen finanziell zu fördern, damit sie gar nicht erst in dieser großen Zahl in Altersarmut abrutschen mit allen den negativen Begleiterscheinungen wie oben bereits geschildert. Wir müssen uns alle daran erinnern: Es sind vor allem die Frauen gewesen, die sich um die Kindererziehung gekümmert haben und die Pflege von Angehörigen übernommen haben. Damit haben sie einen großen Dienst an der Allgemeinheit, sprich an uns allen geleistet. Das sollten wir nicht vergessen!

Besser und wirksamer als die Grundrente wäre nach Ansicht des Chefs des renommierten Deutschen Instituts für Wirtschaftsforschung, Marcel Fratzscher, die Einführung einer Mindestrente gewesen, wie sie etwa in Österreich oder in den Niederlanden bereits existiert (vgl. Fratzscher, 2024b). In Österreich etwa erhalten Rentner*innen seit 2020, wenn sie 40 Jahre oder länger erwerbstätig waren, eine Mindestrente von 1200 € bzw. 1500 € bei Ehepaaren (vgl. Parlament Österreich, 2024). Dieses Instrument stellt sicher, dass alle Beschäftigten unabhängig von ihrem aktiven Einkommen automatisch eine Mindestabsicherung erhalten. Studien haben gezeigt, dass fast 60 % aller Rentner*innen aus Scham, Angst aber auch fehlenden Kenntnissen keinerlei Grundsicherung beantragen. Selbstverständlich hilft es dem Rentensystem, wenn mehr Menschen, vor allem Frauen, länger und zu höheren Löhnen und Gehältern tätig werden. Marcel Fratzscher weist in diesem Zusammenhang zurecht auf das immer noch bestehende Einkommensgefälle zwischen den Geschlechtern zuungunsten der Frauen hin (vgl. Fratzscher, 2024b und Pietsch, 2024, S. 98). Das Rentenpaket der Bundesregierung sieht zudem ein sogenanntes „Generationskapital" vor: 200 Mrd. € sollen bis 2030 vom deutschen Staat angelegt werden, um aus den erwarteten Renditen einen Zuschuss zu den gesetzlichen Renten ermöglichen zu können. Dies würde, so der Wirtschaftsexperte Fratzscher, die Rente kaum erhöhen. Sinnvoll wäre sicherlich eine Stärkung der privaten Altersvorsorge. Wenn man die nötigen Kenntnisse hat.

Ein sozialer Kapitalismus, den ich hier in Grundzügen zu beschreiben versuche, muss sich vor allem dem Thema der Altersarmut annehmen. Dazu gehört, dass vor allem die Menschen, die ein Leben lang gearbeitet oder sich um die Familien und Angehörige gekümmert haben, im Alter von Armut verschont bleiben. In der Vielzahl an Möglichkeiten zur Vermeidung der Altersarmut, die wir gerade diskutiert haben, erscheint mir die Mindestrente noch als die vielversprechendste Option zu sein. Lasst uns diese Idee, die sich in den Nachbarländern bewährt hat, auch für Deutschland ausprobieren! Schließen möchte ich dieses Kapitel mit einem Hinweis des Geschäftsführers des paritätischen Wohlfahrtsverbandes, Ulrich Schneider, der ein Bündel von Maßnahmen vorsieht, um der Altersarmut endgültig den Kampf anzusagen (Schneider, 2024, S. 7):

## 6 Elemente der Umsetzung eines reformierten ...

„Die notwenige Bekämpfung der außerordentlich schnell und ungebremst steigenden Altersarmut in Deutschland verlangt eine umfassende Agenda zur Reform der Alterssicherung, die von der Reform der Rentenversicherung u. a. mit dem Ziel der Armutsvermeidung langjährig Versicherter über eine Reform der Altersgrundsicherung bis hin zur Vollversicherung in einem Pflegesystem reicht, in dem mittlerweile jeder dritte Bewohner eines Pflegeheimes in die Sozialhilfe fällt, weil die erforderlichen Eigenleistungen von zunehmend mehr Menschen nicht mehr aufgebracht werden können. Die Stabilisierung des Rentenniveaus allein wird dem Problem nicht Herr werden. Die Aktienrente wird armutspolitisch überhaupt keine Spuren hinterlassen."

In der Summe können wir am Ende dieses Kapitels über die soziale Dimension unseres Modells zum reformierten Kapitalismus festhalten, dass es Einwirkungsmöglichkeiten des Wirtschaftssystems in allen Lebensphasen gibt. Angefangen von der Vermeidung von Kinderarmut über die Unterstützung im Berufsleben, bei der Familiengründung und später im Alter. Es ging mir in diesem Abschnitt lediglich darum, einige Kernideen zu skizzieren, wo die Reise hingehen könnte. Weiter detaillierte Ideen inklusive der operativen Umsetzung können hier nicht die Zielsetzung sein. Zumal ich nicht der Experten in allen beschriebenen Fachgebieten bin und sein kann. Niemand ist es. Doch sollten wir diese Ideen, die größtenteils nicht neu sind und schon von vielen Expert*innen in einzelnen Elementen formuliert wurden, zu einem Gesamtkonzept zusammenbinden. Der Einfachheit halber und um es griffiger zu bezeichnen habe ich diese soziale Dimension mit dem „Lebenszykluskonzept" überschrieben. Dies bedeutet aber natürlich, dass wir die Rolle des Staates in der Wirtschaft noch einmal überdenken müssen. Denn eines ist klar, viele dieser Elemente sind ohne einen starken Sozialstaat nicht zu stemmen. Lassen Sie uns daher im Folgenden einen kurzen Blick in die Rolle des Staates in der Wirtschaft werfen. Wie schaffen wir die richtige Balance zwischen freiem Markt und dem Staat? Diese Frage versuchen wir im nächsten Abschnitt zu beantworten.

## 6.3 Die richtige Balance aus Markt und Staat. Mehr Gemeinwohl wagen

Es gibt für uns im Rahmen dieses Buches vor allem zwei Gründe, sich mit dem richtigen Verhältnis zwischen Markt und Staat auseinanderzusetzen. Zum einen haben sich die Gewichte in den letzten Jahren durch die zahlreichen internationalen Konflikte, die Corona-Pandemie und die aktuelle ökonomische und ökologische Krise mehr in Richtung Staat verschoben. In Zeiten, in denen es einem Land und seiner Bevölkerung wirtschaftlich schlecht geht, wird der Ruf nach dem helfenden Staat immer lauter. Wir erinnern uns an milliardenschwere Hilfspakete für die Wirtschaft zu Zeiten der weltweit grassierenden Corona-Pandemie (vgl. im Folgenden Pietsch, 2020, S. 98 ff.). Darüber hinaus bot der Staat mit seinen Ländern und Kommunen zahlreiche Überbrückungshilfen für alle Teile der Bevölkerung, die besonders von der Epidemie betroffen waren. Angefangen vom Kurzarbeitergeld über Liquiditätshilfen und Steuerstundungen bis hin zu temporäre (Teil-)Verstaatlichungen von großen Unternehmen, um die bedrohten Arbeitsplätze zu erhalten. Selbst äußerst erfolgreiche Unternehmen wie die Lufthansa waren von heute auf morgen in ihrer Existenz bedroht und mussten vom Staat gerettet werden.

Zum anderen prallen immer wieder die Ideologien der Ökonom*innen und der Politiker*innen aufeinander. Der

## 6 Elemente der Umsetzung eines reformierten …

alte Streit darüber, inwieweit der Staat in die Wirtschaft eingreifen dürfe und wo er sich gefälligst rauszuhalten habe. Berühmt geworden ist der Streit vor allem anhand von zwei der global wirkmächtigsten Ökonomen des 20. Jahrhunderts. Der zwischen dem Briten John Maynard Keynes, der Generationen von Ökonom*innen in ihrer Ausbildung bis zum heutigen Tag beeinflusst hat (inklusive den Autor selbst) und dem US-Amerikaner Milton Friedman, der ein extremer Verfechter des Marktes war (einen Überblick zu den Kerninhalten und Biografien dieser beiden Protagonisten liefert Pietsch, 2022b, S. 191 ff.). Der Begriff der Freiheit war für Friedman das höchste Gut. Freiheit in aller Form bedeutet im ökonomischen Zusammenhang auch die Freiheit des Marktes. Milton legte sein ökonomisches Programm in seinem Hauptwerk „Kapitalismus und Freiheit" (original: *„Capitalism and Freedom"*) dar. Konkret sah Friedman den Staat lediglich in der Rolle des Spielleiters, der die (Spiel-)Regeln des Marktes definiert und als Schiedsrichter quasi für deren Umsetzung sorgt. Zu den Regeln gehören die rechtlichen Rahmenbedingungen wie Vertragswerke, ein freier und ungehinderter Wettbewerb, d. h. die Verhinderung von Kartellen und Monopolen etc.

Ein solches Programm des freien Marktes, gelegentlich auch Neoliberalismus genannt (vgl. u. a. Ther, 2016), bedeutete eine maximale Wirkungsmöglichkeit des freien Marktes, konkret (vgl. Pietsch 231 ff.) u. a. keine internationalen Handelsbeschränkungen, also weder Zölle noch Subventionen, keine Steuern oder Handelskontingente; keinerlei Eingriffe in den heimischen Markt wie etwa Preissubventionen, Produktionssteuerung, Mietkontrollen à la Mietpreisbremsen, keine staatlich festgesetzten Mindestlöhne, keine wirtschaftliche Überwachung staatlicher Rundfunk- und Fernsehanstalten. Selbst Pensions- und Rentenprogramme sollten nicht über den Staat, sondern über den

Markt zur Verfügung gestellt werden. Der Staat dürfe zwar das Geld drucken und nach bestimmten Regeln der Federal Reservebank in den Markt bringen, doch warnte Friedman vor aktiver staatlicher Finanz- und Geldpolitik (Friedman, 2016, S. 101 f.):

„In der Finanz- wie in der Geldpolitik – alle politischen Erwägungen mal zur Seite gestellt – wissen wir einfach nicht genug, um gewollte, absichtliche, wohl überlegte Veränderungen in der Besteuerung oder den Ausgaben als wirksame Stabilisierungsmechanismen benutzen zu können. Wenn wir es dennoch versuchen, können wir fast sicher sein, die Dinge noch schlimmer zu machen. (…) Was wir brauchen, ist nicht ein geschickter Fahrer des ökonomischen Fahrzeugs, der dauernd am Lenkrad dreht, um sich unvorhergesehenen Unebenheiten des Weges anzupassen. Wir brauchen ein Mittel, das den Passagier, der als Ballast auf dem Rücksitz hockt, daran hindert, sich gelegentlich nach vorne zu beugen und dem Lenkrad einen Schubs zu geben, der den Wagen dann fast von der Straße abbringt."

Jeglicher Eingriff des Staates in die Wirtschaft sei also verheerend, da dieser gutgemeinte Eingriff das Gleichgewicht des Marktes durcheinanderbringt, was wiederum eine Korrektur nach sich zieht. Dieser korrigierende Eingriff muss dann wieder abgeändert werden etc. Ein Teufelskreis, aus dem die staatlichen Akteure nicht wieder herausfinden, so Friedman.

Auf der anderen Seite des Spektrums steht John Maynard Keynes. In seinem Hauptwerk „Allgemeine Theorie der Beschäftigung, des Zinses und des Geldes" (original: *„The General Theory of Employment, Interest and Money"*) (vgl. Keynes, 1936/2017) argumentierte er gegen den Grundsatz der klassischen Ökonomie, der Markt schaffe sich sein Angebot selbst. Dieser Grundgedanke der Wirtschaft stammt von dem französischen Geschäftsmann und

Ökonomen Jean Baptiste Say, folglich später Say'sches Theorem oder Gesetz genannt. Say hatte behauptet, dass vor allem neue Produkte sich ihren Markt selbst schaffen: der Unternehmer verkauft sein Produkt und nutzt das eingenommene Kapital, um weitere Produkte herzustellen, die sich ebenfalls wieder ihren Markt suchen. Bestes Beispiel ist heute sicherlich das iPhone von Apple. Ebenso sollte es gemäß der klassischen Theorie (für einen Überblick zur klassischen Theorie vgl. Pietsch, 2022b, S. 45 ff.) gar keine Arbeitslosigkeit geben. Dem widersprach Keynes.

Wenn der (Nominal)Lohn zu hoch sei, heute würde man sagen, verbunden mit schlechten Marktprognosen, könne es passieren, dass die Arbeitgeber nicht genügend Arbeitsplätze anbieten, um jedem potenziellen Mitarbeitenden einen Job anbieten zu können. Gemäß Keynes ist diese fehlende effektive Nachfrage das Grundproblem der Arbeitslosigkeit. Der Staat müsse folglich für die fehlende effektive Nachfrage einspringen und vor allem in Infrastrukturmaßnahmen investieren. Dadurch würde die Konjunktur angekurbelt: Vor allem Bauunternehmen würden wieder mehr Aufträge erhalten, bräuchten wieder mehr Mitarbeitende, diese wiederum erhalten Jobs, konsumieren und bringen dadurch die Konjunktur wieder voran. Folglich, so die Schlussfolgerung von Keynes im Vergleich zu seinem Gegenspieler Friedman, könne es sich der Staat überhaupt nicht leisten, sich gänzlich aus der Wirtschaft herauszuhalten. Diesem Beispiel und dieser Wirtschaftspolitik sind ja viele Staaten vor allem zur Ankurbelung der heimischen Wirtschaft in und nach der Corona-Pandemie gefolgt, etwa die USA oder auch Deutschland.

Wer jetzt der Meinung ist, solche theoretischen Diskussionen zwischen zwei diametral entgegengesetzten Denkschulen der Ökonomie würden uns in diesem Zusammenhang nicht weiterbringen, dem sei Folgendes vor Augen geführt. Im Bund regieren derzeit (Herbst, 2024) drei Parteien, die in Bezug auf die Wirtschaftspolitik nicht unterschiedlicher sein könnten. So kritisiert der Zusammenschluss der Familienunternehmer in Berlin die Wirtschaftspolitik der Bündnis 90/die Grünen vehement. Während die Gründerväter der Sozialen Marktwirtschaft, aus der ordoliberalen Freiburger Schule kommend (vgl. Pietsch, 2022b, S. 237 ff.), die Freiheit des Individuums in den Mittelpunkt ihrer Marktkonzeption gestellt haben, sähen sich viele Grüne (Die Familienunternehmer, 2024, S. 3 f.):

„ … selbst als eine Art Avantgarde, die ein unbedingtes Primat der Umwelt- und Klimapolitik durchsetzen wollten. (…) Die Programme der Grünen thematisieren viele berechtigte Punkte, kommen aber immer wieder zum Ergebnis, dass der Staat – also ihre Partei – die Lösungen auch im Detail am besten wisse. (…) Weil so viel kontrollierender, planender und lenkender Staat teuer ist, braucht er kräftige Steuererhöhungen. Um damit die Breite der Wählerschaft nicht zu verschrecken, soll das Staatsbudget auch über ständig mehr Schulden erhöht werden, wobei Schulden immer ein Vorgriff auf die Steuern von morgen sind."

Wahrnehmung ist Realität. Und die sieht aus Sicht der Familienunternehmer in Deutschland so aus, dass die Partei von Bündnis 90/Die Grünen wirtschaftspolitisch eher der Philosophie von John Maynard Keynes folgt und in den Markt eingreift zugunsten von sozialen und ökologischen Zielen. Ähnlich sieht es mit dem Wirtschaftsprogramm der SPD aus (vgl. SPD-Parteivorstand, 2024). Unter Punkt 8 Solide Haushaltspolitik wird betont (SPD-Parteivorstand, 2024):

„In den kommenden Jahren braucht es umfassendere Investitionen in eine starke klimaneutrale Wirtschaft und unsere Sicherheit. Damit legen wir langfristig die Grundlage für den Wohlstand unserer Kinder und Enkelkinder und ein Leben in Frieden in Europa. Das ist für uns Generationengerechtigkeit."

Auch hier wird auf staatliche Investitionen zur Stützung der Wirtschaft und der Bekämpfung des Klimawandels gesetzt. Ganz im Sinne der Nachfragestärkung von John Maynard Keynes.

Ganz anders sieht es dagegen bei der FDP aus. Dort setzt man offensichtlich sehr stark auf den Markt (FDP, 2024):

„Wir brauchen insgesamt wieder mehr Marktwirtschaft in unserer Wirtschaftspolitik und weniger staatliche Bevormundung und Lenkung". Nötig seien „weiter gehende Entlastungen – bei der Steuer, den Abgaben und den Energiepreisen" (Generalsekretär der FDP, Bijan Djir-Sarai). (…)
„Wir werden unsere Wachstumsschwäche nicht mit staatlicher Investitionslenkung oder Subventionen überwinden, nicht mit mehr öffentlicher Verschuldung, sondern nur, wenn die Betriebe, wenn die Unternehmen mehr investieren, und zwar in genau die Vorhaben, an die selber diese Unternehmen glauben." (FDP-Parteichef Christian Lindner)

Offensichtlich führt die FDP die Wirtschaftspolitik von Milton Friedman im Kern fort mit Stärkung des Marktes ohne viele staatliche Eingriffe wie Investitionen und Subventionen und daraus folgenden höheren Schulden. Daraus ergibt sich fast zwangsweise der Streit innerhalb der Ampelkoalition hinsichtlich der Einhaltung der „Schuldenbremse": Die 2009 in Deutschland per Gesetz eingeführte Schuldenbremse besagt, dass sich Deutschland ab 2016 jedes Jahr bis zu einer Höhe von 0,35 % des Bruttoinlandsproduktes neu verschulden darf. Dies entspricht derzeit etwa 9 Mrd. € im Jahr (vgl. Schneider & Tokya-Seid, 2024). Der Streit ist leicht nachzuvollziehen. Folge ich der Marktideologie und versuche, den Staat möglichst komplett aus der Wirtschaft herauszuhalten, dann sehe ich keine Notwendigkeiten von staatlichen Investitionen, Subventionen und anderen Zahlungen des Staates. Folglich kann ich auch die Schuldenbremse einhalten. Betreibe ich umgekehrt eine aktive Investitionspolitik des Staates zugunsten von sozialen und ökologischen Zielen inklusive Subventionen etc., dann erhöhe ich die Staatsschulden und komme mit der Schuldenbremse in Konflikt.

Die Wirtschaftspolitik der CDU passt nicht so ganz in das Schema zwischen Friedman und Keynes. Die CDU sorgt sich um den Standort Deutschland und rügt die aktuelle Bundesregierung (CDU, 2024):

> „Deutschland rutscht immer weiter in die Rezession, die deutsche Wirtschaft schrumpft – als einzige in Europa. Verantwortlich dafür ist vor allem die Bundesregierung. Sie sorgt für immer höhere Energiekosten, immer weiter steigende Abgaben und immer mehr Bürokratie. Gleichzeitig erhöht sie Sozialausgaben und verringert Anreize zur Arbeitsaufnahme, vor allem durch das so genannte Bürgergeld. Diese Politik führt dazu, dass der Standort Deutschland an Wettbewerbsfähigkeit immer mehr verliert. Investitionen in Deutschland gehen dramatisch zurück. Immer mehr deutsche Unternehmen wandern ins Ausland ab."

Hier wird weniger der Gegensatz zwischen Markt und Staat betont, sondern vielmehr auf das Prinzip der Eigenvorsorge der Bürger*innen und des Mottos „Leistung muss sich wieder lohnen" gesetzt. Konkret sollen in einem 12-Punkte-Plan u. a. die Sozialabgaben auf 40 % des Bruttolohns begrenzt werden, Überstunden bei Vollbeschäftigten sollten steuerfrei sein, generell sollen Steuern und Energiepreise gesenkt werden und die Bürokratie abgebaut werden. Man setzt ganz im Sinne der Tradition der Freiburger Schule auf die Stärkung des freien Wettbewerbs und will mehr Menschen in Arbeit bringen. Warum aber diskutieren wir an dieser Stelle ausgewählte wirtschaftspolitische Programme aktueller Parteien im Bundestag? Ganz einfach. Wir wollen uns im Zuge der Überlegungen für einen reformierten Kapitalismus die Frage stellen, welche wirtschaftspolitische Richtung wir in diesem Zusammenhang für geeignet halten: Mehr Markt oder mehr Staat oder einen Mittelweg? Bevor wir allerdings tiefer in diese Diskussionen eintauschen, wollen wir uns in aller Kürze mit den Kernideen der Ökonomin Mariana Mazzucato auseinandersetzen. Sie hat sich vor allem mit der unternehmerischen Rolle des Staates in der Wirtschaft beschäftigt. In ihrem bahnbrechenden Buch „Das Kapital des Staates" („*The Entrepreneurial State*") hat sie eindrucksvoll nachgewiesen, dass vor allem technologische Innovationen, die zu wirtschaftlichem Aufschwung geführt haben, proaktiv vom Staat gefördert wurden.

Als konkretes Beispiel hat sie sich die Firma Apple ausgesucht, deren Erfolgsgeschichte mitnichten alleine auf unternehmerischen Anstrengungen oder dem Genie des Gründers Steve Jobs beruhte. Mazzucato hat vor allem auf drei Gebiete hingewiesen, bei denen der Staat Apple und die Unternehmen in den USA gefördert hat (vgl. Mazzucato, 2014, S. 122 ff.).

Erstens Der Staat hat durch direkte Investitionen in den kapitalintensiven und risikoreichen Phasen der Entwicklung von Apple-Produkten unterstützt. Viele der zwölf wichtigen Technologien in iPhone, iPad etc. stammen aus staatlicher Forschungsförderung wie etwa Mikroprozessoren, LCD-Bildschirme, Lithium-Ionen-Akkus Hypertext Transfer Protocol (http) oder auch die lebensnotwendigen Mobilfunknetze. Auch die Spracherkennung auf dem Apples virtuelle Assistentin basiert, wurde durch die staatliche Förderung maßgeblich beeinflusst und hat den Siegeszug des iPhones deutlich gestärkt.

Zweitens Der Staat ermöglicht den Unternehmen den Zugang zu Technologien aus staatlichen und militärischen Forschungsprogrammen. Alles Technologien, die durch staatliche Forschungseinrichtungen entwickelt wurden, öffentlich von den Bundesstaaten und dem Staat finanziell gefördert. Man denke etwa an das Internet, ursprünglich eine rein militärische Anwendung, oder die diversen Standardprotokolle HTTP, HTML etc., ohne die heute ein Leben im Internet gar nicht möglich wäre.

Drittens Der unternehmerisch agierende Staat forcierte technologiepolitische oder auch steuerliche Erleichterungen, die es den US-amerikanischen Unternehmen inklusive Apple erleichterten, die Innovationen weiter voranzutreiben und im Wettbewerb auf dem globalen Markt den Vorsprung ausbauen zu können.

Zusammengefasst kann man sagen, dass Mazzucato dem Bild des Staates als ungeliebten Eindringling in die Wirtschaft einen Staat entgegenstellt, der nicht das Wirtschaftswachstum verhindert, sondern im Gegenteil befördert. Ein Staat, der vorangeht und unternehmerische Risiken nicht scheut (vgl. Mazzucato, 2014, S. 20 ff.). Dort, wo sich Unternehmen nicht trauen zu investieren, springt der Staat ein und übernimmt die Risiken. Teilweise schafft er dadurch neue Märkte und erreicht genau das Gegenteil dessen, was ihm seine Kritiker*innen vorwerfen. Er ermöglicht neue Arbeitsplätze. Auch bei Wachstum und Innovationen ist der Staat nicht untätig, angefangen von der Förderung von Patenten über die Förderung von Grundlagenforschung an den Universitäten bis hin zu Steuererleichterungen in bestimmten Forschungsgebieten. Man denke bei uns in Deutschland vor allem an die Forschung im Rahmen der

Künstlichen Intelligenz. Dort haben Staaten wie die USA und China eindeutig die Nase vorn. Hier ist nicht nur aber auch der Staat gefragt zu unterstützen.

Denken wir auch an den Pharmamarkt. Mazzucato (vgl. Mazzucato, 2014, S. 79 ff.) zeigt eindringlich, dass in den USA die neuen und revolutionärsten Medikamente in den meisten Fällen mit staatlichen und nicht mit privaten Mitteln hergestellt werden. Gleiches gilt für die Biotechnologie, bei der das private Wagniskapital durch staatliche Investitionen verstärkt wird. Der Staat hat in den USA sogar ganze Branchen unterstützt, wie das Beispiel der Nanotechnologie oder der militärischen Verteidigung zeigt. Gleiches gilt für den Einstieg in „grüne Technologie" wie etwa Windkraftanlagen oder Fotovoltaik-Module. Gerade diese wichtigen Technologien sind anfangs massiv durch den Staat gefördert worden. So hat die Vorarbeit staatlicher Behörden erste Impulse in diesem Markt gegeben, eine institutionelle Umgebung geschaffen und die großen finanziellen Risiken am Anfang gestemmt (vgl. Mazzucato, 2014, S. 23). Schließlich ist die unternehmerische Rolle des Staates, darauf weist Mazzucato zurecht hin, abhängig von den richtigen Mitarbeitenden und der richtigen Einstellung. Dies meint sie ohne Kritik an den handelnden Personen, sondern lediglich als Voraussetzung eines unternehmerisch agierenden Staates: Nur unternehmerisch denkende und handelnde Mitarbeitende in staatlichen Institutionen ermöglichen in der Summe einen unternehmerischen Staat (vgl. Mazzucato 24 f.).

Was nehmen wir aus der Diskussion dieses Kapitels über das Verhältnis von Staat und Markt über die Skizze eines reformierten Kapitalismus mit? Es gibt eine Reihe von Aufgaben des Staates, die in der Wissenschaft und der Praxis von staatlichem Handeln unstrittig sind. Der Staat muss für die rechtlichen Rahmenbedingungen sorgen, hoheitliche Aufgaben wahrnehmen sowie den Schutz der Bevölkerung nach innen (Polizei etc.) und nach außen (Militär) sicherstellen. Dies kann der Markt nicht abdecken. Das gilt ebenso für öffentliche Güter wie Parks, Grünanlagen, kulturelle Einrichtungen etc., bei der die gesamte Bevölkerung Nutznießer ist und folglich der Staat die Infrastruktur bereithalten muss. Doch im Rahmen der Pandemie haben wir schmerzlich erleben müssen, dass der Markt nicht immer auf sich selbst vertrauen kann. Die Tourismus- und Luftfahrtbranche oder aber alle diejenigen mit Publikumsverkehr wie etwa Schauspieler*innen, Kabarettist*innen etc. konnten während der Pandemie nicht von alleine überleben. Sie staatlich zu unterstützen war richtig und hat das Aufgabenspektrum des Staates in Richtung proaktiver Handlungen verstärkt. Darüber hinaus waren milliardenschwere staatliche Unterstützungsprogramme („Doppelwumms", Olaf Scholz) nötig, um die Konjunktur wieder anzukurbeln. Der Staat wird künftig in Krisenzeiten stärker gefordert sein als bisher.

Gleichzeitig haben unsere Betrachtungen über die soziale und ökologische Dimension des Kapitalismus gezeigt, dass wir nicht nur der Natur, sondern vor allem den Schwächeren unter uns unter die Arme greifen müssen. Dies gilt vor allem für Kinder und ältere Menschen in Armut. Konkret bedeutet dies, dass wir vor allem als Staat in drei Bereiche künftig stärker eingreifen müssen.

Erstens in Bildung bei Beachtung der Chancengerechtigkeit. Zweitens in Soziales zur Bekämpfung der Armut inklusive Wohnen und drittens in den Klimaschutz zur Abwendung der Klimakatastrophe. In diesen Bereichen wird der Fokus des „unternehmerischen" Staates gehen. Wenden wir die Methodik und die Einstellung dieses von Mariana Mazzucato glänzend beschriebenen Modells an, dann können wir viel bewegen. Lassen Sie uns zum Abschluss dieses

Kapitels ein paar konkrete Stichworte skizzieren ohne Anspruch auf Vollständigkeit. Viele Elemente existieren bereits in Deutschland. Wir müssen vor allem über deren Intensivierung und einige neue bzw. veränderte Elemente sprechen, wie etwa die viel stärkere Beteiligung der Bürger*innen, bei diesem Transformationsprozess in Richtung eines reformierten Kapitalismus (vgl. dazu auch Pietsch, 2020, S. 100 ff. und Pietsch, 2023, S. 143 ff.).

## Bildung

Bildung sollte keine Frage des Geldbeutels der Eltern sein. Auch arme Kinder sollten in der Lage sein, am Bildungsaufstieg teilnehmen zu können. Jegliche Arten der Frühförderung bereits im Kindergartenalter sind ebenso vonnöten wie gezielte „Bildungsstipendien" für bedürftige Kinder. Ich habe in dem oben ausgeführten „Lebenszykluskonzept" bereits einige Maßnahmen für eine gezielte Förderung gerade der Kinder aus sozial schwächeren Haushalten erwähnt. Der Philosoph und Bestsellerautor Richard David Precht hat bereits in seinem 2013 erschienenen Buch über das deutsche Bildungssystem weitsichtig den Finger in die Wunde gelegt (Precht, 2013, S. 315):

„Für Kleinkinder fehlen in Deutschland mehr als 200.000 Betreuungsplätze; eine flächendeckende Frühförderung existiert nicht; (…) sieben bis acht Prozent eines jeden Schülerjahrgangs verlassen die Schule ohne Abschluss und belasten später die Sozialkassen; der wichtigste Selektionsfaktor ist das Elternhaus und nicht die Begabung; (…) statt in für das Leben bedeutsamen Projekten lernen unsere Kinder „Fächer", die es als solche gar nicht gibt; zusammenhängendes Denken wird nicht trainiert; wichtige Bereiche wie etwa die Ökonomie kommen in der Schule kaum vor …"

Der Staat muss in unserem Modell des reformierten Kapitalismus künftig die Infrastruktur zur Verfügung stellen, dass alle Kinder, egal aus welchem sozialen Milieu, ob arm oder reich, Akademikerkind oder Arbeiterkind, gleich gefördert werden. Die Stichworte habe ich bereits an anderer Stelle genannt, Bildungsstipendien, flächendeckende Frühförderung für Kinder mit Migrationshintergrund gezielte Sprachförderung, die vom Staat finanziert wird. Die Zivilgesellschaft muss in Form von kostenlosen Nachhilfeangeboten oder Vorlesen im Rahmen von Alt hilft Jung und umgekehrt den Staat in seinem Bemühen unterstützen, eine möglichst große Chancengerechtigkeit zu erreichen. Bund und Länder müssen stärker zusammenarbeiten und Bildungsstandards definieren, die sich an den besten Ländern orientieren. Wertfrei betrachtet nennt sich dieses Verfahren in Unternehmenspraxis *Best Practice*. Schulen sollten einen gewissen Freiraum erhalten, in ihrer Lernmethodik und den Inhalten zu variieren, sofern ein bestimmter Kanon vorgeschrieben wird. Dem Staat sollte die Bildung mehr wert sein als heute. Deutschland, das ist eine Binsenweisheit, lebt als rohstoffarmes Land von der Bildung seiner Kinder und Jugendlichen. Lassen Sie uns entsprechend mehr in diese Bildung investieren. Bereits seit mehr als zwei Jahrzehnten belaufen sich die Bildungsausgaben auf 6 bis 7 % des Bruttoinlandsprodukts, immerhin 264 Mrd. € im Jahr 2022 (vgl. Hintze, 2024). Das ist viel zu wenig für ein Land, das zwangsweise auf Bildung setzen muss, auch wenn es viele Lichtblicke im nationalen Bildungsbericht 2024 gab (vgl. Hintze, 2024).

## Soziales inklusive Wohnen

Es ist nicht umsonst, dass das Budget des Ministeriums für Arbeit und Soziales den mit Abstand größten Etat im Bundes-

## 6 Elemente der Umsetzung eines reformierten ...

haushalt 2024 aufweist. Mit gut 175 Mrd. erhält das Ministerium sogar noch vier Milliarden mehr als im ursprünglichen Entwurf vorgesehen (vgl. Arbeit und Soziales, Bundestag, 2024). Der Staat, also wir alle, müssen künftig vor allem diejenigen im Auge behalten, die nicht mehr alleine über die Runden kommen. Das bedeutet keinesfalls, dass sich die Betroffenen in die „soziale Hängematte" legen. Im Gegenteil soll es eine Absicherung dagegen sein, nicht durch das soziale Rost zu fallen. Stichworte sind hier die Kindergrundsicherung, auskömmlicher Mindestlohn, Grundsicherung im Alter, idealerweise eine Mindestrente und eine entsprechende Infrastruktur für Eltern wie etwa Kitas etc., die teilweise aus finanziellen Gründen heraus gezwungen sind, trotz Kindern in Vollzeit weiterzuarbeiten. Das bedeutet auch Solidarität mit denjenigen, die sich ihre Mieten nicht mehr leisten können. Die Stichworte, die wir bereits erörtert haben, lauten hier: Mietsubventionen, schneller und unbürokratischer Ausbau von Sozialwohnungen, Steuervorteile für jeden, der eine Immobilie zu günstigen Mietkonditionen zur Verfügung stellt etc. Wohnen ist ein Lebensrecht! Entsprechend muss der Staat hier mit eingreifen und vor allem in günstige Wohnungen investieren!

## Klimaschutz

Investitionen des Staates aber auch der privaten Wirtschaft sind dringend notwendig, um das Ziel der schnellstmöglichen Klimaneutralität zu erreichen. Das Ziel ist klar, der Weg dorthin im Wesentlichen ebenfalls. Es müsste nur deutlich schneller gehen und das geht nicht ohne staatliche Eingriffe in die Wirtschaft, d. h. Förderung sauberer Energie, Ausbau der erneuerbaren Energie mit allen zur Verfügung stehenden Mitteln. Direkte Investitionen, Subventionen, steuerliche Erleichterungen, Prämien für das Fahren von Elektroautos, Ausbau der Ladeinfrastruktur für Elektromobilität und den zukunftsfähigen grünen Wasserstoff und vieles mehr. Wir haben in Abschn. 6.1 ausführlich darüber diskutiert. Nicht alles muss der Staat vorantreiben. Doch muss er im Sinne eines unternehmerischen Staates (Mariana Mazzucato) stärker in Vorleistung und ins Risiko gehen. Wichtig ist dabei, dass es über Anreize gehen sollte und nicht über Verbote. Niemand weiß besser als die Politiker*innen und Unternehmer*innen vor Ort, wie die nachhaltigen Lösungen am besten aussehen. Das Ziel muss honoriert werden und der Weg dorthin. Steuerliche Anreize und Prämien führen effizienter dorthin als staatlich verordnete Wege wie das Heizungsgesetz uns schmerzlich vor Augen geführt hat. Eine gute Idee, doch wurde die Reaktanz und die Praktikabilität der Lösung falsch eingeschätzt.

Abschließend seien noch zwei Punkte erwähnt: Einerseits die Finanzierung des künftig gestiegenen Staatsbudgets und andererseits die Rolle der Zivilgesellschaft, also von uns allen. Starke Schultern sollen mehr tragen als schwache. Dies ist nicht ein reiner Kalenderspruch, sondern trifft die Realität. Diejenigen, die am oberen Einkommens- und Vermögensende sitzen müssen überproportional zu dem staatlichen Budget beitragen. Dies gilt nicht nur für die progressiven Einkommenssteuern, sondern auch für Vermögens- und Erbschaftssteuer. Anstelle diese zu erhöhen, sollte man lieber dafür sorgen, dass jeder seinen fairen Anteil an den Steuern tatsächlich entrichtet, d. h. Steuerschlupflöcher sind zu schließen. Dann wäre schon mehr Geld in der Tasche. Die sogenannten „Reichen" wären bereit dafür (vgl. Engelhorn, 2024, Mitgründerin der Initiative *„taxmenow"*).

Andererseits ist schon manches Gesetzesvorhaben, das sich theoretisch gut anhört, in der Praxis gescheitert (s. das häufig zitierte Heizungsgesetz). Hier könnte man sich einmal die Vorgehensweise von Unternehmen und Unternehmensberatungen abschauen. Warum nicht repräsentativ zu bestimmten Themen auf der Ebene Bund, Länder und Gemeinden eine sogenannte *Taskforce*, sprich Arbeitsgruppe einrichten, repräsentativ für die Gesellschaft in Deutschland. Junge, alte, Arbeiter*innen und Akademiker*innen, über alle Geschlechter, mit und ohne Migrationsbiografie würden dort zusammenarbeiten und konkrete Lösungen zu verschiedenen Themen erarbeiten. Ob nun Klimaschutz vor Ort, soziales und karitatives Engagement bis hin zu steuerlichen Fragen. Überall könnte, moderiert von einem Experten/einer Expertin praktische und umsetzbare Lösungen des kommunalen Alltags der Menschen erarbeitet werden. Lokale Politiker*innen sorgen dafür, dass diese Ideen nicht versanden und den korrekten administrativen und politischen Prozess durchlaufen. Mehr Bürgerbeteiligung führt dazu, dass sich die Menschen mit der von ihnen selbst definierten Lösung am ehesten identifizieren. Wie immer im Leben müssen dann natürlich Kompromisse gefunden werden. Doch dazu sind wir sicherlich alle in der Lage, zumal wir Kompromisse in unserem beruflichen und privaten Leben nahezu täglich eingehen müssen. Ein Versuch wäre es allemal wert!

## 6.4 Glück und Zufriedenheit als Maßstab? Wohlstand neu definiert

Wir alle haben intuitiv ein Vorverständnis dessen, was man gemeinhin unter Wohlstand bezeichnet. Es hat etwas mit Wohlbefinden zu tun, mit materiellen Dingen wie Geld, Vermögen, ausreichenden finanziellen Mitteln, um das Leben bestreiten zu können. Doch auch immaterielle Dinge spielen scheinbar eine Rolle: Gesundheit, Familie, Glück und Zufriedenheit fernab von Geldsorgen. So oder so ähnlich stellen wir uns den Begriff des Wohlstands vor, ohne dass wir darüber intensiv nachdenken müssen. Es sind sozusagen Assoziationen, die mit dem Begriff des Wohlstands einhergehen. Dabei ist der Begriff gar nicht so einfach zu fassen, wie der Ökonom Sebastian Thieme in seinem neuesten Werk über den Wohlstand eindrücklich aufgezeigt hat (vgl. im Folgenden Thieme, 2024). Man betrachtet vor allem die wirtschaftliche Komponente wie etwa, dass Wohlstand eine gewisse wirtschaftliche Sicherheit bietet (vgl. Thieme, 2024, S. 15). Dabei kann der Begriff des Wohlstands sowohl positive als auch negative Konnotationen beinhalten. Von Wohlfahrt über Gemeinwohl oder gutes Leben und Glück bis hin zu negativen Auswirkungen des Wohlstands wie Überkonsum, Ausbeutung und Klimawandel bzw. Umweltzerstörung (vgl. Thieme, 2024, S. 19 ff.). Mal ist der Wohlstand mit den produzierten Gütern verknüpft, dann mit einem entsprechenden Wirtschaftswachstum oder der Nutzung öffentlicher Güter und der sprichwörtlichen „Lebensqualität". Mathematikliebhaber unter den Ökonom*innen, und davon gibt es mehr als man denkt, setzen Wohlstand mit einer mathematischen (Nutzen-) Funktion gleich, die es zu optimieren gilt.

Thieme geht in seiner glänzenden Darstellung des Wohlstandsbegriffs sogar in die Ideengeschichte zurück. Wohlstand hatte zu den einzelnen Epochen der Menschheitsgeschichte unterschiedliche Bedeutungen. So stand im Fokus der Überlegungen in der Antike bei Platon und Aristoteles das normativ-ethische Handeln im Staat und in der Wirtschaft. Konkret ging es den antiken griechischen Denkern um eine Ökonomie, die das Gemeinwohl fördern sollte und in der die Besitzlosigkeit und die Gütergemeinschaft im Vordergrund stand (vgl. Thieme, 2024, S. 49). Beiden

## 6 Elemente der Umsetzung eines reformierten ...

Philosophen ging es eher um die Glückseligkeit, ein gutes und tugendhaftes Leben. Dabei galt das wirtschaftliche Handeln nur als Mittel zum Zweck des guten Lebens. Vor allem Aristoteles lehnte die Bereicherungskunst, d. h. die gezielte Vermehrung des Reichtums und Gewinns als Selbstzweck (*Chrematistiké*) in jeglicher Form ab. Wiewohl Aristoteles im Gegensatz zu seinem Lehrer Platon das Privateigentum der Gütergemeinschaft vorzog, lehnten beide einen übermäßigen Reichtum ab. Letztlich sollte die Ökonomie lediglich dazu dienen, ein gutes Leben in Glückseligkeit zu führen. Übermäßiger Reichtum schadete da eher, als dass er nutzte.

Im Mittelalter baute Thomas von Aquin vor allem auf dem Gedankengebäude von Aristoteles auf und lehnte nicht nur das Zinsnehmen ab, sondern jede Form von Gewinnstreben. Ein gutes, gottesfürchtiges Leben war vor allem mit ökonomischer Genügsamkeit verbunden (vgl. Thieme, 2024, S. 59). Dazu passte auch ein gerechter Preis (*iustum pretium*) für die einzelnen Güter. Das änderte sich erst im System des Merkantilismus, in dem es darum ging, möglichst den Reichtum des Staates in Form von Geld und Vermögen zu steigern, um so die öffentliche Wohlfahrt anzuheben. Gleichzeitig war Wohlstand auch mit einer Sozialfürsorge gegenüber den Bürger*innen des Staates verbunden (vgl. Thieme, 2024, S. 63). Frühe Ökonom*innen wie die Physiokraten waren der Meinung, nur der Boden sei produktiv und schuf einen Wohlstand für die Bevölkerung (vgl. Thieme, 2024, S. 68 ff.). Die Natur sozusagen als einzige Quelle des Wohlstands, gemessen anhand der Summe der landwirtschaftlichen Erzeugnisse. Für Klassiker der Ökonomie wie den schottischen Moralphilosophen und ersten modernen Ökonomen, Adam Smith, wurde der Wohlstand mit Waren und Gütern gleichgesetzt und bezeichnete damit nichts anderes als den Lebensstandard einer Nation (vgl. Thieme, 2024, S. 87). Die Utilitaristen (von lateinisch *utilis* = nützlich) stellten den Nutzen als Wohlstandsindikator heraus, den es zu maximieren galt. Die Neoklassiker bauten auf diesen Überlegungen auf und versuchten, den Nutzen mathematisch zu optimieren.

Im 20. Jahrhundert machte sich vor allem der frühere Wirtschaftsminister und spätere Kanzler Ludwig Erhard als „Vater des Wirtschaftswunders" einen Namen. Er destillierte seinen Begriff des Wohlstands in seinem Buch „Wohlstand für alle" (vgl. Erhard, 1957/2021) in folgenden Elementen heraus (vgl. Thieme, 2024, Abb. 6, S. 130). Ein funktionierender Wettbewerb als Kernelement einer sozialen Marktwirtschaft inklusive Wachstum, Preisstabilität, d. h. keine oder niedrige Inflationsrate, wirtschaftliche Grundrechte wie Konsumfreiheit und Währungsstabilität bei einem ausgebauten Sozialstaat für die Bedürftigen. Der Wohlstand wurde konsequenterweise am Sozialprodukt (Bruttoinlandsprodukt (BIP)) gemessen. Doch Ludwig Erhard hat bereits in seinem Werk „Wohlstand für alle" hellsichtig erkannt, dass der Wohlstand nicht nur eindimensional materiell zu sehen ist (Erhard, 1957/2021, S. 222 f.):

„Es ist und bleibt der letzte Zweck jeder Wirtschaft, die Menschen aus materieller Not und Enge zu befreien. Darum meine ich auch, dass, je besser es gelingt, den *Wohlstand zu mehren*, um so seltener die Menschen in einer nur materiellen Lebensführung und Gesinnung werden. Die Wohlstandsvergrößerung schafft umgekehrt erst die Grundlage, den Menschen einer *primitiven*, nur materialistischen *Denkweise zu entreißen* (…) Dagegen winkt allen Menschen, die durch Wohlstand und soziale Sicherheit zum Bewusstsein ihrer selbst, ihrer Persönlichkeit und ihrer menschlichen Würde gelangen, die Möglichkeit (…) sich aus materialistischer Gesinnung lösen zu können. Der aus solcher Vorstellung stets neu entfachte Wille, die wirtschaftliche Expansion so lange nicht erlahmen zu lassen, als es noch Mitglieder

## 6  Elemente der Umsetzung eines reformierten ...

unseres Volkes gibt, deren sozialer Standard unbefriedigend ist, hat also nicht nur eine ökonomisch-materialistische, sondern eine sozial-ethische Wurzel." (Kursivschreibung im Original)

Heutige Standardlehrbücher definieren den Wohlstand vornehmlich mathematisch anhand einer Nutzen- oder Wohlfahrtsfunktion (vgl. Thieme, 2024, S. 176 ff.). So etwa bei Varian oder Mankiw und Taylor. Dazu gibt es in allen Lehrbüchern nette Schaubilder zum Thema Konsumenten- und Produzentenrente, je nachdem, wer den meisten Nutzen bzw. Wohlstand einstreicht. Der Wohlstand wird in diesen Lehrbüchern durchweg vor allem materiell am BIP gemessen. Doch haben wir in dem kleinen ideengeschichtlichen Ausflug gerade gesehen, dass der Wohlstand ein viel zu heterogener Begriff darstellt und im Laufe der Zeit einem enormen Wandel unterlegen ist. Reicht es im Sinne dieses Kapitels aus, wenn wir uns lediglich auf die materielle Komponente des Wohlstandbegriffs konzentrieren? Gehen damit nicht die wesentlichen Bestandteile dieses Begriffs bzw. dieser Idee verloren? Lassen Sie uns im Folgenden darüber nachdenken, ob man den Wohlstand nicht auch in anderen Dimensionen messen und folglich verfolgen sollte. In der jüngeren Vergangenheit hat es hierzu bereits eine Reihe von Ideen gegeben, die wir uns in aller gebotenen Kürze ansehen wollen.

## Alternative Konzepte des Wohlstands

Die Kritik an der Messung des Wohlstands anhand rein materieller Größen und Kennziffern wie das BIP ist nachvollziehbar (vgl. Thieme, 2024, S. 269 f.). Wohlstand lässt sich nicht nur auf rein Materielles reduzieren z. B. auf Güter und Dienstleistungen, die im Rahmen der Marktwirtschaft gehandelt werden. Unentgeltliche Leistungen wie die Kindererziehung, Pflege von Angehörigen, Haushaltsarbeit, private Gartenarbeiten etc. werden im BIP traditionell nicht erfasst. Das Leben besteht Gott sei Dank nicht nur aus materiellen Dingen. Die Freude an der Natur, an der Familie, an der eigenen Gesundheit und der von geliebten Menschen, Zeit für sich und andere zu haben etc. Alles das sind Punkte, die in einem Wohlstandsbegriff rein ökonomischer Natur und festgehalten im BIP nicht erfasst werden. Ferner wird nicht unterschieden, ob der individuelle Wohlstand gemeint ist oder die gesellschaftliche Wohlfahrt als Ganzes. So könnte die Tatsache, dass viele Menschen in Deutschland reicher werden ein Zeichen von Wohlstandsmehrung sein. Wenn dadurch aber gleichzeitig die Armut in einer Gesellschaft zunimmt, da das Wohlstandswachstum einer Gruppe mit einer anderen in Konflikt gerät, dann hat sich der gesellschaftliche Wohlstand in der Summe verringert. Alle Versuche in der Vergangenheit, anhand von mathematisch formulierten Wohlstands- oder Nutzenfunktionen, den Wohlstand irgendwie messbar zu machen, verfehlen ihr Ziel. Wohlstand ist keine rein mathematische Kategorie und lässt sich auch so nicht einfangen.

Die Liste an alternativen Maßen zur Wohlstandsmessung ist mittlerweile lang (vgl. im Folgenden Thieme, 2024, S. 212 ff.). So umfasst die Agenda 2030 der Vereinten Nationen 17 Nachhaltigkeitsziele, die den Wohlstand in einzelne Indikatoren aufteilen, um ein differenzierteres Bild zu erhalten (vgl. auch Thieme, 2024, Abb. 13 auf S. 214). So steht an oberster Stelle die Beseitigung der Armut. Damit einher gehen das Ende des Hungers auf der Welt, Gesundheit, hochwertige Bildung und Gleichheit der Geschlechter. Viele Faktoren zahlen auf diese Ziele ein. So sind sauberes, trinkbares Wasser und entsprechende Sanitäreinrichtungen zwingend notwendig, um die Gefahr von

## 6 Elemente der Umsetzung eines reformierten ...

Krankheiten bei der täglichen Nahrungsaufnahme zu verhindern. Die Menschen müssen über saubere, aber auch bezahlbare Energie verfügen. Industrie und Infrastruktur müssen intakt sein und den Menschen eine menschenwürdige Arbeit ermöglichen. Der ökologische Gedanke zieht sich über viele Wohlstandsüberlegungen. Von den Städten und Gemeinden, die möglichst bald klimaneutral sein sollen über nachhaltige Produktion und Konsum, bis hin zu ausreichenden Maßnahmen zum Klimaschutz zu Land, auf dem Wasser und in der Luft. Dies schließt nicht nur das menschliche Wohl, sondern auch das der Lebewesen und Pflanzen auf unserer Erde mit ein.

Gerade in der heutigen Zeit, im Herbst des Jahres 2024, in dem ich diese Zeilen schreibe, sind Werte wie Frieden, Freiheit, Sicherheit und Gerechtigkeit wichtiger denn je geworden. Der Krieg in der Ukraine und im Nahen Osten mahnt uns täglich unerbittlich daran, dass Wohlstand ohne Frieden auf der Welt nicht zu haben ist! Die Kritik an der materialistischen Verengung des Wohlstandsbegriffs im BIP hat in der jüngeren Vergangenheit dazu geführt, alternative Wohlstandsindizes zu entwickeln, die weitere Indikatoren berücksichtigen (vgl. Thieme, 2024, Tab. 9, S. 219). So misst der von dem indischen Ökonomen und Träger des Alfred-Nobel-Gedächtnispreises für Wirtschaftswissenschaften, Amartya Sen, entwickelte *Human Development Index* neben dem Bruttonationaleinkommen (*Gross National Income*, GNI) die durchschnittliche Lebenserwartung und die Zahl der Jahre, die ein fünfjähriges Kind im Durchschnitt die Schule besucht (vgl. Pietsch, 2022b, S. 275; zum Ökonomen und Philosophen Sen generell vgl. Pietsch, 2022b, S. 273 ff.). Der von der Organisation für wirtschaftliche Zusammenarbeit und Entwicklung (OECD) herausgegebene *Better Life Index* berücksichtigt darüber hinaus noch Indikatoren des Wohlstands wie Ungleichheit, Wohnsituation, Gesundheit, Verhältnis von Arbeit und Freizeit, Sozialbeziehungen, zivilgesellschaftliches Engagement, Umwelt, persönliche Sicherheit und subjektiv empfundenes Wohlbefinden (vgl. Thieme, 2024, Tab. 9, S. 219 und OECD, 2024).

Den revolutionärsten Schritt in Richtung eines vielfach ausdifferenzierten Wohlstandsindikators ist das Land Bhutan gegangen. Bhutan, ein buddhistisches Königreich am östlichen Rand des Himalayas mit knapp 800.000 Einwohnern, misst regelmäßig das Wohlbefinden seiner Bevölkerung (vgl. GNH *Happiness Index*, Bhutan, 2024). Neun Dimensionen des Wohlbefindens werden im Rahmen einer Umfrage regelmäßig repräsentativ ausgewertet, d. h. Lebensstandards wie Wohnen, Lebensmittelversorgung, Kleidung, sanitäre Standards etc., Erziehung und Bildung, Umwelt, Gemeinschaft, Vitalität, zur Verfügung stehende (Frei-)Zeit, psychologisches Wohlbefinden, Kultur und gute Regierung. Es versteht sich von alleine, dass sich das Regierungshandeln in Bhutan anhand der neun Dimensionen ausrichtet und im Rahmen der regelmäßig stattfindenden Umfrage der Bevölkerung bewertet und ggfs. angepasst wird. Diese neun Dimensionen werden anhand von 33 Indikatoren noch weiter differenziert. Vor allem die Dimension Freizeit und Zeit generell spielen eine große Rolle in der Gesellschaft von Bhutan. Gleichzeitig steht die Bewahrung der Kultur und der Umwelt mit an oberster Stelle. In der Summe soll sich alles Streben nach Wohlstand nach dem Glück und der Zufriedenheit der Bevölkerung richten. Ein hehres Ziel, aber konsequent und messbar in Form eines ausgewogenen Indizes definiert. Was nehmen wir nach der Erläuterung des Wohlstandsbegriffs und der alternativen Wohlstandsmaße für unsere Diskussion des reformierten Kapitalismus mit? Woran wollen wir also, konkret nachgefragt, die Effizienz und die Nachhaltigkeit unseres reformierten Kapitalismus messen?

## 6 Elemente der Umsetzung eines reformierten ...

Wir können uns sicherlich schnell darauf einigen, dass Wohlstand nicht nur eine materielle Komponente umfasst. Dabei spielt es in der ökonomischen Betrachtung keine Rolle, ob sich nur solche Faktoren im Rahmen des BIP einfangen lassen. Das BIP gibt an, wieviel in einem bestimmten Zeitraum in Deutschland wirtschaftlich geleistet wurde (vgl. Statistisches Bundesamt, BIP, 2024). Ganz konkret errechnet sich das BIP auf drei verschiedene Arten, der Entstehung, der Verwendung und der Verteilung (Statistisches Bundesamt, BIP, 2024):

„In der Entstehungsrechnung wird das BIP ausgehend von der Produktionsseite ermittelt. Dabei werden vom Produktionswert, das ist der Wert aller produzierten Waren und Dienstleistungen, die Vorleistungen an Waren und Dienstleistungen abgezogen. Das ergibt die Bruttowertschöpfung (BWS). Das BIP errechnet sich, wenn zur BWS die Gütersteuern (wie Tabak-, Mineralöl- oder Mehrwertsteuer) hinzugefügt und die Gütersubventionen abgezogen werden."

Eine andere Möglichkeit ist, das BIP aus den Ausgaben für die verwendeten Güter zu errechnen. In der Verwendungsrechnung (Ausgabenansatz) wird das BIP aus der Summe von privaten und staatlichen Konsumausgaben, Investitionen sowie Exporten abzüglich der Importe errechnet. (Die Differenz von Exporten minus Importen ergibt den Außenbeitrag).

Die originäre Berechnung des BIP über die Verteilungsseite ist in Deutschland nicht möglich. Die Verteilungsrechnung findet erst im Nachgang der BIP-Berechnung statt. Sie zeigt die im Rahmen der Produktionstätigkeit entstandenen und geleisteten Einkommen: Arbeitnehmerentgelt der Inländer, Unternehmens- und Vermögenseinkommen, Produktions- und Importabgaben an den Staat, Subventionen des Staates, Abschreibungen, Primäreinkommen aus der beziehungsweise an die übrige(n) Welt. Das Unternehmens- und Vermögenseinkommen ergibt sich als Restgröße."

Anhand dieser klaren Definition ist unschwer zu erkennen, dass sämtlichen unentgeltlichen Leistungen, die im Haushalt, bei der Pflege von Angehörigen oder etwa bei der Kindererziehung, hauptsächlich von Frauen erbracht werden, im BIP keinen Niederschlag finden. Hier geht es lediglich um Waren und Dienstleistungen, die in der Marktwirtschaft über Preise gehandelt werden. Ehrenamtliche Tätigkeiten werden ebenfalls nicht verzeichnet. Wie wir anhand der alternativen Berechnungsmodelle eines Wohlstandsindikators gesehen haben, fehlen nicht-materielle Dimensionen völlig. So werden Tätigkeiten im Rahmen der sogenannten Zivilgesellschaft nur dann verzeichnet, wenn sie sich im Kauf oder der Herstellung von Gütern und Dienstleistungen gegen Gebühr niederschlagen. Vorlesen der älteren Generation für die jüngere, unentgeltliche Nachhilfe für Schüler*innen, Nachbarschaftshilfe etc. werden alle nicht im BIP aufgenommen, stellen aber als Solidargesellschaft eine wichtige Säule des Wohlstands dar! Sämtliche Formen der Armut als negativer Indikator der Armut fehlen ebenfalls völlig in der rein materiellen Beschreibung. Gerade die qualitativen Kriterien sind es, die den großen Unterschied ausmachen.

Umweltstandards und deren Entwicklung über den Zeitverlauf wie etwa die $CO_2$-Bilanz müssen ebenso in einen Wohlfahrtsindex aufgenommen werden wie soziale Faktoren oder Fragen der Gesundheitsversorgung. Wie sähe, um es konkret zu machen, ein Wohlstandsindikator in den USA aus, wenn man berücksichtigt, dass nicht alle Bürger*innen krankenversichert sind bzw. diese verlieren, sobald sie arbeitslos werden? Soziale Absicherungssysteme wie eine Kindergrundsicherung, eine Grundrente, ein Bürgergeld und vieles mehr, was wir in den vorangegangenen Kapiteln diskutiert haben, stellen ebenfalls Quellen des Wohlstands dar. Zumindest verhindern sie, dass Menschen noch

## 6 Elemente der Umsetzung eines reformierten ...

weiter in Armut rutschen bzw. hungern müssen. Der Sozialstaat stellt einen Standard *per se* dar, der in einer Wohlstandsbetrachtung nicht außen vor bleiben darf. Natürlich muss auch die Bildung eine Rolle spielen. Analog des Human Development Indizes muss ebenfalls analysiert werden, welche Chancen Kinder haben, sich zu entfalten. Und zwar unabhängig vom Geldbeutel ihrer Eltern. Es sollte auch eine Rolle spielen, wieviel Prozent der Kinder und Jugendliche einen Schulabschluss aufweisen und wie man diese Quote erhöhen kann.

In Zeiten einer Diskussion über wachsende Ungleichheit in der Bevölkerung sollte man sich ebenfalls regelmäßig die Zahlen der Einkommens- und Vermögensverteilung in Deutschland ansehen. Dabei ist entscheidend, dass man sich die Wirkung verschiedenere Maßnahmen auf die Ungleichheit genauer ansieht. Wieviel bringen verschiedene Steuererhöhungen, von der Einkommenssteuer über eine Erbschaftssteuer bis hin zu den Diskussionen einer Vermögenssteuer in ihrer Wirkung auf die Ungleichheit. Spannungen einer Gesellschaft sind vorprogrammiert, wenn die Ungleichheit weiter ansteigt und die reichsten der Gesellschaft künftig nur noch in abgeschlossenen Gemeinschaften (*gated communities*) leben können. Eine solche Maßzahl der Ungleichheit ist daher ein wesentlicher Bestandteil einer Wohlstandsmessung.

Am schwierigsten ist sicher die Abfrage und Messung von Faktoren wie Glück, persönliches Wohlbefinden, Frieden und Freiheit. Wie messe ich Glück? Für den einen ist Glück, eine gesunde Familie zu haben, einen interessanten Job und genügend Zeit für Familie, Freizeit und Hobbies. Wieder andere wollen sich in Freiheit selbstverwirklichen und finden Genugtuung im Konsum von Waren aller Art. Wieder andere reisen für ihr Leben gerne und verbringen die meiste Zeit in der Welt. Acht Milliarden Menschen auf der Erde und gut 83 Mio. Deutsche verfügen über ebenso viele individuelle Lebensentwürfe. Glück oder auch persönliches Wohlbefinden sind natürlich zutiefst subjektive Konstrukte. Sie über einen generellen Indikator messen zu wollen, grenzt an reine Willkür. Doch kann man zumindest regelmäßig verschiedene subjektive Glücksfaktoren abfragen, wie das das Land Bhutan vorexerziert.

Konkret könnte man sich das so vorstellen, dass es neben dem BIP noch eine Reihe weiterer Indikatoren gibt, die im gleichen Zeitraum wie das BIP gemessen werden. So könnte man verschiedene Bürgerforen oder Arbeitsgruppen repräsentativ in allen Bundesländern etablieren, die sich mit ihren Ideen und Indikatoren in die Berechnung der qualitativen Befragung einbringen. Ähnlich der Marktforschung oder der Wähler*innenbefragung werden dann jedes Jahr repräsentativ Bundesbürger*innen anhand dieser Indikatoren befragt. So entsteht neben dem rein materiellen Index des BIP noch ein differenzierter qualitativer Index, der die Stimmung in der Bevölkerung widerspiegelt und den Wohlstand vielschichtiger darlegt. Aus einem solchen zusätzlich erhobenen qualitativen Wohlstandsindex ließen sich dann auch konkrete Handlungsmaßnahmen ableiten, die den Wohlstand in der Bevölkerung ansteigen lässt. Etwa Maßnahmen zur Reduzierung der ökonomischen Ungleichheit. Möglichkeiten gäbe es genug. Generell wäre es sicherlich hilfreich, diejenigen, deren Wohlstand abgefragt werden soll, in die Diskussion zu integrieren. Wie auch immer ich diese Beteiligung bezeichne: Bürgerräte, Arbeitsgruppen, Task Forces etc. Am Ende müssen die möglichst konkreten Vorschläge natürlich von den Entscheidungsträgern in Bund, Ländern und Gemeinden final beschlossen und umgesetzt werden. Doch zumindest werden so die Bürger*innen gehört und können sich proaktiv einbringen. Ein Versuch wäre es sicher wert!

# 7

# Auf dem Weg zum reformierten Kapitalismus

Die Suche nach dem „richtigen" Wirtschaftssystem gehört zu den schwierigsten Fragen der heutigen Ökonomie. Dies zu finden war die Aufgabe, die sich dieses Buch gestellt hat. Nach dem Zweiten Weltkrieg, der „Stunde Null" der deutschen Geschichte, bestand die Qual der Wahl, mit welchem staatlichen System und mit welchem dazu passenden Wirtschaftssystem ein Neustart zu schaffen sei, um ein in Trümmern liegendes Land wirtschaftlich wieder aufzubauen und zu einem Wohlstand zu führen. Der geistige und der politische Vater der Sozialen Marktwirtschaft, der Kölner Ökonom Alfred Müller-Armack und der Wirtschaftsminister und spätere Kanzler Ludwig Erhard, versuchten sich an dieser neuen Wirtschaftsform. Es war ein Experiment mit einem ganzen Volk, entworfen am akademischen Reißbrett. Kein Mensch, am wenigsten die beiden wesentlichen Schöpfer dieses neuen Wirtschaftssystems konnten vorhersehen, wie dieses Experiment ausgehen sollte. Nur, schlimmer konnte es nicht mehr werden. Die Suche nach dem geeigneten Wirtschaftssystem war gespeist von den Erfahrungen der nationalsozialistischen Zeit und dessen stattliche gelenkter Zwangswirtschaft. Beide, vor allem Müller-Armack, dürften das ökonomische System der USA als wesentliche Besatzungsmacht und Anhänger der freien Marktwirtschaft im Auge gehabt haben. Doch sie entschlossen sich, der allzu freien Marktwirtschaft nicht so ganz zu trauen und sie durch zahlreiche soziale Elemente einzuhegen.

Das Experiment der Sozialen Marktwirtschaft in der Bundesrepublik wurde ein Erfolgsmodell (vgl. im Folgenden BMWK, 2024), während die Deutsche Demokratische Republik mit ihrer staatlich gelenkten Planwirtschaft nach sowjetischem Vorbild nicht annähernd so erfolgreich war und später das Scheitern dieses Wirtschaftsmodells eingestehen musste (vgl. ausführlich Meis, 2022). Wir brauchen an dieser Stelle nicht die Erfolgsgeschichte der „Wirtschaftswunderjahre" in den Fünfziger und Sechziger Jahren des letzten Jahrhunderts zu wiederholen, um zu dokumentieren, dass vor allem die Bundesrepublik einen nahezu traumhaften ökonomischen Wiederaufstieg erlebte. Dass dies nach dem Krieg nicht auf Deutschland beschränkt blieb, sei einmal dahingestellt. Platt gesagt beruhte die Erfolgsformel der Sozialen Marktwirtschaft auf der sozialen Abfederung von Marktergebnissen. Der Staat sollte dort einspringen, wenn der Markt versagte. Denn, für die soziale Frage war und ist der Markt nicht verantwortlich. Das muss der Staat, also wir alle, leisten. Der britische Ökonom John Maynard Keynes hat nachdrücklich aufgezeigt, dass Arbeitslosigkeit sich nicht dadurch lösen lässt, dass man alleine auf die Marktkräfte vertraut. Der Staat muss den Nachfrageausfall kompensieren, indem er selbst investiert und so die Konjunktur ankurbelt.

Das Ergebnis der Sozialen Marktwirtschaft war vor allem in den ersten drei Dekaden ein beispielloser Aufstieg der Bundesrepublik zu einer der größten und bedeutendsten

## 7 Auf dem Weg zum reformierten Kapitalismus

Volkswirtschaften der Welt. Arbeit war reichlich vorhanden. Es wurden sogenannte „Gastarbeiter" angeheuert, um den Arbeitskräftebedarf befriedigen zu können. Es konnten nicht so schnell Güter und Dienstleistungen zur Verfügung gestellt werden, wie sie den Händlern wieder aus den Händen gerissen wurden. Davon profitierten alle Schichten in Deutschland: Alle, die arbeiten konnten und wollten hatten Arbeit und konnten wieder die Dinge des täglichen Lebens kaufen. Es dauerte einige Jahre, bis jeder Haushalt die Grundbedarfe an Fernseher, Waschmaschinen, Mobiliar bis hin zu Autos und Immobilien etc. gedeckt hatte. Es herrschte Aufbruchstimmung. Alle waren froh, dem schrecklichen Krieg entronnen zu sein und wieder ein geregeltes Leben führen zu können. Im Osten Deutschlands, in der Demokratischen Republik, herrschte zwar Plan- und Mangelwirtschaft, aber allen ging es nach einer Phase der Demontage und Reparation besser als während des Krieges (vgl. Meis, 2022). Eine wirtschaftliche Euphorie herrschte allerdings nur in der Bundesrepublik vor und existierte noch bis in die Siebziger Jahren des 20. Jahrhunderts. Die Ölkrise 1973 zeigte das erste Mal auf, dass ein Experiment wie die Soziale Marktwirtschaft nicht immer und automatisch den Wohlstand der gesamten Bevölkerung sicherstellen kann. Erste Risse in der Wirtschaftsbilanz stellten sich ein.

Nach dieser kleinen wirtschaftlichen Krise kehrte der feste Glaube an die Errungenschaften der Sozialen Marktwirtschaft in der Bundesrepublik zurück. Nach der Wiedervereinigung und der Übertragung des erfolgreichen westdeutschen Wirtschaftssystems auf das gesamte Land sah man die ungeahnten Möglichkeiten eines gemeinsamen Marktes. Der Bedarf an so lange vermissten Gütern und Dienstleistungen im Osten Deutschland konnte gedeckt werden und lieferte einen weiteren Konjunkturschub für das vereinte Land. Verlierer waren zu dieser Zeit diejenigen, deren Unternehmen, Tätigkeiten und Qualifikationen plötzlich nicht mehr gebraucht wurden und die sich mit der neuen Situation und dem System arrangieren mussten. Diese fanden sich in überwiegender Zahl im Osten Deutschlands wieder. Die Wirtschaftseuphorie des letzten Jahrzehnts des 20. Jahrhunderts wurde aber im Laufe der letzten Jahrzehnte immer mehr durch die Kritik an den bestehenden ökonomischen Verhältnissen überlagert: Man sah zunehmend die Negativseiten eines marktwirtschaftlichen Systems, das aus Sicht der Kritiker*innen dem Label „sozial" zunehmend nicht mehr gerecht wurde. Die Ungleichheit in Einkommen und Vermögen stieg immer weiter an. Werte wie Solidarität und Gemeinschaft nahmen immer weiter ab zugunsten einer Ich-Gesellschaft, die zunehmend ihr Heil in Selbstoptimierung und der Suche nach maximalem Profit sah. Nicht ausschließlich, aber auch.

Daraus entwickelte sich im Laufe der letzten Jahre eine zunehmende kritischere Haltung zum Wirtschaftssystem des Kapitalismus in seiner Ausprägung der Sozialen Marktwirtschaft bei uns in Deutschland (vgl. zur Entwicklung Pietsch, 2024, vor allem S. 109 ff.). Gerade die Jugend, die sich zunehmend mit höheren Mieten und Lebenshaltungskosten aber zugleich niedrigeren staatlichen Renten konfrontiert sieht, sieht den Kapitalismus zunehmend kritisch. Die Ungleichheit nehme zu, jeder kämpfe für sich alleine auf der Suche nach dem höchstmöglichen Gewinn und zerstöre die gemeinsamen Werte. Am schlimmsten seien aber die Auswirkungen des ungebremsten Kapitalismus für die Umwelt. Ein Wirtschaftssystem, das auf Wachstum zwingend angewiesen ist, kann nicht mit einer endlichen Welt und begrenzten Ressourcen koexistieren. Entweder wir zerstören die Umwelt oder dieses Wirtschaftssystem des Kapitalismus, so die Devise. Außerdem, so kritisieren vor allem die Frauen zurecht, seien sie in vielen Fällen außen vor gelassen worden in diesem System. Die Unterschiede in

## 7 Auf dem Weg zum reformierten Kapitalismus

der Bezahlung und die mangelnde Vertretung in den Führungsetagen spricht dafür Bände. Doch wenn der Kapitalismus in Bausch und Bogen kritisiert oder sogar verworfen wird, hat jeder seine eigenen Vorstellungen von diesem Wirtschaftssystem im Kopf.

Die einen sehen die Ausbeutung des Menschen in einem auf Profit getrimmten System, das nur bei den Reichen und Mächtigen Gewinner sieht zu Lasten der Arbeiter*innen. Macht und Geld seien einseitig verteilt. Das Leben müsse noch andere Dinge bereithalten als der schnöde tägliche Kampf um das wirtschaftliche Überleben. Dabei seien die Startchancen für die Menschen ungleich, Arbeiterkinder hier, Akademikerkinder dort. Reiche Erb*innen hier, leer ausgehende Menschen dort. Reiche mit unvorstellbar hohen Vermögen, die, so die weit verbreitete Meinung, häufig leistungslos zu ihrem Geld gekommen seien und nicht wüssten, wie sie das Geld in ihrem Leben sinnvoll ausgeben könnten. Andere wiederum hungerten und könnten am Leben der Gesellschaft nicht teilhaben. Ganz gleich wie falsch solche Stereotype sein mögen und sie sind es größtenteils, Wahrnehmung ist bekanntlich Realität. Andere wiederum haben ein realistischeres Bild über den Kapitalismus und können auch in verschiedene Formen differenzieren. Die freie Marktwirtschaft der USA mit ihrer überbordenden Ungleichheit und der Reduktion des Staates auf ein Minimum. Sozialleistungen fast als Privatvergnügen. Ein Land wie Deutschland mit einer soliden sozialen Abdeckung. Schließlich ein Land wie Schweden, deren Wirtschaftssystem sich auch kapitalistisch nennt aber im Kern eine staatlich alimentierte Marktwirtschaft ist. Dies alles verbirgt sich unter dem Begriff des Kapitalismus.

Findige Autor*innen aller Couleur und sämtlicher Disziplinen haben sich seither an diesem Wirtschaftssystem des Kapitalismus abgearbeitet, ob es Ökonom*innen, Philosoph\*innen oder auch Soziolog\*innen und Politolog\*innen waren. In den letzten Jahren und Jahrzehnten gab es nahezu einen Überbietungswettbewerb in Kapitalismuskritik, die sich zum Teil in internationalen Buchbestsellern niederschlugen. Dabei wurde nicht nur Kritik geäußert, sondern auch teilweise interessante Vorschläge unterbreitet, wie man das System des Kapitalismus abschaffen oder zumindest reformieren könne. In diesem Buch haben wir zumindest einen repräsentativen und aktuellen Ausschnitt erlebt. Was wurde nicht alles an Ideen zusammengetragen in sämtlich spannenden und zum Teil äußerst lesenswerten Abhandlungen.

Wir haben die Diskussion über die Postwachstumsökonomie verfolgt, die sich auf das Schrumpfen oder zumindest die Stagnation der Wirtschaft konzentriert und eine sich selbst versorgende regionale Wirtschaft vorsieht. Neu angeschafft wird nur das Nötigste, der Rest möglichst lange weiterverwendet und gemeinschaftlich geteilt. Nur so sei die Umwelt zu retten. Die Gemeinwohlökonomie konzentriert sich auf die Menschen und eine auf das Wohl der Allgemeinheit zielende Ökonomie mit konkreten Maßnahmen und Matrizes, um sämtliche Aktivitäten in ihrer sozialen und nachhaltigen Dimension zu dokumentieren. Bislang ein zartes Pflänzchen, das sicherlich noch eine Weile braucht, um eine Breitenwirkung zu entfalten aber Mut macht. Andere Autoren wiederum setzten auf den Ideen der christlichen Soziallehre auf, ohne allerdings deren richtige und notwendige Kerngedanken in eine konkrete Wirtschaftspolitik umzuwandeln. Politiker\*innen und Ökonom\*innen können so wie ich diesem Konzept generell nur wohlwollend zustimmen, sind aber bei einer konkreten Umsetzung einzelner Elemente überfordert, da nicht ausreichend beschrieben.

Der hochgeschätzte und renommierte Schweizer Theologe Hans Küng hat zu Lebzeiten mit seinem globalen

## 7 Auf dem Weg zum reformierten Kapitalismus

Wirtschaftsethos eine Lanze für ein ethisches Wirtschaftssystem gebrochen und in einem seiner Bücher auch aktiv dafür geworben (vgl. Küng, 2010, vor allem S. 288 ff.). Viele Elemente der sozialen Abfederung eines grenzenlosen Marktes finden hier ihren Niederschlag. Auch ein ethischer Kapitalismus, wie ihn der Bonner Philosoph Markus Gabriel (vgl. Gabriel, 2024) zurecht fordert, wird im Detail ausgestaltet werden müssen. Wesentliche Elemente wurden in seinem Buch bereits skizziert. Auch die Überlegungen des japanischen Philosophen und Bestsellerautors Kohei Saito in Richtung eines schrumpfenden Kommunismus gehen in die vollkommen falsche Richtung wie wir gesehen haben. Weder Schrumpfen noch ein kommunistisches Wirtschaftssystem, das in der Vergangenheit nachweislich bereits gescheitert ist, kann ein System mit Zukunft sein. Die Ungleichheit will vor allem das Konzept des Limitarismus von Ingrid Robeyns (vgl. Robeyns, 2024) beenden. Damit nutzt sie eine radikale Idee, bei der willkürlich ab einer bestimmten Vermögensgrenze von einer Million Euro bzw. zehn Millionen Euro der Rest des Vermögens schlicht enteignet wird. So interessant diese Idee theoretisch anmutet, so wenig praktikabel ist sie. In einer Demokratie und einem Rechtsstaat wird eine solche faktische Enteignung niemals möglich sein. Das ist auch gut so.

Nachvollziehbarer ist dagegen der Gedanke des schwedischen Philosophen Martin Hägglund (vgl. Hägglund, 2024). Hägglund, der in Yale lehrt, konfrontiert uns mit der Tatsache, dass man sicherlich das Wirtschaftssystem überdenken müsse vor dem Hintergrund der Tatsache, dass wir nur ein Leben haben. Die Zeit auf Erden sei damit sinnvoll zu nutzen und zu vergeuden in der Suche nach Profit und täglicher Arbeit, die uns stresst und im Zweifel von allem entfremdet, was uns lieb und teuer ist. Manche Autoren sehen den Kapitalismus bereits am Limit angekommen (vgl. Brand & Wissen, 2024) oder plädieren wie Thomas Piketty für einen „partizipativen Sozialismus" (vgl. Piketty, 2020, S. 1185 ff.), indem er den Topverdienern und Vermögenden fast alles wegnimmt und an die ärmeren Schichten verteilt (e.g. Grunderbe). Ulrike Herrmann schwärmt von der britischen Kriegswirtschaft, die Deutschland auf ein Wohlstandsniveau von 1978 zurückschrumpfen würde (vgl. Herrmann, 2022). Viele kritisieren entweder die menschenverachtende Wirkung des Kapitalismus (vgl. Gorz, 1994) oder die damit verbundenen Werte (vgl. Sanders, 2023) oder die schädlichen Folgen für das Klima (vgl. Göpel, 2022). An alternativen Konzepten mangelt es nicht. Am Überzeugendesten ist noch die Idee von Amartya Sen, eine „Ökonomie für den Menschen" (vgl. Sen, 2000) zu schaffen. Nur halten sich die meisten Autor*innen leider zu stark an der Kapitalismuskritik auf und weniger mit zukunftsgerichteten Konzepten.

Schauen wir aber nach vorne. Wie sähe in der Summe unser Konzept eines reformierten Kapitalismus aus und wie sähen die nächsten konkreten Schritte für eine Umsetzung aus? Ich möchte an dieser Stelle natürlich nicht alle im Buch erwähnten konkreten Ansätze und Maßnahmen im Einzelnen wiederholen, sondern vor allem Hinweise hinsichtlich einer praktischen Umsetzung geben. Mir ist bewusst, dass dieses Buch eine intensive gesellschaftliche Diskussion über ein konsensfähiges Wirtschaftssystem ersetzen kann. Mir geht es hier vor allem darum, aufzuzeigen, wie ein reformierter Kapitalismus gelingen kann, der seinen Namen verdient und jenseits von reinen Schlagworten auch tatsächlich realisierbar ist.

Dieser reformierte Kapitalismus sollte sich an den fünf Prinzipien ausrichten, die ich ausführlich im Abschn. 5.2 erwähnt habe. Er sollte:

1. Die Vereinbarkeit von Ökonomie und Ökologie sicherstellen. Konkrete Ideen, wie das auf Landes- und/oder

## 7 Auf dem Weg zum reformierten Kapitalismus

kommunaler Ebene aussehen kann, habe ich bereits aufgezeigt. Wesentlich sind dabei vor allem drei Aspekte: Erstens muss ein klares Zielbild inklusive Zeitleiste vereinbart werden, bis wann bestimmte Meilensteine umgesetzt werden müssen (e.g. $CO_2$-Neutralität). Zweitens müssen die Handlungsfelder definiert und ein detaillierter Maßnahmenplan erarbeitet werden, der mit allen Beteiligten abgestimmt wird und dessen Einhaltung zu Termin, Kosten und Qualität engmaschig nachgehalten wird. Projektmanagement in Reinkultur. Drittens müssen alle Beteiligten abgeholt und integriert werden. Nicht alle Bürger*innen werden den gleichen Weg gehen wollen, doch zumindest müssen auch diejenigen, die anderer Meinung sind, rechtzeitig abgeholt und integriert werden. Kommunikation ist in diesem Fall wesentlich.

2. Maximaler Wohlstand für alle Menschen schaffen. Die Bekämpfung der weltweiten Armut und des Hungers ist und bleibt eine Menschheitsaufgabe. Doch wir, die Zivilgesellschaft, können zumindest in Deutschland ganz konkret dafür sorgen, dass niemand mehr hungern muss und auch kein Kind hungrig zur Schule gehen muss! Gemeinnützige Organisationen wie etwa die Tafel sind nicht nur steuerlich und durch Spenden zu unterstützen, sondern auch im Rahmen eines zivilgesellschaftlichen Engagements. Nicht alles muss in Deutschland vom Staat geregelt werden. Die Gesellschaft ist ja auch noch da. Jung hilft alt und umgekehrt! Wir sind und bleiben aufeinander angewiesen. Eine solidarische Gesellschaft muss keine Utopie bleiben oder ein Hirngespinst von Träumer*innen sein. Grundbedürfnisse wie ein Recht auf Wohnen, gesunde Ernährung und Kleidung sind ebenso wie die Bildung ein Menschenrecht und das muss für alle gelten! Ähnlich wie die Kita-Pflicht muss es ein gesetzliches Recht auf eigenen Wohnraum geben! Hier sind wir alle gefordert. Die Palette an Förde-

rungen von sozialem Wohnungsbau in staatlicher und privater Trägerschaft ist breit. Ich habe in diesem Buch ein paar Beispiele auch von Expert*innen gebracht, die sich damit auskennen.

3. Einen ausgewogenen Mix in Deutschland zwischen Solidarität, Gerechtigkeit aber auch dem Leistungsprinzip finden. Ganz konkret bedeutet das, dass wir einerseits den Schwachen in unserer Gesellschaft, den Armen, Kranken, Bedürftigen aber auch Menschen mit Behinderung helfen müssen. Ich habe dies in meiner „Lebenszykluskonzept" genannten Idee der Begleitung von Menschen in ihrer einzelnen Lebensphase skizziert und mich von den klugen Gedanken der jeweiligen Expert*innen inspirieren lassen. Die Werte des Wir im Sinne einer Solidargemeinschaft, (vgl. auch Steinmeier, 2024) müssen wieder einen höheren Stellenwert bekommen als die reine Selbstoptimierung in der Egogesellschaft. Entsprechend muss der reformierte Kapitalismus, der mir vorschwebt, zwar den fairen ökonomischen Wettbewerb vor Augen haben, das Ringen um die beste Lösung. Aber er muss auch berücksichtigen, dass in diesem Wettbewerb nicht alle Gewinner sein werden. Um diese gilt es sich zu kümmern. Wenn ich sehe, wir solidarisch größtenteils die junge Generation miteinander umgeht, dann ist mir vor allem für die Zukunft nicht bange.

Andererseits dürfen wir aber die Leistungsträger*innen dieses Landes nicht vernachlässigen. Ob als Unternehmer*innen oder Mitarbeitende in den Unternehmen aller Größen, die das wirtschaftliche Rad am Laufen halten, alle diese Mitmenschen müssen auch etwas von ihrem Erfolg genießen können. Schließlich schaffen Unternehmer*innen Jobs, fleißige Mitarbeitende machen diese Unternehmen erst erfolgreich und kreieren

## 7 Auf dem Weg zum reformierten Kapitalismus

über ihren Konsum wiederum neue Jobs. Wer mehr leistet als andere, der muss auch mehr verdienen dürfen. Es muss diesen Menschen in Arbeit besser gehen als denjenigen, die aus welchen Gründen auch immer nicht arbeiten können oder zum Teil nicht wollen. Wir müssen gegenseitig toleranter werden und auch eine gegenteilige Meinung aushalten können. Wir arbeiten gemeinsam daran, unser Land besser zu machen und sind keine Gegner! Man kann politisch unterschiedlicher Meinung sein und um den richtigen Weg ringen. Doch sollte eine solche Diskussion immer respektvoll und konstruktiv geführt werden.

Konkret bedeutet das, dass die Leistungsträger*innen dieses Landes einerseits nicht durch prohibitiv hohe Steuern bestraft werden. Andererseits müssen wir den zunehmenden finanziellen Bedarf zur Bekämpfung der Armut, des Klimawandels etc. auch irgendwie alimentieren. Auch hier gilt der alte Spruch, dass starke Schultern mehr als schwache tragen müssen! Doch nicht alles muss staatlich verordnet werden. Die Millionärserbin Marlene Engelhorn macht vor, wie es auch gehen kann, indem sie den größten Teil ihres ererbten Vermögens basisdemokratisch an die Bedürftigen verteilt. Auch wenn mancher sich unwohl fühlt, fast das gesamte Vermögen wegzugeben, als Rollenmodell zur freiwilligen Verteilung eines Teils des Wohlstands dient es allemal. Wir müssen uns vor allem von den gegenseitig aufgebauten Stereotypen lösen.

Kein*e Bürgergeldempfänger*in liegt freiwillig auf der faulen Haut und genießt die soziale Hängematte. Im Gegenteil, die Realität des täglichen Kampfs ums Überleben sieht anders aus. Auf der anderen Seite sind nicht alle hart arbeitenden Menschen unsozial und egoistisch bzw. kümmern sich nur um ihre Belange. Gleiches gilt für Unternehmer*innen in der x-ten Generation. Es wird in Deutschland immer behauptet, Erb*innen sind leistungslos zu ihrem Vermögen bekommen und „verdienten" es folglich nicht. Dass viele sich ihrem Erbe verpflichtet fühlen und selbst unternehmerisch tätig sind und so viele neue Jobs schaffen, wird schlicht übersehen. Oder aber sie folgen dem Beispiel von Marlene Engelhorn und sie spenden ihr Vermögen. Lassen Sie uns also den Kapitalismus sozial ausgewogener gestalten. Wie das gehen kann, habe ich in diesem Buch aufzuzeigen versucht. Und bitte spielen wir nicht die sogenannte „Elite" bzw. die Leistungsträger*innen gegen die Bedürftigen aus. Im Gegenteil, gemeinsam können wir auch ohne staatliche Einwirkung mehr erreichen. Und viele sind sogar freiwillig dazu bereit!

Der reformierte Kapitalismus sollte darüber hinaus folgende Punkte bedenken:

4. Der schwedische Philosoph Martin Hägglund hat vollkommen recht: Wir haben definitiv nur dieses eine Leben auf dieser Welt (vgl. Hägglund, 2024). Infolgedessen müssen wir uns genau überlegen, wie wir es verbringen. Wir müssen uns tatsächlich überlegen, wie viel Zeit wir in unsere Arbeit und wirtschaftliche Aktivitäten stecken wollen und wie viel in Freizeit, Familie und einfach nur Muße. Der Jenaer Soziologe Hartmut Rosa hat das mit seinem Konzept der Beschleunigung, die sich ab einem gewissen Punkt in ihr Gegenteil verkehrt (vgl. Rosa, 2005, 2021), auf den Punkt gebracht. Es fehlt häufig die Zeit für sich und die Familie oder aber schlicht die Muße. Das heißt nicht, dass alle eine Viertage-Woche verfolgen müssen oder ständig „nur" von zu Hause arbeiten. Doch müssen wir alle Lebensmodelle zulassen und fördern. Für unseren reformierten Kapitalismus bedeutet das ganz konkret: Neben den eindimensionalen

materiellen Messkriterien des Bruttoinlandsprodukts (BIP) als Maßzahl der jährlichen Wertschöpfung in Deutschland müssen wir zwingend qualitative Kriterien wie Bildung, Gesundheit, Zufriedenheit, Armutsquote, Umweltschonung etc. in die ökonomische Betrachtung integrieren. Die Liste möglicher Kriterien ist lang und nicht neu. Nur lasst sie uns mindestens einmal im Jahr konsultieren, zeitgleich mit der Entwicklung des BIP. Eine Art Cockpit, das uns die Fehlentwicklungen in unserer Gesellschaft rechtzeitig vor Augen führt und uns zum kollektiven Handeln zwingt.

5. Schließlich müssen wir das Verhältnis von Markt und Staat überdenken. Wir haben spätestens zu Zeiten der Corona-Pandemie aber auch in den schwierigen Phasen der kriegerischen Konflikte in der Ukraine und dem Nahen Osten gesehen, dass die Wirtschaft nicht mehr alleine wieder Fahrt aufnimmt. Hier muss der Staat notleidenden Unternehmen aber auch Berufsgruppen unter die Arme greifen. Menschen leiden unter der Inflation, der Konjunkturschwäche aber auch dem drohenden Arbeitsplatzverlust. Gerade die Jungen stehen vor gewaltigen Herausforderungen. Die drohende Klimakatastrophe, kaum noch bezahlbare Mieten, eine Rente, die für sie immer weniger auswirft, in die sie aber überproportional einzahlen müssen. Wenn Mieten schon kaum erschwinglich sind, vor allem in den Metropolen, wo es verständlicherweise besonders viele jungen Leute hinzieht, dann kann von Eigentum schon gar keine Rede mehr sein.

Der Staat, also wir alle, muss sich künftig stärker in der Wirtschaft betätigen. Das heißt nicht, dass künftig alle unternehmerischen und privaten Risiken vom Staat abgefedert werden. Es bedeutet, dass im Sinne eines unternehmerischen Staats (vgl. Mazzucato, 2014) dann in die Wirtschaft eingegriffen wird, wenn die Konjunktur angekurbelt werden muss oder in Sondersituationen wie den Pandemien ein ökonomischer Absturz verhindert werden muss. Schließlich müssen auch die Leistungsstarken und Vermögenden in unserem Land, was zum größten Teil heute schon passiert, die anderen Menschen, denen es nicht so gut geht, mitziehen. Das verstehe ich unter einem sozial ausgewogenen Kapitalismus. Konkrete Beispiele habe ich aus meiner Sicht in diesem Buch geliefert. Diskutieren und umsetzen müssen wir es allerdings alle gemeinsam bevor wir es konkret in die Tat umsetzen. Was auf dem Spiel steht, wenn wir jetzt nicht im Sinne der vielen bedürftigen Menschen in unserem Land handeln, hat Bundespräsident Frank-Walter Steinmeier eindrücklich festgehalten (Steinmeier, 2024, S. 48):

„Hunderttausende Obdachlose in diesem wohlhabenden Land lassen mir keine Ruhe. Alleinerziehende, die fast zerbrechen unter der Last, meistens Frauen, empfinden die Ungerechtigkeit ihrer Situation besonders bitter, wenn der Ganztagsplatz in der Kita fehlt, ständig Schulstunden ausfallen, aber neunmalkluge Ratschläge kommen, sie sollten Vollzeit arbeiten. Und dann die Kinder, deren Familien es oft an Geld und Lebensmut mangelt und die mit der oft schamhaft empfundenen Benachteiligung einen schwierigen Weg in die Schule beginnen. Es bricht einem das Herz, in diese Gesichter zu sehen, die gesenkten Augen, das vorsichtige Lächeln vor sich zu haben. Diese materiellen Härten sollten nicht die betroffenen Kinder, sie müssen uns alle beschämen. Die politische Arbeit gegen diese enttäuschten Aufstiegshoffnungen, gegen die Armut nicht nur an Geld, sondern an Zukunftschancen bleibt unsere Aufgabe. Deshalb betrachten wir unseren Sozialstaat als zivilisatorische Errungenschaft."

## 7 Auf dem Weg zum reformierten Kapitalismus

Zum Schluss möchte ich noch ein paar Worte verlieren hinsichtlich der konkreten Umsetzung eines reformierten Kapitalismus. Die Zeit der inhaltlichen Diskussion ist zwar jetzt gekommen und wir müssen konstruktiv und kritisch über mögliche Vorschläge u. a. aus diesem Buch reden. Doch müssen wir, vor allem meine Generation der Baby Boomer, auch an die Jugend denken, an unsere Kinder und Enkel. Es hilft dieser Generation nicht, wenn wir nur in schönen, aber zum Teil unrealistischen oder zu generischen Konzepten denken. Schlimmer noch, wenn wir uns gegenseitig mit Stereotypen überziehen, welchen Beitrag die eine Gruppe der Vermögenden oder reichen Erben den Armen und Bedürftigen gegenüber zu leisten hat. Denken Sie an die vielen Diskussionen von Politiker*innen, die sich gegenseitig Versäumnisse der jeweiligen Regierungszeit um die Ohren hauen, aber häufig keine konkreten Lösungen auf die drängenden Fragen unserer Zeit liefern. Jetzt sind konkrete Konzepte, es sind Umsetzungen in die Praxis gefragt. Nicht das Erzählte reicht, sondern nur das Erreichte zählt. Ich denke, dass ich in diesem Buch eine Vielzahl an konkreten Ideen und Konzepte geliefert habe, die in die konkrete Praxis umgesetzt werden könnten. Wenn wir alle gemeinsam anpacken, nachdem wir die Ideen ausführlich diskutiert und bewertet haben, dann bin ich zuversichtlich, den reformierten Kapitalismus zum Leben zu erwecken. Fangen wir also noch heute damit an!

# Literatur

Alltag in Schweden. (2024). *Kindertagesstätten in Schweden (Dagis).* https://www.alltag-in-schweden.de/kindertagesstaette.php. Zugegriffen am 25.09.2024.

Arbeit und Soziales, Bundestag. (2024). Haushalt 2024: *Sozialetat mit Abstand größter Posten.* Deutscher Bundestag online vom 19.01.2024. https://www.bundestag.de/presse/hib/kurzmeldungen-987084#:~:text=Berlin%3A%20(hib%2FHAU),(SPD)%20zur%20Verf%C3%BCgung%20stehen. Zugegriffen am 30.09.2024.

Arbeiterwohlfahrt. (2024). *AWO: Hoher Eigenanteil für Pflege führt in Altersarmut.* Die Zeit online vom 08.05.2024. https://www.zeit.de/news/2024-05/08/awo-hoher-eigenanteil-fuer-pflege-fuehrt-in-altersarmut. Zugegriffen am 27.09.2024.

Aschoff, N. (2021). *Im Kapitalismus kann es keine Gleichberechtigung geben.* Jacobin online vom 08.03.2021. https://jacobin.de/artikel/feminismus-kapitalismus-frauenquote-armut-hausarbeit-reproduktionsarbeit-pflegearbeit-progressiver-neoliberalismus. Zugegriffen am 27.03.2024.

Attac Deutschland. (2023). *Globalisierungskritik neu denken. Aktualisiertes Positionspapier von Attac Deutschland. Stand 05.03.2023.* https://www.attac.de/fileadmin/user_upload/Gremien/Erneuerungsprozess/05_03_2023_K1_Entwurf_Globalisierungskritik_neu_denken.pdf. Zugegriffen am 16.04.2023.

Aulenbacher, B., Riegraf, B., & Völker, S. (2015). *Feministische Kapitalismuskritik. Einstiege in bedeutende Forschungsfelder.* Westfälisches Dampfboot.

B Corp Deutschland, & B Impact Assessment. (2024). *BIA Sample Questions.* B corporation online. https://bcorporation.eu/become-a-b-corp/b-impact-assessment/. Zugegriffen am 01.09.2024.

Baumann, S. (2024). *Equal Pay Day 2024 – Gleicher Lohn für gleiche Arbeit?* Plan International online vom 06.03.2024. https://www.plan.de/magazin/artikel/gleichberechtigung/equal-pay-day-2024-gleicher-lohn-fuer-gleiche-arbeit.html?sc=IDQ24100. Zugegriffen am 27.03.2024.

Bayerisches Staatsministerium für Unterricht und Kultus/OECD. (2023). *PISA international – die Ergebnisse im Überblick.* Bayerisches Staatsministerium für Unterricht und Kultus online https://www.km.bayern.de/eltern/meldung/185/pisa-international-die-ergebnisse-im-ueberblick.html. Zugegriffen am 23.12.2023.

Beule, P. (2023). *Was hat uns die Ölpreiskrise von 1973 heute zu sagen?* Friedrich-Ebert-Stiftung online vom 22.05.2023. https://www.fes.de/themenportal-gewerkschaften-und-gute-arbeit/gewerkschaften-national/artikelseite-internationale-gewerkschaftspolitik/was-hat-uns-die-oelpreiskrise-von-1973-heute-zu-sagen. Zugegriffen am 18.08.2024.

Bhutan. (2024). *GNH Happiness Index.* Bhutan GNH Centre online. https://www.gnhcentrebhutan.org/gnh-happiness-index/. Zugegriffen am 04.12.2023.

BMAS. (2024). *Das Bürgergeld – Fakten im Detail.* Bundesministerium für Arbeit und Soziales online vom 24.07.2024. https://www.bmas.de/DE/Arbeit/Grundsicherung-Buergergeld/Buergergeld/Das-Buergergeld-Fakten-im-Detail/das-buergergeld-fakten-im-detail.html#docb264195d-c70e-43aa-b6e2-de17fac0e691bodyText1. Zugegriffen am 23.09.2024.

BMWK. (2024). *Die wirtschaftspolitische Entwicklung von 1949 bis heute.* Bundesministerium für Wirtschaft und Klimaschutz online. https://www.bmwk.de/Redaktion/DE/Textsammlungen/Ministerium/wirtschaftspolitik-seit-1949.html. Zugegriffen am 09.10.2024.

Bocksch, R. (2023). *Ökologischer Fußabdruck. Die Welt ist nicht genug.* Statista online vom 05.06.2023. https://de.statista.com/infografik/10574/benoetigte-erden-je-lebensstil-ausgewaehlter-laender/. Zugegriffen am 19.11.2023.

Böff, M. (2024). *Global Wealth Report: Superreiche werden immer reicher.* Tagesschau online vom 10.07.2024. https://www.tagesschau.de/wirtschaft/weltwirtschaft/global-wealth-report-2024-100.html. Zugegriffen am 21.07.2024.

Brand, U., & Wissen, M. (2024). *Kapitalismus am Limit. Öko-imperiale Spannungen, umkämpfte Krisenpolitik und solidarische Perspektiven.* oekom.

Bundesregierung. (2024). *FAQ zur BAföG-Reform. Die wichtigsten Änderungen beim Bafög.* Bundesregierung online vom 30.07.2024. https://www.bundesregierung.de/breg-de/bundesregierung/gesetzesvorhaben/bafoeg-reform-2024-2257882#tar-1. Zugegriffen am 22.09.2024.

Bundestag. (2024). *Bildung. Sachverständige fordern existenzsicherndes Bafög.* Deutscher Bundestag online vom 05.06.2024. https://www.bundestag.de/dokumente/textarchiv/2024/kw23-pa-bildung-bafoeg-1004908. Zugegriffen am 22.09.2024.

Buske, N. (2024). *Einkommen in Deutschland. So hoch ist das Durchschnittsgehalt hierzulande.* Handelsblatt online vom 03.04.2024. https://www.handelsblatt.com/unternehmen/einkommen-in-deutschland-so-hoch-ist-das-durchschnittsgehalt-hierzulande/26628226.html. Zugegriffen am 19.05.2024.

Butterwegge, C., & Butterwegge, C. (2021). *Kinder der Ungleichheit. Wie sich die Gesellschaft ihrer Zukunft beraubt.* Campus.

CDU. (2024). *Reformplan für eine starke Wirtschaft.* CDU online vom 13.02.2024. https://www.cdu.de/artikel/reformplan-fuer-eine-starke-wirtschaft. Zugegriffen am 29.09.2024.

Desmond, M. (2023). *Poverty, by America.* Penguin Random House.

Deutschlandfunk. (2024). *Wirtschaftssysteme. Worum geht es in der Gemeinwohl-Ökonomie?* Deutschlandfunk online vom 12.01.2024. https://www.deutschlandfunk.de/gemeinwohl-oekonomie-100.html. Zugegriffen am 07.04.2024.

Dickenberger, D. (2022). *Reaktanz, Reaktanztheorie.* Dorsch, Lexikon der Psychologie online vom 10.10.2022. https://dorsch.hogrefe.com/stichwort/reaktanz-reaktanztheorie. Zugegriffen am 18.08.2024.

Die Familienunternehmer. (2024). *Die Wirtschaftspolitik von: Die Grünen. Ein Analysepapier von Die Familienunternehmer.* Table media online. Mai 2024. https://table.media/wp-content/uploads/2024/05/28170307/FamU_Papier_Gruene.pdf. Zugegriffen am 29.09.2024.

DIW. (2024). *Mietbelastung in Deutschland – Schere zwischen Arm und Reich geht auseinander.* DIW online. Pressemitteilung vom 09.10.2024. https://www.diw.de/de/diw_01.c.916410.de/.html. Zugegriffen am 09.10.2024.

Dixson-Declève, S., et al. (2022). *Earth for All. Ein Survival Guide für unseren Planeten. Der neue Bericht des Club of Rome, 50 Jahre nach „Die Grenzen des Wachstums"* (3. Aufl.). oekom.

Dönhoff, Gräfin von. (1997b). *Zivilisiert den Kapitalismus. Grenzen der Freiheit.* Deutsche Verlags-Anstalt.

Dönhoff, M. (1997a). *Zivilisiert den Kapitalismus. Grenzen der Freiheit.* Deutsche Verlagsanstalt.

Emmrich, J. (2023). Wut & Angst: *Warum der Heizungsstreit so gefährlich ist.* Berliner Morgenpost online vom 15.06.2023. https://www.morgenpost.de/politik/article238701101/Wut-Angst-Warum-der-Heizungsstreit-so-gefaehrlich-ist.html. Zugegriffen am 18.08.2024.

Engelhorn, M. (2024). *Geld. Über Macht, Vermögen und Ungerechtigkeit.* Piper.

Erhard, L. (1957/2021). *Wohlstand für Alle* (3. Aufl. der Neuauflage). Ullstein/Econ.

FDP. (2024). *Wirtschaft: Wir brauchen die Wirtschaftswende jetzt.* FDP online vom 27.09.2024. Zugegriffen am 29.09.2024.

Felber, C. (2010). *Die Gemeinwohl-Ökonomie. Das Wirtschaftsmodell der Zukunft* (9. Aufl.). Deuticke.

Felber, C. (2018). *Gemeinwohl-Ökonomie* (6. Aufl.). Piper.

Fraser, N. (2020). *Was heißt Sozialismus im 21. Jahrhundert?* Luxemburg, Gesellschaftsanalyse und Praxis, Ausgabe Dezember 2020 online. https://zeitschrift-luxemburg.de/artikel/was-heisst-sozialismus-im-21-jahrhundert/. Zugegriffen am 07.01.2024.

Fraser, N. (2023). *Der Allesfresser. Wie der Kapitalismus seine eigenen Grundlagen verschlingt.* Suhrkamp.

Fratzscher, M. (2024a). *Der Kapitalismus ist nicht das Problem.* Blog Marcel Fratzscher vom 18.03.2024. https://www.diw.de/de/diw_01.c.897108.de/nachrichten/der_kapitalismus_ist_nicht_das_problem.html. Zugegriffen am 21.07.2024.

Fratzscher, M. (2024b). *Altersarmut. Diese Rentenreform ist für Frauen eine verpasste Chance.* Die Zeit online vom 08.03.2024. https://www.zeit.de/wirtschaft/2024-03/altersarmut-frauen-rentenreform-generationenkapital. Zugegriffen am 27.09.2024.

Friedman, M. (1962/2016). *Kapitalismus und Freiheit.* Mit einem Geleitwort von Horst Siebert (11. Aufl.). Piper.

Friedman, M. (2016). *Kapitalismus und Freiheit* (11. Aufl.). Piper. Original: Capitalism and Freedom (1962). Chicago, London: The University of Chicago Press.

Friedrichs, J. (2024). *Crazy Rich. Die geheime Welt der Superreichen.* Berlin Verlag.

Fürst, E. (2016). *Katastrophe Gemeinwohlökonomie.* Der Standard online vom 17.04.2016. https://www.derstandard.at/story/2000034981116/katastrophe-gemeinwohloekonomie. Zugegriffen am 20.11.2023.

Gabriel, M. (2024). *Gutes tun. Wie ethischer Kapitalismus die Demokratie retten kann.* Ullstein.

Geißler, H. (2009). *Ou Topos. Suche nach einem Ort, den es geben müßte.* Kiepenheuer & Witsch.

Gemeinwohl-Ökonomie Deutschland. (2023). *Gemeinwohl-Ökonomie. Ein Wirtschaftsmodell mit Zukunft. Mission und Geschichte.* https://germany.ecogood.org/vision/mission-geschichte/. Zugegriffen am 20.11.2023. Die weiteren Verweise konzentrieren sich auch andere Unterkapitel, referenziert durch die Kapitelüberschrift.

Gemeinwohlökonomie Deutschland/Gemeinwohl-Bilanz. (2024). *Gemeinwohl-Bilanz.* https://germany.ecogood.org/tools/gemeinwohl-bilanz/. Zugegriffen am 07.04.2024.

Gemeinwohlökonomie Deutschland/Gemeinwohl-Matrix. (2024). *Gemeinwohl-Matrix.* https://germany.ecogood.org/tools/gemeinwohl-matrix/. Zugegriffen am 07.04.2024.

Gemeinwohlökonomie Deutschland/Gemeinwohl-Produkt. (2024). *Gemeinwohl-Produkt.* https://germany.ecogood.org/tools/gemeinwohl-produkt/. Zugegriffen am 07.04.2024.

Gemeinwohlökonomie Deutschland/Mission und Geschichte. (2024). *Mission und Geschichte.* https://germany.ecogood.org/mission-geschichte/. Zugegriffen am 07.04.2024.

Gemeinwohlökonomie Deutschland/SDGS. (2024). *Der Beitrag der Gemeinwohl-Ökonomie zu den Sustainable Development Goals (SDGs).* https://germany.ecogood.org/tools/sdgs/. Zugegriffen am 07.04.2024.

Gemeinwohlökonomie Deutschland/Umsetzung/Unternehmen. (2024). *Unternehmen.* https://germany.ecogood.org/umsetzung/unternehmen/. Zugegriffen am 07.04.2024.

Gemeinwohlökonomie Deutschland/Werte (2024). *Werte.* https://germany.ecogood.org/vision/werte/. Zugegriffen am 07.04.2024.

Gentinetta, K., & Paech, N. (2022). *Wachstum?* Westend.

Göpel, M. (2022). *Wir können auch anders. Aufbruch in die Welt von morgen.* Ullstein.

Gorz, A. (1994). *Kritik der ökonomischen Vernunft. Sinnfragen am Ende der Arbeitsgesellschaft.* Rotbuch Verlag.

Greenpeace. (2024). *10 Tipps für mehr Klimaschutz im Alltag.* Greenpeace online. https://www.greenpeace.de/klimaschutz/klimakrise/10-tipps-klimaschutz-alltag. Zugegriffen am 02.09.2024.

Gsohn. (2023). *Der ethische Kapitalismus. Neue Wege für nachhaltigen Profit – Jedes vernünftige Unternehmen braucht einen CPO – Chief Philosopher Officer.* https://ichsagmal.com/der-ethische-kapitalismus-neue-wege-fuer-nachhaltigen-profit-jedes-vernuenftige-unternehmen-braucht-einen-cpo-chief-philosopher-officer/. Zugegriffen am 29.04.2024.

Güls, A. (2023). *Die wachsende Angst vor Altersarmut. Gründe und Prognosen.* Stiftung für Zukunftsfragen online vom 26.10.2023. https://www.stiftungfuerzukunftsfragen.de/die-wachsende-angst-vor-altersarmut-gruende-und-prognosen/. Zugegriffen am 27.09.2024.

Habermas, J. (2024). *"Es musste etwas besser werden…". Gespräche mit Stefan Müller-Doohm und Roman Yos.* Suhrkamp.

Hägglund, M. (2024). *Dieses eine Leben. Glaube jenseits der Religion. Freiheit jenseits des Kapitalismus.* C.H. Beck.

Hayek, F. A. (2007/1944). *The road to serfdom.* Text and documents. The definitive edition edited by Bruce Caldwell. The University of Chicago Press.

Heartbeat. (2021). *Wie funktioniert das US-amerikanische Gesundheitssystem?* Heartbeat online vom 15.06.2021. https://heartbeat-med.com/de/resources/das-us-amerikanische-gesundheitssystem-im-ueberblick/#fblsoyff1kaq6qw30irpq. Zugegriffen am 17.12.2023.

Heinisch, F., et al. (2019). *Der Jugendrat der Generationenstiftung. Ihr habt keinen Plan. Darum machen wir einen. 10 Bedingungen für die Rettung unserer Zukunft.* Blessing.

Herrmann, U. (2022). *Das Ende des Kapitalismus. Warum Wachstum und Klimaschutz nicht vereinbar sind - und wie wir in Zukunft leben werden.* Kiepenheuer & Witsch.

Hintze, K. (2024). *Nationaler Bildungsbericht: Bildung in Deutschland 2024.* Stiftung Bildung online 2024. https://www.stiftungbildung.org/nationaler-bildungsbericht-bildung-in-deutschland-2024/?gad_source=1&gclid=EAIaIQobChMIkq6F2dDqiAMViURBAh3LrBbwEAAYASAAEgIBZvD_BwE. Zugegriffen am 30.09.2024.

Hubert, M. (2022). *Ungleichheit. Thomas Pikettys Thesen kompakt.* Deutschlandfunk online vom 29.08.2022. https://www.deutschlandfunk.de/thomas-piketty-eine-kurze-geschichte-der-gleichheit-102.html. Zugegriffen am 04.02.2024.

Hülser, K. (1991). *Platon. Timaios. Kritias.* Sämtliche Werke in zehn Bänden (Bd. VIII). Insel.

Human Development Index. (2024). *Human Development Index.* https://www.studysmarter.de/schule/geographie/humangeographie/human-development-index/. Zugegriffen am 23.06.2024.

Hyun, B. (2024). *Kritik an FDP-Vorstoß – „Beim Bürgergeld darf nicht gekürzt werden!".* Frankfurter Rundschau online vom 13.08.2024. https://www.fr.de/wirtschaft/kritik-an-fdp-vorstoss-beim-buergergeld-darf-nicht-gekuerzt-werden-93237985.htm. Zugegriffen am 23.09.2024.

Ifo. (2024). *„Lohnt" sich Arbeit noch? Lohnabstand und Arbeitsanreize im Jahr 2024.* ifo Schnelldienst, 2024, 77, Nr. 01, 35–38. https://www.ifo.de/publikationen/2024/aufsatz-zeitschrift/lohnt-sich-arbeit-noch-lohnabstand-und-arbeitsanreize-2024. Zugegriffen am 23.09.2024.

Ifo-Institut. (2023). *Ungleichheit bei Einkommen von 1998 bis 2016 vor allem innerhalb von Städten gestiegen, nicht zwischen Regionen.* Pressemitteilung des Ifo-Instituts vom 10.03.2023. https://www.ifo.de/pressemitteilung/2023-03-10/ungleichheit-bei-einkommen-1998-bis-2016-vor-allem-innerhalb-von. Zugegriffen am 19.11.2023.

Jaeggi, R. (2023). *Fortschritt und Regression.* Suhrkamp.

Janson, M. (2023). *Soziales. Macht Geld glücklich?* Statista online vom 13.04.2023. https://de.statista.com/infografik/29704/laender-nach-punkten-beim-world-happiness-index-und-bip-pro-kopf/. Zugegriffen am 23.06.2024.

Jendis, S. (2024). *Armut hat System. Warum wir in Deutschland eine soziale Zeitenwende brauchen.* Droemer.

Jungbluth, C., & Petersen, T. (2022). *Profiteure der Globalisierung. Ungerechte Verteilung.* Taz online vom 27.06.2022. https://taz.de/Profiteure-der-Globalisierung/!5859826/. Zugegriffen am 04.02.2024.

Kaczmarczyk, P. (2023). *Raus aus dem Ego-Kapitalismus: Für eine Wirtschaft im Dienst des Menschen.* Westend.

Kafsack, H. (2024). *EU verabschiedet Lieferkettengesetz.* FAZ online vom 15.03.2024. https://www.faz.net/aktuell/wirtschaft/klima-nachhaltigkeit/deutschland-ueberstimmt-eu-verabschiedet-lieferkettengesetz-19588583.html. Zugegriffen am 07.04.2024.

Kahneman, D. (2012). *Schnelles Denken, langsames Denken.* Siedler.

Kazim, H., & Witte, E. H. (2007). *Boomfaktor Optimismus. „Wirtschaft ist zu 50 Prozent Psychologie".* Spiegel online vom 28.03.2007. https://www.spiegel.de/wirtschaft/boomfaktor-optimismus-wirtschaft-ist-zu-50-prozent-psychologie-a-474454.html. Zugegriffen am 07.07.2024.

Keynes, J. M. (1924/2020). *Das Ende des Laissez-faire.* Reclam.

Keynes, J. M. (1936/2017). *Allgemeine Theorie der Beschäftigung, des Zinses und des Geldes.* Neuübersetzung von Nicola Liebert. Duncker & Humblot.

Kindergrundsicherung. (2023). *Familienleistungen. Fragen und Antworten zur Kindergrundsicherung.* Bundesministerium für Familie, Senioren, Frauen und Jugend online vom 27.09.2023. https://www.bmfsfj.de/bmfsfj/themen/familie/familienleistungen/kindergrundsicherung/fragen-und-antworten-zur-kindergrundsicherung-230378. Zugegriffen am 20.09.2024.

Klimaschutzprogramm. (2022). *Das Bayerische Klimaschutzprogramm 2022.* Bayerische Staatsregierung online. https://www.stmuv.bayern.de/themen/klimaschutz/klimaschutzgesetz/doc/klimaschutzprogramm_2022.pdf. Zugegriffen am 25.08.2024.

Kocka, J. (2017). *Geschichte des Kapitalismus* (3. überarb. Aufl.). C.H. Beck Wissen.

Kraczmarczyk, P. (2023). *Raus aus dem Ego-Kapitalismus. Für eine Wirtschaft im Dienste des Menschen.* Westend.

Krönig, F. K. (2007). *Die Ökonomisierung der Gesellschaft. Systemtheoretische Perspektiven.* transcript.

Krüger, A. (2024). *Wirtschaftsweise fordern Startgeld. Kleinkinder zu Kleinanlegern.* taz online vom 07.10.2024. https://taz.de/

Wirtschaftsweise-fordern-Startgeld/!6038094/. Zugegriffen am 09.10.2024.

Küng, H. (2010). *Anständig wirtschaften. Warum Ökonomie Moral braucht.* Piper.

Kwasniewski, N., Schmitz, G. P., & Pitzke, M. (2014). *Neue Reichtumsdebatte. Etwas ist faul im Kapitalismus.* Spiegel online vom 23.04.2014. https://www.spiegel.de/wirtschaft/soziales/kapitalismus-und-reichtum-pikettys-das-kapital-im-21-jahrhundert-a-965664.html. Zugegriffen am 05.04.2023.

Lederer, K. (2024). *Mit Links die Welt retten. Für einen radikalen Humanismus.* Kanon.

Leibniz-Institut für Wirtschaftsforschung. (2024). *Deutsche sind die armen Schlucker Europas.* Pressemitteilung vom 30.01.2024. Leibniz-Institut für Wirtschaftsforschung online. https://www.rwi-essen.de/presse/wissenschaftskommunikation/pressemitteilungen/detail/deutsche-sind-die-armen-schlucker-europas. Zugegriffen am 19.05.2024.

Lenger, F. (2023). *Der Preis der Welt. Eine Globalgeschichte des Kapitalismus.* C.H. Beck.

Liebig, M. (2022). *Incentives, Anreize, Anreizsysteme.* Dorsch, Lexikon der Psychologie online vom 27.12.2022. https://dorsch.hogrefe.com/stichwort/incentives. Zugegriffen am 18.08.2024.

Lindner, F. (2023). *Kein Wachstum ist auch keine Lösung. Eine Kritik an Degrowth- und Postwachstumsansätzen.* Wirtschaftsdienst, Zeitschrift für Wirtschaftspolitik online, 103. Jahrgang, 2023, Heft 8, S. 564–569. https://www.wirtschaftsdienst.eu/inhalt/jahr/2023/heft/8/beitrag/kein-wachstum-ist-auch-keine-loesung.html. Zugegriffen am 21.07.2024.

Lpb. (2024). *Regelsatz Bürgergeld seit 1. Januar 2024.* Landeszentrale für politische Bildung Baden-Württemberg online. https://www.lpb-bw.de/regelsatz-buergergeld. Zugegriffen am 23.09.2024.

Mau, K. (2024). *Das Ende der Erschöpfung. Wie wir eine Welt ohne Wachstum schaffen.* Löwenzahn.

Mayerhofer, L. (2023). *Kritik an Kindergrundsicherung: Armutsforscher fordert Abschaffung von Kinderfreibetrag.* Frankfurter

Rundschau online vom 12.09.2023. https://www.fr.de/wirtschaft/kinderfreibetrag-kritik-an-kindergrundsicherung-armutsforscher-butterwegge-abschaffung-von-92508791.html. Zugegriffen am 20.09.2024.

Mayr, A. (2020). *Die Elenden. Warum unsere Gesellschaft Arbeitslose verachtet und sie dennoch braucht.* Hanser.

Mazzucato, M. (2014). *Das Kapital des Staates. Eine andere Geschichte von Innovation und Wachstum.* Antje Kunstmann.

Meis, D. (2022). *Alles nach Plan? Die Planwirtschaft der DDR – Konzept, Umsetzung, Scheitern.* Bundeszentrale für politische Bildung online vom 23.09.2022. https://www.bpb.de/themen/deutschlandarchiv/513381/alles-nach-plan/. Zugegriffen am 09.10.2024.

Meissl, I. (2022). *Der Elternurlaub liegt in der schwedischen DNA.* Neue Zürcher Zeitung online vom 18.12.2022. https://www.nzz.ch/wirtschaft/der-elternurlaub-liegt-in-der-schwedischen-dna-ld.1716169. Zugegriffen am 23.12.2023.

Michel, C. (2024). *Nagelsmanns emotionale Rede: Ein EM-Gewinner trotz Niederlage.* Frankfurter Rundschau online vom 06.07.2024. https://www.fr.de/sport/fussball/nagelsmanns-emotionale-rede-ein-em-gewinner-trotz-niederlage-93172301.html. Zugegriffen am 07.07.2024.

Morus, T. (1516/1996). *Utopia.* Der utopische Staat, Morus, T.: Utopia; Campanella, T.: Sonnenstaat; Bacon, F.: Neu-Atlantis (S. 7–110). Rowohlt.

Motschmann, K. (1990). *Mythos Sozialismus. Von den Schwierigkeiten der Entmythologisierung einer Ideologie.* Blaue aktuelle Reihe (Bd. 18). mut-Verlag.

Müller-Armack, A. (1946/1990). *Wirtschaftslenkung und Marktwirtschaft.* Kastell.

OECD. (2024). *Better Life Index.* OECD Data Explorer Archive. https://data-explorer.oecd.org/vis?tenant=archive&df[ds]=DisseminateArchiveDMZ&df[id]=DF_BLI&df[ag]=OECD&dq=...&to[TIME]=false&ly[cl]=INDICATOR&ly[rs]=INEQUALITY&ly[rw]=LOCATION&vw=tb. Zugegriffen am 07.10.2024.

Oxfam. (2023). *Umsteuern für soziale Gerechtigkeit!*. Oxfam online vom Januar 2023. https://www.oxfam.de/system/files/documents/oxfam_factsheet_davos-2023_umsteuern.pdf. Zugegriffen am 19.11.2023.

Oxfam. (2024). *Bericht zur sozialen Ungleichheit 2024*, Oxfam Deutschland online vom 15.01.2024. https://www.oxfam.de/ueber-uns/publikationen/bericht-soziale-ungleichheit-2024. Zugegriffen am 04.02.2024.

Oxfam, Pressebericht. (2023). Richest 1 % emit as much planet-heating pollution as two-thirds of humanity. Oxfam online vom 20.11.2023. https://www.oxfam.org/en/press-releases/richest-1-emit-much-planet-heating-pollution-two-thirds-humanity. Zugegriffen am 20.11.2023.

Paech, N. (2009a). *Grundzüge einer Postwachstumsökonomie*. Postwachstumsökonomie online http://www.postwachstumsoekonomie.de/material/grundzuege/. Zugegriffen am 20.11.2023.

Paech, N. (2009b). *Niko Paech: Grundzüge einer Postwachstumsökonomie*. http://www.postwachstumsoekonomie.de/material/grundzuege/. Zugegriffen am 01.04.2024.

Paech, N. (2012). *Befreiung vom Überfluss: Auf dem Weg in die Postwachstumsökonomie*. oekom.

Paech, N. (2024). *Postwachstumsökonomik*. Gabler Wirtschaftslexikon. https://wirtschaftslexikon.gabler.de/definition/postwachstumsoekonomik-53487. Zugegriffen am 01.04.2024.

Parlament Österreich. (2024). *Abgeordnete beschließen 1.200 Euro Mindestpension bei mindestens 40 Arbeitsjahren*. Parlament Österreich online. https://www.parlament.gv.at/aktuelles/news/archiv/j2019/146mindestpension. Zugegriffen am 27.09.2024.

Pietsch, D. (2017). *Grenzen des ökonomischen Denkens. Wo bleibt der Mensch in der Ökonomie?* Eul.

Pietsch, D. (2020). *Prinzipien moderner Ökonomie. Ökologisch, ethisch, digital.* Springer.

Pietsch, D. (2021). *Die Ökonomie und das Nichts. Warum Wirtschaft ohne Moral wertlos ist.* Springer.

Pietsch, D. (2022a). *Eine Reise durch die Ökonomie. Über Wohlstand, Digitalisierung und Gerechtigkeit* (2. Aufl.). Springer.
Pietsch, D. (2022b). *Eine Reise durch die Ökonomie. Über Wohlstand, Digitalisierung und Gerechtigkeit* (2. Ergänzte Aufl.). Springer.
Pietsch, D. (2022c). *Unsere Wirtschaft ethisch überdenken. Eine Aufforderung.* Springer.
Pietsch, D. (2023). *Das Ende des Wohlstands? Über ökologische und ökonomische Krisen.* Springer.
Pietsch, D. (2024). *Die kapitalismuskritische Gesellschaft. Warum ein erfolgreiches Wirtschaftsmodell infrage gestellt wird.* Springer.
Piketty, T. (2014). *Capital in the twenty-first century.* Harvard University Press.
Piketty, T. (2020). *Kapital und Ideologie.* C.H. Beck.
Plumpe, W. (2021). *Das kalte Herz. Kapitalismus: Die Geschichte einer andauernden Revolution* (2. Aufl.). Rowohlt.
Poll, D. (2024). *Next Level Nachhaltigkeit. Das sind die 11 nachhaltigsten Unternehmen der Welt.* Produktion online vom 08.02.2024 in der aktualisierten Fassung. https://www.produktion.de/technik/co2-neutrale-industrie/das-sind-die-11-nachhaltigsten-unternehmen-der-welt-300.html. Zugegriffen am 26.08.2024.
Precht, R. D. (2013). *Anna, die Schule und der liebe Gott. Der Verrat des Bildungssystems an unseren Kindern.* Goldmann.
Precht, R. D. (2017). *Erkenne dich selbst. Eine Geschichte der Philosophie* (Bd. 2). Renaissance bis Deutscher Idealismus. Goldmann.
Precht, R. D. (2019). *Sei Du selbst. Eine Geschichte der Philosophie* (Bd. 3). Von der Philosophie nach Hegel bis zur Philosophie der Jahrhundertwende. Goldmann.
Precht, R. D. (2021). *Von der Pflicht. Eine Betrachtung.* Goldmann.
Rawl, J. (1971/2020). *Eine Theorie der Gerechtigkeit* (22. Aufl.). Suhrkamp. Originaltitel: *A Theory of Justice.*
Redecker, E. v. (2023). *Bleibefreiheit.* S. Fischer.
Reich, R. (2016). *Saving capitalism. For the many, not the few.* Icon Books.

Robeyns, I. (2024). *Limitarismus. Warum Reichtum begrenzt werden muss*. S. Fischer.

Rosa, H. (2005). *Beschleunigung. Die Veränderung der Zeitstrukturen in der Moderne*. Suhrkamp.

Rosa, H. (2021). *„Die Umwege fehlen jetzt"*, Soziologe Hartmut Rosa im Gespräch mit Peter Unfried in der taz online vom 24.04.2021. https://taz.de/Soziologe-Hartmut-Rosa-im-Gespraech/!5763329/. Zugegriffen am 11.10.2024.

Sahebi, G. (2024). *Wie wir uns Rassismus beibringen. Eine Analyse deutscher Debatten*. S. Fischer.

Saito, K. (2023). *Systemsturz. Der Sieg der Natur über den Kapitalismus*. dtv.

Sanders, B. (2023). *It's ok to be angry about Capitalism*. Crown.

Sauerland, D. (2018). *Sozialismus*. Gabler Wirtschaftslexikon online. https://wirtschaftslexikon.gabler.de/definition/sozialismus-46338. Zugegriffen am 07.01.2024.

Schäuble, W. (2024). *Erinnerungen. Mein Leben in der Politik*. Klett-Cotta.

Schneider, G., & Tokya-Seid, C. (2024). *Das junge Politik-Lexikon: Schuldenbremse*. Bundeszentrale für politische Bildung (bpb) online 2024. https://www.bpb.de/kurz-knapp/lexika/das-junge-politik-lexikon/321093/schuldenbremse/. Zugegriffen am 29.09.2024.

Schneider, G., & Toyka-Seid, C. (2024). *Kommunismus*. bpb, Bundeszentrale für politische Bildung online. https://www.bpb.de/kurz-knapp/lexika/das-junge-politik-lexikon/320655/kommunismus/. Zugegriffen am 07.01.2024.

Schneider, U. (2024). *Kinderarmut sinkt markant, Altersarmut auf dem Vormarsch. Expertise zu den Erstergebnissen des Mikrozensus zur Armutsentwicklung 2023*. Der paritätische Gesamtverband online vom Mai 2024. https://www.der-paritaetische.de/fileadmin/user_upload/Fachinfos/doc/broschuere_armutsexpertise-2024-2.pdf. Zugegriffen am 27.09.2024.

Sen, A. (2000). *Ökonomie für den Menschen. Wege zu Gerechtigkeit und Solidarität in der Marktwirtschaft*. Carl Hanser.

Siggelkow, B., & Büscher, W. (2024). *Das Verbrechen an unseren Kindern. Warum junge Menschen scheitern und was wir dagegen tun müssen*. Bonifatius.

Smith, A. (2009a). *Wohlstand der Nationen*. Nach der Übersetzung von Max Stirner, herausgegeben von Heinrich Schmidt. Anaconda.
Smith, A. (2009b). *Theorie der ethischen Gefühle* (Philosophische Bibliothek Felix Meiner Band 605, übersetzt von Eckstein, W. und herausgegeben von Brandt, H.D.). Felix Meiner.
Sombart, W. (1916). *Der moderne Kapitalismus. Historisch-systematische Darstellung des gesamteuropäischen Wirtschaftslebens von seinen Anfängen bis zur Gegenwart*. Erster Band. Ducker & Humblot. https://archive.org/details/dermodernekapita01somb/page/319/mode/1up?ref=ol&view=theater. Zugegriffen am 10.12.2023.
Sonnenberg, P. (2024). *Zehn Jahre nach Beschluss. Der Mindestlohn ist immer noch ein Reizthema*. Tagesschau online vom 10.04.2024. https://www.tagesschau.de/wirtschaft/arbeitsmarkt/10-jahre-mindestlohn-100.html. Zugegriffen am 22.09.2024.
SPD-Parteivorstand. (2024). Beschluss des SPD-Parteivorstands am 16.03.2024: Eine starke Wirtschaft für alle. SPD online vom 16.03.2024. https://www.spd.de/fileadmin/Dokumente/Beschluesse/Parteispitze/PV_2024/20240316_SPDPV_Wirtschaft.pdf. Zugegriffen am 29.09.2024.
Stadt Leipzig. (2024). *Was kann ich als Bürger tun?* Stadt Leipzig online. https://www.leipzig.de/umwelt-und-verkehr/energie-und-klima/was-kann-ich-als-buerger-tun. Zugegriffen am 02.09.2024.
Statistisches Bundesamt, BIP. (2024). *Volkswirtschaftliche Gesamtrechnungen. Bruttoinlandsprodukt (BIP)*. Statistisches Bundesamt online. https://www.destatis.de/DE/Themen/Wirtschaft/Volkswirtschaftliche-Gesamtrechnungen-Inlandsprodukt/Methoden/bip.html. Zugegriffen am 08.10.2024.
Statistisches Bundesamt/Eurostat. (2024). *Europa. Frauen in Führungspositionen in der EU*. Statistisches Bundesamt online. Eurostat Datenbank. Stand: 25.09.2023. https://www.destatis.de/Europa/DE/Thema/Bevoelkerung-Arbeit-Soziales/Arbeitsmarkt/Qualitaet-der-Arbeit/_dimension-1/08_frauenfuehrungspositionen.html. Zugegriffen am 27.03.2024.

Stein, A. (2023). *Comeback des Ozonlochs? FCKW-Gase schädigen weiter die Ozonschicht.* GEO online vom 05.04.2023. https://www.geo.de/natur/oekologie/fckw-gase-schaedigen-weiter-die-ozonschicht-33350648.html. Zugegriffen am 18.08.2024.

Steinmeier, F.-W. (2024). *Wir.* Suhrkamp.

Stiglitz, J. E. (2024). *The road to freedom. Economics and the Good Society.* W.W. Norton & Company.

Straumann, T. (2015). *Warum zahlen die Skandinavier so viele Steuern?* Blog Tagesanzeiger vom 22.04.2015. https://blog.tagesanzeiger.ch/nevermindthemarkets/index.php/36956/warum-zahlen-die-skandinavier-so-viel-steuern/. Zugegriffen am 26.03.2023.

Strong, M. (2020). *Jantelagen: die 10 Grundlagen der schwedischen Zivilisation.* https://marcostrong.com/2020/08/30/jantelagen-die-10-grundlagen-der-schwedischen-sozialisation/. Zugegriffen am 23.12.2023.

Tanner, J. (2012). *Kapitalismus.* Historisches Lexikon der Schweiz vom 01.06.2012. https://hls-dhs-dss.ch/de/articles/015982/2012-06-01/. Zugegriffen am 10.12.2023.

Ther, P. (2016). *Neoliberalismus.* Docupedia-Zeitgeschichte online vom 05.07.2016. https://docupedia.de/zg/Ther_neoliberalismus_v1_de_2016. Zugegriffen am 09.10.2024.

Thieme, S. (2024). *Wohlstand. Ideengeschichtliche Positionen von der Frühgeschichte bis heute.* Barbara Budrich.

TravelPerk. (2024). 68 *Statistiken zur Nachhaltigkeit von Unternehmen (2024).* TravelPerk online vom 19.01.2024. https://www.travelperk.com/de/blog/statistiken-unternehmen-nachhaltigkeit/. Zugegriffen am 01.09.2024.

Tschechne, M. (2023). *Karl Marx als Kronzeuge der Grünen.* Deutschlandfunk Kultur online vom 19.08.2023. https://www.deutschlandfunkkultur.de/kohei-saito-systemsturz-der-sieg-der-natur-ueber-den-kapitalismus-102.html. Zugegriffen am 29.04.2024.

Umweltdialog. (2023). Dänemark und sein grüner Pfad: Vorreiter für nachhaltige Entwicklung. Umweltdialog online vom 26.05.2023. https://www.umweltdialog.de/de/verbraucher/freizeit/2023/Daenemark-und-sein-gruener-Pfad-Vorreiter-fuer-nachhaltige-Entwicklung.php. Zugegriffen am 18.08.2024.

Velimsky, J., & Faden-Kuhne, K. (2024). *Die multiplen Folgen von Altersarmut und wie man ihnen begegnen kann.* Monatsheft des Statistischen Landesamts in Baden-Württemberg, Ausgabe 6–7 2024 online. https://www.statistik-bw.de/Service/Veroeff/Monatshefte/20240703. Zugegriffen am 27.09.2024.

Verdi. (2024). *Mindestlohn: Warum er auf 15 Euro steigen muss.* Verdi online vom 10.09.2024. https://www.verdi.de/themen/arbeit/++co++d4ff4502-5cd5-11ec-9ee8-001a4a16012a. Zugegriffen am 22.09.2024.

Weber, M. (1920/2013). *Die protestantische Ethik und der Geist des Kapitalismus.* Herausgegeben und eingeleitet von Dirk Kaesler (4. Aufl.). C.H. Beck.

Weber-Moritz, M. (2023). *Immobilien. Wohnen wird 2024 zum Armutsrisiko.* WirtschaftsWoche online vom 29.12.2023. https://www.wiwo.de/finanzen/immobilien/immobilien-wohnen-wird-2024-zum-armutsrisiko/29554100.html. Zugegriffen am 25.09.2024.

Weinheimer, P. (2023). *„Systemsturz" von Kohei Saito: Kapitalismuskritik auf Japanisch.* der Freitag online, Ausgabe 35/2023. https://www.freitag.de/autoren/der-freitag/systemsturz-von-kohei-saito-kapitalismuskritik-auf-japanisch. Zugegriffen am 03.12.2023.

Welt. (2024). Genetik. *Von welchem Elternteil erben Kinder ihre Intelligenz?* Welt online vom 03.07.2024. https://www.welt.de/kmpkt/article235512674/Genetik-Vom-welchem-Elternteil-erben-Kinder-ihre-Intelligenz-Das-sagt-die-Forschung.html. Zugegriffen am 07.07.2024.

Zivilgesellschaft. (2024). *Die Zusammenarbeit mit der Zivilgesellschaft.* Bundesministerium für Arbeit und Soziales online. https://www.gemeinsam-einfach-machen.de/GEM/DE/AS/NAP/NAP_10/Umsetzung_NAP/Zusammenarbeit_Zivilgesellschaft/zusammenarbeit_zivilgesellschaft_node.html. Zugegriffen am 26.08.2024.

GPSR Compliance
The European Union's (EU) General Product Safety Regulation (GPSR) is a set
of rules that requires consumer products to be safe and our obligations to
ensure this.

If you have any concerns about our products, you can contact us on

ProductSafety@springernature.com

In case Publisher is established outside the EU, the EU authorized
representative is:

Springer Nature Customer Service Center GmbH
Europaplatz 3
69115 Heidelberg, Germany

www.ingramcontent.com/pod-product-compliance
Lightning Source LLC
LaVergne TN
LVHW011004250326
834688LV00004B/70